감정이라는 무기

Emotional Agility
© 2016 by Susan David

Korean translation right © 2017 by Bookhouse Publishers Co., Ltd.
All rights reserved including the right of reproduction in whole or in part in any form.
The edition published by arrangement with Avery, an imprint of Penguin Publishing Group,
a division of Penguin Random House LLC through shinwon Agency.

이 책의 한국어판 저작권은 신원 에이전시를 통해 Avery와의 독점 계약으로
북하우스에 있습니다. 저작권법에 의해 한국 내에서 보호를 받는 저작물이므로
무단전재와 무단복제를 금합니다.

나를 자극하는 수만 가지 감정을 내 것으로 만드는 **심리 솔루션**

감정이라는 무기

수전 데이비드 지음 | 이경식 옮김

북하우스

차례

1장 인트로 : 인생의 전환점을 만드는 감정 활용법 9

당신의 생각은 함정에 빠졌다 9 | 나를 옭아매는 감정의 덫 11 | 자기감정이 무엇인지 들여다보는 연습 13 | 감정의 민첩성은 의미 있는 삶을 위한 훌륭한 친구이다 16 | 감정에 소모되는 사람들 18 | 경직성이냐, 민첩성이냐? 21 | 부정적인 감정? 그 감정도 옳다 23

2장 어떻게 감정의 덫에 걸리게 되는 걸까 31

과장되고, 어이없게 내 머릿속에서 일어나는 일들 31 | 감정은 이렇게 우리를 낚는다 36 | 자동반응하는 내면의 수다쟁이 40 | 감각의 혼합, 감정은 한데 섞여 튀어 나온다 45 | 생각을 빨리 하는 것 그리고 느리게 하는 것 49 | 휴리스틱의 함정 53 | 감정의 덫에 걸려버리다 56 | 가장 흔한 네 가지의 감정의 낚임 유형 58 | 더욱 유연해져라 64

3장 부정적인 감정에 대한 우리의 오해 67

부정적인 감정들도 나의 힘이다 67 | 생각하지 말라면 더 생각할 수밖에 없다 71 | 고뇌 속의 '생각품기'와 분노 74 | 병입과 생각품기는 단기적인 감정의 아스피린이다 78 | 행복에 낚이다 82 | 행복의 위험 85 | 의식적으로 행복을 추구하는 일이 불행을 가져온다? 87 | 부정적인 감정이 득이 된다 91

4장 감정 마주하기 95

우리 삶 속의 각종 시나리오들 95 | 왜 감정과 마주해야 할까? 99 | 감정을 외면하지 않는 것 102 | 자기연민으로 바라보아라 105 | 자기연민은 자기에게 거짓말을 하는 것이 아니다 108 | 자기연민은 사람을 게으르거나 약하게 만들지 않는다 110 | 당신의 두 눈으로는 당신이 지금 하고 있는 것만 바라보아라 111 | 내면의 비판자 116 | 기꺼운 마음을 선택하기 119 | 감정적인 장치 활용하기 122 | 내가 왜 이 감정을 느낄까? 126

5장 감정에서 한 걸음 비켜나기 131

페니베이커의 글쓰기 치유 131 | 당신이 바라보는 것의 비밀스러운 생애 138 | 마음챙김과 마음흘림 143 | 사이 공간 창조하기 151 | 감정에 이름을 붙이자 생겨난 일 153 | 감정 비켜나기, 당신의 선택이 당신을 창조한다 155 | 놓아버리기 160

6장 자기 목적에 맞는 삶을 살아가기 167

자기가 진정으로 원하는 것 167 | 우리의 선택은 전염성이 강하다 170 | 나는 내 인생이 어떻게 보이길 원할까? 175 | 자기에게 소중한 것이 무엇인지 파악하는 것 179 | 가치관에 따른 질적인 삶 184 | 자기 가치관에 따라서 뚜벅뚜벅 걸어가기 187 | 서로 부딪치는 목표 190 | 온전한 나 자신이 되는 순간 196

7장 사소한 변화를 통해 나아가기 199

정서적인 유대감: 교감의 원칙 199 | 사소한 것들이 많은 뜻을 담고 있다 204 | 시작, 마음가짐을 사소하게 수정하기 206 | 마음을 조금 달리 먹어보니 207 | 사소하게 바꾸어본다 211 | 동기부여를 아주 조금 바꾸기 216 | 해야 한다 VS. 하고 싶다 218 | '하고 싶다'의 힘 222 | 이제 습관을 조금 바꾸기 226

8장 균형을 통해 전진하기 239

지나칠 정도로 능숙해져버린 239 | 과도한 능숙함 241 | 편안함의 위험 244 | 나쁜 결정들 속 일관성 250 | '지금 이 순간의 편안함'을 조심하라 252 | 도전 과제 선택하기 255 | 페르마의 마지막 정리 257 | 극복할 수 있는 한도 내에서 힘껏 버티기 259 | 노력의 질을 높이는 법 261 | 정체 상태에서 벗어나려면 265 | 투지grit냐 중단quit이냐 267 | 투지와 감정의 민첩성의 결정적 차이 269 | 투지와 중단, 그럼 언제 판단해야 하는가 272

9장 일에서의 감정의 민첩성 277

일과 가정, 자기 안의 틀을 깨기 277 | 일에서의 감정의 덫: 일을 할 때 드는 수많은 감정들 280 | 개인적인 차원의 감정의 덫에 걸리는 유형 284 | 집단 속의 눈가림 290 | 감정의 덫에 걸린 집단들 294 | 일과 정면으로 마주하기 298 | 스트레스를 활용하라 301 | 일을 하는 목적과 이유 303 | 아 지친다, 그만둘 수도 없잖아 305 | 잡크래프팅: 자기가 하는 일을 조금만 바꾸어라 308 | 효과적인 잡크래프팅 310

10장 감정을 잘 다루는 아이로 키우려면 315

빠른 변화의 시대, 부모의 눈은 어디로 315 | 예측불가능, 길을 잃어버린 아이들 317 | 다이빙! 과감한 실천 320 | 과정 쪼개기, 드디어 한 발 내딛기 323 | 초보 엄마의 실수 325 | 나는 너를 바라보고, 너는 나를 바라보고 328 | 아이가 생각하는 법, 생각하지 않는 법 332 | 배려하는 아이로 키우기 336 | 스스로 돌아보게 하기 340 | 감정을 어떻게 이끌어야 할까? 342 | 아이의 날개를 묶지 않은 것, 그게 전부입니다 345

11장 결론 : 감정을 진짜 내 삶으로 끌어안기 349

진짜는 무엇인가 349

주석 355

1장

인트로:
인생의 전환점을 만드는 감정 활용법

당신의 생각은 함정에 빠졌다

여러 해 전, 드라마 〈다운튼 애비Downton Abbey〉(1차 세계대전 직전의 영국을 배경으로 해서 한 귀족 집안에서 벌어지는 이야기를 담은 영국 드라마―옮긴이)에 나왔던 한 장면을 설명하려고 한다. 근엄하고 존경받는 선장이 영국 군함의 브리지에 서서 일몰을 바라보고 있었다. 그러다가 선장이 저녁을 먹으려고 이동을 하려던 중 전방을 살피던 사병이 고함을 질렀다.

"선장님, 전방에 불빛입니다! 2마일(약 3.2킬로미터) 앞입니다!"

그러자 선장이 돌아서서 이렇게 물었다.

"그 불빛이 제자리에 가만히 있는가, 아니면 움직이는가?"

그 불빛의 존재는 며칠 전에도 레이다에 포착되었던 것이다.

"움직이지 않습니다."

그러자 선장은 무뚝뚝하게 지시했다.

"그럼 그 배에 신호를 보내. '너희는 우리와 충돌하는 경로에 있으니까 진로를 20도로 수정해라'라고."

이 메시지를 보내자 그 불빛의 존재가 곧바로 답신을 보내왔다.

"그쪽이 진로를 20도 수정할 것을 권고합니다."

선장은 권위를 무시당한 것만 같아서 모욕감을 느꼈다. 그것도 이등 수병이 지켜보는 데서 말이다.

"메시지를 다시 보내. '우리는 영국 군함 디파이언트호이고, 드레드노트 급dreadnought class 의 35,000톤 전함이다(드레드노트는 거포만을 탑재함으로써 이전의 전함과는 구별되었다 ─ 옮긴이). 진로를 20도 수정해라'라고."

그러자 다시 답신이 왔다.

"존경하는 선장님! 저는 상등 수병 오라일리입니다. 지금 당장 그 배의 진로를 바꾸십시오."

그러자 선장은 얼굴이 시뻘개져서 고함을 질렀다.

"우리는 윌리엄 애트킨슨-윌리즈 제독의 기함이다! 너희 진로를 20도 바꾸라고!"

그러자 저쪽 불빛의 오라일리 수병이 잠깐 동안 말이 없다가 이렇게 대답했다.

"우리는 등대입니다."

나를 옭아매는 감정의 덫

　사람이 인생을 살아가면서 갈림길을 앞에 두고 섰을 때 어느 길을 선택해야 할지, 그리고 그 길 저 너머에는 또 어떤 길이 놓여 있을지 정확하게 알 수 있는 방법은 없다.
　우리는 암초투성이의 인간관계를 미리 피할 수 있게 해주는 등대를 가지고 있지도 않고, 또 직업이나 인생과 관련해서 우리가 추진하는 계획을 침몰시킬 수 있는 수면 아래의 위협을 살피는 감시병이나 레이다도 없다. 그러나 우리에게는 감정이라는 강력한 무기가 있다. 공포, 불안, 즐거움, 환희 등과 같은 감정 말이다. 이 감정이라는 것은 우리가 인생의 복잡한 해류를 헤치고 안전하게 항해할 수 있도록 도움을 주는, 진화한 신경화학 체계 neurochemical system 이다.
　분별력을 잃어버린 맹목적인 분노에서부터 순진하고 진실한 사랑에 이르는 온갖 감정은 사실 외부 세상이 보낸 중요한 신호들에 대해 우리의 신체가 대응하는 즉각적인 신체적 반응이다. 어떤 사람의 감각이 어떤 정보(위험하다는 신호, 연애 감정의 힌트, 다른 사람이 나를 받아들이는지 혹은 배척하는지 알아볼 수 있는 단서 등)를 습득하면, 이 사람은 그 메시지에 맞춰서 자기 자신을 신체적으로 조정한다. 예를 들어 맥박이 평소보다 빨라질 수도 있고 느려질 수도 있으며, 근육이 긴장할 수도 있고 이완할 수도 있으며, 위협에 초점을 맞출 수도 있고 신뢰하는 사람과 함께 있을 때의 평온함으로 따뜻하게 녹아들 수도 있다.
　신체적으로 나타나는 이런 '구체적인' 반응들은 내면의 상태와 외부의 행동이 현재 벌어지고 있는 상황에 가장 적합하게 적응하도록 만들어주는데, 이것은 우리가 위험을 이겨내고 살아남을 수 있도록 해줄 뿐만 아니라 삶을 풍성하게 만들어갈 수 있도록 도움을 준다. 수병 오라일리의 등대와 마찬가지로, 수백 년 세월 동안 시행착오를 거치면서 발달해온 우리 인간의 선천적인 유도 체계guidance system는, 전함의 선장처럼 맞서서 싸우려고만 하지 않는다면 엄청나게 유용하게 쓰일 수 있다.

그러나 그게 말처럼 쉽지만은 않다. 사람의 감정이라는 것이 늘 믿을 만하지는 않기 때문이다. 어떤 경우에는 이 감정이 현재 진행되고 있는 상황의 본질을 가장 정확하게 꿰뚫어보는 내면의 레이다로 작동해서, 그 상황에 숨어 있는 속임수를 우리가 제대로 볼 수 있도록 해준다. '이 사람이 지금 거짓말을 하고 있구나'라거나 '내 친구가 괜찮다고 말을 하고는 있지만 무언가가 이 친구를 괴롭히고 있구나'라는 직감은 누구나 경험해보았을 것이다.

그러나 다른 경우도 있다. 우리의 감정은 예전에 있었던 기억을 새삼스럽게 끄집어내어서 현재 진행되고 있는 것뿐만 아니라 고통스러운 과거의 경험을 덧씌우기도 한다. 이렇게 튀어나온 강력한 감정들은 우리를 완전히 지배해서 우리의 판단을 흐리게 만들고 우리가 탄배를 암초와 충돌하게 만들 수 있다. 예를 들면, 이런 경우에 당신은 '꼭지가 돌아버린' 나머지, 당신 앞에서 뻔뻔하게 거짓말을 하는 사람의 얼굴에 물잔의 물을 끼얹을 수 있다.

물론 자기가 한 행동의 결과를 만회하기까지 몇 년씩은 잠자코 죽어지내야만 할 정도의 부적절한 행동을 할 만큼, 자기감정에 대한 통제력을 상실하는 성인은 별로 없다. 그런 행동을 하고 싶다는 충동을 느낄 때는 오히려 상대방에게 물을 끼얹는다든가 하는 드라마틱한 행동보다는 보다 은밀하고 교활한 방식을 동원할 것이다.

많은 사람들은 대부분의 시간 동안 자신의 감정을 이른바 '자동 운항 장치'에 맡겨둔다. 일반적으로 사람들은 어떤 상황의 본질을 제대로 파악하지 않은 채, 자기가 의도하는 내용과는 무관하게 외부 신호에 반응한다. 어떤 사람들은 자기감정을 유지하는 데, 또는 그 감정을 억누르는 데 지나치게 많은 에너지를 낭비하고 있다는 사실을 인식하기도 한다. 지금 자신이 좋게 바라봐야 버릇없는 어린아이처럼 구는 것이고, 나쁘게 바라보면 자기 자신을 스스로 갉아먹는 행위를 한다는 것을 뼈저리게 느끼는 것이다. 하지만 그 사실을 깨닫고 있더라도 여전히 많은 사람들은 자기가 느끼는 이런저런 감정들(특히 분노나 수치심이나 불안과 같은 감정들) 때문에 자기가 원하는 삶을 살지 못하고 있다. 이런 상태가 지속되다 보면 외부의 실제 세상에서 들어오는 신호들에 대한 반응은 점점 더 희미해지고 무뎌지며, 결국에는 자신이 가려고 하는 방향을 잃은 채 자신이 꿈꾸던 인생의 항로에서 벗어나고 만다.

자기감정이 무엇인지 들여다보는 연습

나는 심리학자이자 기업의 임직원을 교육하는 사람으로서, 20년이 넘는 세월 동안 감정 및 감정과 소통하는 방법을 연구해왔다.

이 책을 쓰면서 내가 바라는 목표는 독자가 이 책을 통해 자기감정에 대해서 보다 더 많이 알고 그 감정들을 편하게 수용하는 법을 익히도록 돕는 것이다. 더 나아가 감정의 민첩성을 강화함으로써 일뿐만 아니라 일 외적인 면에서도 활기찬 삶을 살 수 있게 하는 것이다. 내가 여태까지 연구한 온갖 도구들과 기술들을 다 동원한다고 하더라도 감정으로 인해 불편함을 겪고 있는 사람이 결코 잘못된 말을 하지도 않고 또 수치심, 죄의식, 분노, 불안 혹은 불안정 등의 감정들 때문에 괴로워하지 않는 완벽한 사람으로 만들 수는 없다. 완벽하려고 애를 쓴다면 좌절과 실패를 맛볼 수밖에 없다. **다만 그 감정을 어떻게 바라보고 조절할 수 있는가가 중요하다.** 아무리 어렵고 힘든 감정이라 하더라도 그 감정과 적정선에서 타협을 하고, 자기가 맺고 있는 인간관계들 속에서 즐거움을 누릴 능력을 키우고, 자기가 성취한 목표를 달성하며, 인생을 풍성하게 살려고 노력하는 것이 필요하다. 나는 이 책을 읽는 모든 독자들이 그렇게 감정을 활용하면서 살 수 있도록 돕고 싶다.

하지만 문제는 감정의 민첩성에서 단지 '감정' 부분만을 바라볼 수 없다는 것이다. '민첩성' 부분은 사고와 행동 과정에서 정신과 육체의 습관들로 인해 영향을 받는다. 예를 들어서 디파이언트호의 선장처럼 현재의 상황이 예전과는 다른 새로운 것임에도 불구하고, 기존의 낡은 방식으로 대응하는 습관들 때문에 사람들은 좀 더 풍요롭게 살 수 있는 인생을 제대로 즐기면서 살지 못한다.

경직된 반응은 자기 자신에게 백만 번은 되뇌었을 법한 자기패배의 낡은 이야기를 진실이라고 믿는 데서 올 수 있다. '자기패배의 낡은 이야기'에 대한 예를 들어본다면 이런 것들이다.

"내가 늘 그렇지 뭐, 루저처럼 말야."
"내가 언제 제대로 된 말을 한 적이나 있나?"
"내 권리를 존중받기 위해 용기를 내야 할 순간이 오면, 나는 늘 이렇게 포기하고 주저앉아버리잖아."

이런 감정의 경직성은, 심리적 지름길(사고의 단계를 건너뛰는 것 — 옮긴이)을 취하면서 과거의 언젠가 한 번쯤은 (어린 시절이나 첫 번째 결혼생활에서나 과거의 어느 직장에 있을 때 혹은 어떤 직책을 맡고 있을 때) 도움이 된 적도 있지만, 지금은 전혀 도움이 되지 않는 직관적인 판단을 ('사람은 그 누구도 믿어서는 안 돼'라거나 '결국 나는 배신당하고 상처받고 말 거야'와 같은) 당연한 것으로 받아들이는 습관이 일상에 완전히 녹아들었기 때문에 나타난다.

감정의 경직성, 즉 자기에게 전혀 도움이 되지 않는 온갖 생각들과 감정들, 그리고 행동들에 스며 있는 이 현상은 우울증이나 불안을 포함한 다양한 심리적 질병들을 초래한다. 이런 사실은 지금도 계속 쏟아져 나오는 여러 연구 결과들이 분명하게 입증하고 있다. 우리는 이 경직성을 벗어던져야 한다. 감정의 민첩성, 즉 자기 생각과 감정에 유연하게 대응함으로써 일상적인 모든 상황에서 최적의 대응을 할 수 있는 능력이야말로 성공적이고 풍요로운 삶을 좌우하는 열쇠이다.

그러나 감정의 민첩성은 자기 생각을 통제하거나 부자연스럽고 억지스럽게 긍정적으로 생각하도록 만드는 차원의 얘기가 아니다. 왜냐하면 이미 여러 연구자들이 밝혔듯이, 어떤 사람이 가지고 있는 부정적인 생각('나는 내가 발표할 프레젠테이션을 망쳐버리고 말 거야')을 긍정적인 생각('두고 봐, 내가 멋지게 잘 해낼 거야')으로 바꾸려고 노력해봐야 소용도 없고, 오히려 그 사람의 감정 상태가 악화되기 때문이다.

감정의 민첩성은 의미 있는 삶을 위한 훌륭한 친구이다

'감정의 민첩성'이란 긴장을 풀고 보다 분명하고 강력한 목적의식을 가지고 생활하는 것을 뜻한다. 그리고 자신의 신체 내부에 있는 감정 체계에 어떻게 반응할 것인지를 선택하는 문제이다. 이런 접근법은 나치의 수용소에서 살아남은 심리학자 빅터 프랭클Viktor Emil Frankl이 보다 의미 있는 삶, 즉 인간의 잠재력을 충실하게 구현하는 삶을 주제로 집필한 저서 『죽음의 수용소에서 Man's Search for Meaning』에서 설명한 접근법과 일맥상통한다. 프랭클은 책에서 이렇게 썼다.

"자극과 반응 사이에는 일정한 공간이 마련되어 있다. 이 공간에서 우리는 어떤 자극에 대해서 스스로 어떤 행동을 선택할 수 있는 힘을 갖고 있다. 우리가 성장하는 것 그리고 우리가 자유를 누리는 것은 바로 이 반응에 따라서 좌우된다."**1**

감정의 민첩성은 사람이 느끼는 감정들과 그 감정들에 대해서 자신이 행동하는 것 사이의 공간을 있는 힘껏 열어젖혀서, 부정적인 자아상, 비통함, 고통, 불안, 우울, 꾸물거리며 미루기, 급격한 감정기복 등의 많은 문제들을 가진 사람들이 그 문제들을 해결할 수 있도록 도와준다. 감정의 민첩성은 개인적인 어려움에 시달리는 사람들에게만 유용한 것이 아니다. 빅터 프랭클을 비롯해서 거대한 시련을 이겨내고 위대한 성취를 이룩해온 성공한 사람들의 특성을 탐구한 결과, 심리학의 다양한 원리들과도 관련이 있다.**2**

감정이 민첩한 사람은 역동적이다. 이들은 빠르게 변하는 복잡한 세상에서 한층 더 높은 유연성을 발휘한다. 높은 수준의 스트레스를 거뜬히 이겨내며 외부의 반발이나 공격을 견디면서도 집중력과 개방성, 수용성을 유지한다. 이들은 인생이 늘 쉽지만은 않음을 받아들이고, 자신이 가장 소중하게 간직하는 가치와 가치관에 따라 일관성 있게 행동하며, 더 나아가 큰 그림의 장기적인 목표를 지속적으로 추구한다. 이들 역시 분노나 슬픔과 같은 부정적인 감정을 경험하지만 (그렇지 않은 사람이 누가 있겠는가?) 이런 감정들에 대해 호기심과 자기연민, 그리고 수용의 눈을 갖고 바라본다. 그리고 감정이 민첩한 사람은 부정적인 감정이 자신을 압도해서 정상적인 삶의 궤도에서 벗어나도록 내버려두지 않고, 자기가 추구하는 더 높은 단계의 성취를 이루는 데 도움이 되는 방향으로 그 감정들을 (나쁜 것들까지 모두) 돌려놓는다.

감정에 소모되는 사람들

내가 감정의 민첩성 및 감정의 회복력에 관심을 가지기 시작한 것은 남아프리카공화국에서 성장하던 시기로 거슬러 올라간다. 인종차별 정책이 극심하던 시절에 나는 남아프리카공화국에서 어린 시절을 보냈는데, 이때는 대부분의 국민이 읽기를 배울 수 있는 기회를 가질 확률보다 강간을 당할 확률이 더 높았던 시기였다. 정부의 공권력은 무자비했다. 사람들을 강제로 이주시켰고 또 가차 없이 고문을 가했다. 경찰은 교회로 걸어가는 사람들에게 총을 쏘았다. 흑인 아이와 백인 아이는 학교, 식당, 화장실, 극장 등 사회의 모든 영역에서 철저하게 분리되었다. 나는 백인이라서 흑인 아이들이 겪어야 했던 전방위적으로 삶 속에 침투하는 마음 깊이 파고드는 고통을 느끼지는 않았지만, 나와 내 친구들은 우리 주변에 일상적으로 존재하는 사회적 폭력으로부터 결코 안전하지 않았다. 한 친구는 윤간을 당했으며 나의 삼촌 한 명은 살해되었다. 이런 일을 겪으면서 나는 어린 나이였지만 사람들이 자신에게 일어나는 혼란스럽고 비극적인 일들을 다루는 (혹은 다루지 못하는) 방식에 깊은 관심을 가졌다.

그러던 중 마흔두 살이던 젊은 나이의 아버지가 말기 암 선고를 받으셨다. 아버지는 몇 달밖에 살 수 없다고 했다. 이 경험은 나에게 트라우마가 되었고 나는 스스로를 다른 사람들로부터 고립시켰다. 나에게는 속마음을 털어놓을 어른도 별로 없었고 친구들 가운데서 나와 비슷한 경험을 한 아이는 아무도 없었다.

하지만 감사하게도 그 당시 매우 자상한 선생님이 한 분 계셨다. 영어 과목을 맡아 가르치셨던 이 분은 우리에게 일기를 꼬박꼬박 쓰라고 권하셨다. 쓰고 싶은 건 뭐든 쓸 수 있었다. 우리는 날마다 일기를 써서 오후가 되면 선생님에게 제출했다. 그러면 선생님께서 읽어보시고 자신의 생각을 한마디씩 적어주셨다. 언제부터인가 나는 아버지의 병환을 일기에 쓰기 시작했고, 나중에는 아버지가 돌아가셨다는 얘기를 털어놓았다. 그러자 선생님은 진심을 담아서 내 일기에 대한 느낌을 적어주시면서 내가 어떤 감정을 느끼고 있는지 물어보셨다. 그리고 그때부터 일기 쓰기는 나에게 든든한 버팀목이 되었고, 내가 경험한 사실을 묘사하고 이해하고 처리하는 일이 나에게 큰 도움이 된다는 사실을 깨닫게 되었다. 그렇다고 해서 슬픔이 줄어들지는 않았지만, 그 과정을 통해 나는 트라우마를 돌파할 수 있는 힘을 얻었다. 어렵고 힘든 감정들을 회피하기보다 정면으로 맞설 때의 힘이 얼마나 큰지 알게 된 것이다. 그리고 이 경험은 내가 평생 하고 살아야 할 일, 혹은 직업으로 삼아야 할 길로 나를 이끌었다.

다행스럽게도 지금은 남아프리카공화국에서 인종차별은 사라진 상태다. 현대인의 삶에서 공포와 슬픔을 완전히 지워버릴 수는 없지만, 그래도 지금 이 책을 읽는 독자의 대부분은 폭력과 압제가 일상적으로 일어나는 위협적인 환경에서 살지는 않을 것이다. 하지만 상대적으로 평화롭고 풍요로운 미국에서조차도 (내가 미국에서 거주한 지도 벌써 10년이 넘었다) 너무나 많은 사람들이 여전히 자기 나름대로 최선의 삶을 살기 위해 힘들게 싸우고 있다. 내가 아는 거의 모든 사람들은 직업, 가정, 건강 그리고 연애와 사랑 등과 관련된 문제로

스트레스를 받고 짓눌려 있다. 사람들을 힘들게 만드는 것은 이것뿐만이 아니다. 불안정한 경제 상황, 급변하는 문화 그리고 매 순간마다 우리의 정신을 빼앗고 혼란스럽게 만드는 파괴적인 기술들이 퍼부어 대는 (그리고 결코 끝날 기미가 보이지 않는) 융단폭격 등과 같은 거대한 사회적인 힘들과 더불어 개인에게 쏟아지는 수많은 압박들까지도 우리를 둘러싸고 있다.

한편, 우리에게는 너무나 많은 일들이 놓여 있어서 어쩔 수 없이 여러 가지 일을 동시에 수행해야만 한다. 그러니 우리는 한순간도 마음을 편안하게 놓을 수 없다. 최근에 이루어진 한 연구에 따르면, 한 사람이 여러 가지의 일을 동시에 수행할 때 발생하는 효과와 위험은 음주운전에 맞먹을 정도다.[3] 그 밖의 다른 연구들은 사람들에게 일상적으로 노출되는 낮은 수준의 스트레스라고 하더라도 이것들이 쌓이고 쌓이면 뇌세포를 무려 10년이나 일찍 노화시킨다는 사실을 입증했다.[4]

상담 환자들이 나에게 늘 하는 말이 있다. 현대의 삶이 요구하는 온갖 것들 때문에 자신이 마치 낚싯바늘에 입이 걸려 필사적으로 파닥거리며 몸부림을 치지만 영원히 빠져나오지 못하는 물고기 같다는 것이다. 그들은 말한다. 자신의 인생에서 보다 크고 멋진 것을 이루고 싶다고. 세계를 탐험하고 싶고 결혼하고 싶고 어떤 사업을 근사하게 성사시키고 싶고 자기가 맡은 직무를 완수하고 싶고 창업을 하고 싶고 건강해지고 싶고 아이를 비롯해 다른 가족들과 튼튼하고 따뜻한 인간관계를 맺고 싶다고 말이다. 그러나 이 사람들이 현재 일상적으로 하는 행동들만으로는 그런 바람에 조금도 다가가지 못한다. 오히려 그런 바람들과 완전히 멀어지는 경우가 더 많다. 자신과 자신의 인생에 바람직한 것을 찾아서 끌어안으려 아무리 애를 써도, 현실적인 환경뿐만 아니라 내면의 패배적인 생각과 행동에 발목이 잡혀 있어서 옴짝달싹 못하고 있다. 게다가 자녀를 두고 있는 상담 환자들은 이런 스트레스와 무거운 짐들이 아이들에게까지 좋지 않은 영향을 미칠까 봐 끊임없이 걱정한다. 정말 감정적으로 민첩해야 할 때가 있다면 지금이 바로 그때이다. 우리가 지금 발을 디디고 있는 땅이 쉬지 않고 움직이고 있다고 생각해보라. 넘어지지 않으려면 최대한 민첩하게 발을 움직여 균형을 잡아야만 한다.

경직성이냐, 민첩성이냐?

나는 다섯 살 때 가출을 결심했다. 부모님에게 무척 화가 났기 때문이다. 이유는 기억나지 않지만 가출만이 유일한 해결책이라고 생각했던 것으로 분명히 기억한다. 나는 내 나름대로 신경을 써서 가방을 쌌다. 땅콩버터 통과 약간의 빵을 작은 가방에 챙겨서 넣었다. 그러고는 붉은색과 흰색의 동그라미가 무당벌레 등딱지 무늬처럼 박혀 있는, 내가 가장 소중하게 여기던 신발을 신고 자유를 찾아서 집을 나섰다.

그때 우리는 요하네스버그의 번잡한 대로 가까이에서 살았다. 무슨 일이 있어도 나 혼자서는 절대로 건너서는 안 된다는 말을 귀에 딱지가 앉도록 부모님으로부터 들었던 바로 그 큰길이었다. 집을 나온 나는 터벅터벅 걸어서 큰길을 향해서 걸어갔는데, 큰길이 있는 사거리에 서는 바로 그 순간, 나는 그 넓고 큰 세상 속으로 뛰어드는 게 도저히 불가능하다는 걸 깨달았다. 그 큰길을 건너는 일만큼은 절대로 해서는 안 되는 일이었다. 거기에는 의문의 여지가 없었다. 그래서 나는, 혼자 큰길을 건너서는 안 된다는 말을 귀에 딱지가 앉도록 들은 유순한 다섯 살짜리 아이라면 누구나 할 수밖에 없는 선택을 했다. 그것은 내가 서 있던 블록을 끼고 계속 걷는 것이었다. 걷고, 또 걷고, 또 걸었다. 결국 나는 극적인 가출이라는 모험을 끝내고 그냥 집으로 돌아오고 말았는데, 그때까지 나는 동일한 블록을 끼고 몇 시간 동안이나 같은 길을 뱅뱅 돌았다. 우리 집 대문을 몇 번이나 그냥 지나치면서 말이다.

우리도 이와 마찬가지다. 우리도 이런 식의 행동을 반복한다. 자기가 살고 있는 삶의 블록을 끼고 몇 번이고 계속 돈다. 걸어서 돌 수도 있고 뛰어서 돌 수도 있지만, 어쨌거나 분명한 것은 자기에게 도움이 되지 않는 행동을 반복하거나 어떤 식으로든 존재하는 명문화되어 있거나 암묵적인, 그저 상상 속에만 있는 규칙들을 따르고 있다는 사실이다. 나는 사람들이 태엽을 감아서 작동시키는 장난감처럼 행동한다는 말을 자주 한다. 이 장난감은 똑같은 벽으로 가서 계속 부딪히지만 조금만 옆으로 가면 열린 공간이 있어서 부딪히지 않고 계속 나아갈 수 있음을 결코 알지 못한다. 우리 역시 이렇게 행동하며 살아가고 있다.

심지어 자기가 낚싯바늘에 입이 꿰인 물고기 신세임을 깨닫고 도움을 이용할 수 있을 때조차도, 우리가 내미는 손을 잡아줄 수 있는 사람들이 (가족일 수도 있고 친구일 수도 있고 친절한 상사일 수도 있고 심리치료사일 수도 있다) 늘 우리에게 도움이 되지는 않는다. 그 사람들은 그 사람들 나름대로의 생각이 있고 한계 속에 있으며 또 자기만의 편견에 사로잡혀 있기 때문이다.

한편 우리를 둘러싸고 있는 소비문화는 우리를 괴롭히는 대부분의 것들을 우리 스스로 제어하고 바로잡을 수 있다고 생각하게 만든다. 만약 그렇게 할 수 없는 것들은 그냥 넘기거나 다른 것으로 대체해야 한다는 생각을 조장하고 부추긴다. 예를 들면 "현재의 인간관계가 행복하지 않습니까? 그러면 다른 사람을 찾으십시오"라거나, "결과가 기대만큼 만족스럽지 않습니까? 그러면 그 문제를 해결할 다른 해결책이 있습니다"라는 식이다. 우리 마음속에 일어나는 일들이 마음에 들지 않을 때 우리는 바로 이런 사고방식을 적용하는 것이다. 그래서 쇼핑을 하거나 또 다른 심리치료사를 찾아가서 상담을 하고 자신의 불행과 불만을 바로잡기로 결심하고는 무작정 '긍정적으로 생각하기'를 시도한다. 하지만 그것만으로는 근본적인 문제를 해결할 수 없다.

부정적인 감정?
그 감정도 옳다

많은 사람들이 자기계발서나 '자기감정 조절하기' 같은 제목을 붙인 강좌로 눈을 돌리지만, 이런 책이나 프로그램들 가운데 많은 경우는 자립自立이나 자조自助를 완전히 잘못된 방향으로 몰고 간다. 긍정적인 생각을 권유하는 사람들은 완전히 헛다리를 짚고 있다. 행복한 생각을 억지로 머릿속에 주입하는 일이 불가능하다고는 할 수 없지만, 가능하다고 하더라도 가능성이 매우 드문 경우다. 부정적인 생각을 그냥 툭 끊어버리고 그 자리에 긍정적이고 즐거운 생각을 대신 집어넣을 수 있는 사람은 거의 없다. 이런 조언은 핵심적이고 중요한 진리를 놓치게 만든다. 그 진리는 바로 이것이다.

"당신이 부정적이라고 생각하는 감정들이 실제로는 당신에게 유리하게 작용한다."

부정적으로 느끼는 것이 정상이다. 이것은 그야말로 본질적인 사실이고 변하지 않는 것이다. 사람은 자기가 놓인 상황을 부정적으로 느끼도록 되어 있다. 뇌의 구조가 그렇다. 이런 상태는 인간에게 주어진 하나의 조건일 뿐이다. 긍정적이어야 한다는 점을 지나치게 강조하는 것은 정상적인 감정 흐름 중에서 불안정한 변동을 놓고 과잉진료를 하는 우리 문화의 또 다른 모습이다. 다루기 어려울 정도로 제멋대로 구는 어린이나 변덕이 죽 끓듯 하는 여자를 사회가 심각하게 과잉진료를 하는 것과 마찬가지이다.

나는 지난 20년 동안 상담과 지도, 그리고 다양한 연구 활동을 통해 감정의 민첩성의 여러 원리들을 검증하고 다듬으면서, 수많은 사람들이 인생에서 소중한 것을 성취할 수 있도록 도왔다. 내가 상담했던 사람들 가운데는 가사와 육아를 병행하면서 막다른 골목으로 내몰린 심정으로 어떻게든 아이를 지키며 살아보려고 애태우던 어머니들도 있었고, 적성국의 어린이들에게 예방접종을 맞추기 위해 애를 쓰던 미국 대사들도 있었으며, 복잡한 다국적기업의 지도자들도 있었고, 또 단순히 인생에서 보다 많은 것을 누리고 싶어 하는 사람들도 있었다.

나는 이런 경험을 통해 발견한 사실들을 묶어서 〈하버드 비즈니스 리뷰〉에 글을 썼다.[5] 그 칼럼에서 나는 내가 상담했던 내담자들 대부분이 경직되고 부정적인 감정 패턴에 덜미가 잡혀서 꼼짝 못하는 경향이 있음을 상세히 설명했다. 이런 감정 패턴에서 벗어나서 성공적인 변화를 지속적으로 이끌어나가는 데는 감정의 민첩성이 보다 많이 필요하다고 지적하면서, 이런 감정의 민첩성을 개발하기 위한 모델을 제시했다.

내 글은 그 잡지의 '가장 인기 있는 글' 목록에 여러 달 내내 올라 있었고, 짧은 기간 동안에 무려 25만 명이나 되는 사람이 내 글을 다운받았다. 25만이라는 숫자는 〈하버드 비즈니스 리뷰〉의 전체 발행부수와 맞먹는 수치였다. 이 잡지는 또 내 글을 '올해의 경영 아이디어'로 선정했으며, 〈월스트리트 저널〉, 〈포브스〉, 〈패스트 컴퍼니〉 등의 저명한 잡지들도 내 글을 언급하고 소개했다. 사람들은 감정의 민첩성을 '두 번째 정서지능'이라고 부르면서 우리 사회가 감정에 대해서 생각하는 방식을 바꾸어놓는 획기적인 발상이라고 했다. 이 글에 대해서 사람들이 보인 뜨거운 반응을 보고 나는 '감정의 민첩성'이라는 발상이 사람들의 아픈 곳을 건드렸음을 깨달았다. 적어도 내가 보기에는 수백만 명이 지금보다 나은 길을 찾고자 갈망하는 것 같았다.

감정의 민첩성은 자기 의도나 가치관에 맞게 살아가기 위해서 자기 행동을 수정하거나 유지하면서, 현재에 집중하도록 만드는 하나의 과정이다. 이 과정은 어렵고 힘든 감정들이나 생각들을 무시하거나 회피하는 것이 아니다. 그런 감정들과 생각들을 그대로 가지고 있으면서 용기와 열정을 가지고서 그것들을 직면하고, 또 인생에서 멋진 일들이 일어날 수 있도록 그것들을 극복해가는 문제에 관한 것이다.

본격적인 핵심 내용으로 들어가기에 앞서 전체적인 구성을 소개하겠다. 이 구성을 이해하면 내가 말하고자 하는 내용의 전체적인 지형을 파악하는 데 도움이 될 것이다. 감정의 민첩성을 얻는 과정은 네 가지의 기본적인 흐름 속에서 전개된다.

1) 감정 마주하기

영화배우 우디 앨런은 성공의 80퍼센트는 그저 드러내는 것일 뿐이라는 말을 했다. 이 책에서 내가 사용하는 '감정 마주하기'라는 표현은 자기의 생각과 감정과 행동을 기꺼이 그리고 호기심과 애정을 가지고서 맞닥뜨리는 것을 뜻한다. 이런 감정이나 생각들은 그 순간 가치가 있으며 적절한 것이다. 하지만 또 어떤 것들은 여러 주 동안 머리에 들러붙어서 아무리 쫓아내려고 해도 나갈 생각을 하지 않는 비욘세의 노래 가사처럼 머리에 단단하게 박혀 있다.

하지만 어떤 경우든 간에, 현실의 실체를 정확하게 반영하는 것이든 혹은 실체를 해롭게 왜곡하는 것이든, 이런 생각과 행동은 우리를 구성하는 한 부분이다. 또 우리는 이런 것들과 사이좋게 협력하는 법을 배워야 그다음으로 나아갈 수 있다.

2) 감정에서 한 걸음 비켜나기

자기 생각과 감정을 맞닥뜨린 뒤에는 그것들에서 한 걸음 물러나서 있는 그대로 그것들을 보고 살펴야 한다. 그저 어떤 감정으로서, 또 어떤 생각으로서만 그것을 바라보는 것이다. 이렇게 할 때 우리가 느끼는 감정들과 이 감정들에 대해 우리가 어떻게 대응할 것인가 하는 것 사이에는 빅터 프랭클이 말했던 열린 공간, 즉 아무런 판단이 담겨 있지 않은 공간이 생겨난다. 또한 우리는 어렵고 힘든 감정들을 있는 그대로 파악할 수 있으며, 더 나아가 보다 적절한 대응 방식들을 찾을 수 있다. 자기감정을 자신과 분리된 상태에서 관찰할 때 우리가 느끼는 일시적인 감정이 우리를 지배하지 못하게 할 수 있다.

감정에서 한 걸음 비켜남으로써 얻게 된 보다 넓은 시야로, 미리 정해져 있는 특정한 행마만 할 수 있는 체스판의 말이 아니라 온갖 행마의 모든 가능성을 가지고 있는 말로서 자기 자신을 바라볼 수 있는 것이다.[6]

3) 자기 목적에 맞는 길을 걸어가기

자신의 감정 상태를 차분하게 정돈한 다음에, 생각과 생각하는 나 사이에 필요한 공간을 만들고 나면, 이제 우리는 핵심적인 가치관이나 가장 중요하게 생각하는 목적 등 우리가 진정으로 관심을 가지는 것에 집중할 수 있다. 두렵거나 고통스럽거나 파괴적인 감정 덩어리들을 인정하고 받아들인 후 자기 자신과 분리할 때 우리는

'장기적인 안목으로 바라보는' 능력을 더 잘 발휘할 수 있다. 그 능력은 자기의 생각과 감정을 긴 안목의 가치관과 더불어 열망과 함께 결합할 수 있게 해준다. 이로써 우리는 보다 새롭고 나은 길을 한결 더 쉽게 찾을 수 있다.

우리는 날마다 수천 가지의 결정을 내린다. 일을 한 다음에 운동을 할까, 아니면 운동을 빼먹고 여유로운 시간을 보낼까? 나에게 마음의 상처를 준 친구의 전화를 받을까, 아니면 음성 메시지를 보낼까? 나는 이런 작은 결정의 순간들을 '선택지점 choice point'이라고 부른다.[7] 당신이 가지고 있는 핵심적인 가치관들은 당신이 올바른 방향으로 나아가도록 지켜주는 나침반이 된다.

4) 전진하기

사소한 변화의 힘

전통적인 방식의 자조는 변화를 이상적인 목표와 완전한 변화 차원에서 바라보는 경향이 있다. 그러나 수많은 연구자들이 연구하고 조사한 결과는 그렇지 않다. 오히려 정반대이다. 즉 사소하고 미묘한 수정 혹은 변화가 가치관과 결합될 때 인생이 엄청나게 달라진다는 것이다. 이것은 우리 삶에서 반복적이고 습관적으로 이루어지는 것들을 아주 조금씩 수정할 때 특히 더 그렇다. 아주 작은 변화를 날마다 반복하는 것이 엄청난 변화의 지렛대로 작용한다.

균형의 원리

세계 정상급의 체조 선수는 민첩성과 잘 발달한 몸통 근육(즉, 핵심) 덕분에 실제로는 매우 어려운 동작들을 전혀 어렵거나 힘이 들지 않는 것처럼 수행한다. 균형이 살짝 무너진다 하더라도 그녀의 '핵심'이 곧바로 자세를 바로잡도록 돕는다. 그러나 최고 난이도의 연기를 펼쳐 보이려면 현재 자신이 어렵지 않게 해낼 수 있는 영역 이상의, 점점 더 어려운 동작들을 시도해야 한다. 우리 역시 우리가 해야 하는 도전과 자신이 가지고 있는 역량 사이에서 완벽한 균형을 찾을 필요가 있다. 자기만족에 빠지지 않아야 하며 도전 과제에 압도되지 않은 상태에서, 열정과 흥분으로 활활 타올라야 한다.

* * *

이 책이 독자에게 진정한 행동 변화의 로드맵이 되기를 바란다. 이 책을 통해 자신이 바라는 인생을 살아가는 데 도움이 되고, 가장 견디기 힘든 감정들에서도 에너지를 얻으며 창의성과 통찰의 원천으로 삼는 데 도움이 되는 새로운 행동방식을 배울 수 있게 되기를 진정으로 바란다.

자, 그럼 본격적으로 시작해보자.

2장

어떻게 감정의 덫에
걸리게 되는 걸까

과장되고, 어이없게
내 머릿속에서 일어나는 일들

할리우드에 넘쳐나는 영화들 중에서 흥행의 승패를 결정짓는 것은 그 영화가 가지고 있는 '후크hook'이다. 후크란 사람의 관심을 사로잡고 이야기를 살아 움직이게 만들며 사건과 행동이 계속 이어지게 만드는 단순한 전제이다. 그러므로 후크에는 반드시 갈등이 포함되어 있으며, 영화에 '후크'된 관객은 자신도 모르게 영화에 몰입해서 갈등 해소 과정을 끝까지 지켜본다.

나를 가장 잘 낚아채는 책이나 영화를 살펴보면 갈등이 (혹은 적어도 갈등의 큰 부분이) 주인공의 내면에 존재하는 것들이다. 삶이 버거워 허덕거리는 남자가 필사적으로 일자리를 구하려고 여장을 해야 하는 상황에 맞닥뜨리고 나서야, 비로소 여자로 산다는 것이 어떤 의미인지 진정으로 이해하는 〈투씨Tootsie〉가 그렇고, 결혼 공포증에 시달리는 여주인공의 용기를 다룬 〈런어웨이 브라이드Runaway Bride〉가 그렇다. 또 후크의 진정한 면모를 보여주는 〈본 아이덴티티 The Bourne Identity〉에서는 주인공인 숙련된 킬러가 총상을 입고 의식을 잃었다가 나중에 깨어나지만 자기가 누구인지, 또 어떤 것을 원하고 무엇을 해야 하는지 전혀 알지 못하는 위기에 놓여 있다.

우리가 비록 오픈 스포츠카를 타고 야자수가 늘어선 길을 달리거나 유명배우들과 마주 앉아 차를 마시지는 못하지만 우리는 모두 자기 나름대로 할리우드의 시나리오 작가라고 할 수 있다. 매 순간 우리는 머릿속으로 영화관에서 펼쳐지는 이야기의 시나리오를 쓰고 있기 때문이다. 하지만 자기 자신의 삶을 다룬 이야기라면, 감정에 낚이는 것이 극장의 편안한 의자에 앉아서 즐기는 짜릿한 흥분의 경험이 될 수 없다. 그것은 자기패배적인 감정이나 생각 또는 행동에 사로잡히는 고통스러운 경험에 가깝다.

인간의 마음은 의미를 만들어내는 기계이며, 인간이라는 존재의 의미 중 커다란 부분은 날마다 자신에게 쏟아지는 수십 억 개의 감각 정보를 파악하고 이해하는 것이다. 사람이 어떤 대상을 이해하는 방식은 자기 주변에서 일어나는 갖가지 영상과 소리, 경험과 인간관계를 모두 조직해서 응집력이 있는 하나의 일관된 이야기 구조(내러티브)로 만들어내는 것이다. 예를 들어 살펴보면 이렇다.

"나는 수전이고, 잠에서 깨어났다. 나는 침대에 누워 있다. 내 몸 위로 뛰어올라오는 작은 포유류는 내 아들 노아이다. 나는 요하네스버그에서 살았지만 지금은 매사추세츠에서 산다. 나는 잠자리를 털고 일어나서 누군가를 만날 준비를 해야 한다. 그것이 내가 하는 일이다. 나는 심리학자이다. 나는 나를 찾는 상담 환자들을 만나서 그 사람들을 도와준다."

이야기는 어떤 목적을 전제로 하고 있으며 이 목적에 맞추기 위해 힘쓴다. 즉 자기의 경험을 조직하고 멀쩡한 정신을 유지하기 위해서는 이런 이야기들을 자기 자신에게 설득시킨다는 말이다.

그런데 사람은 너 나 할 것 없이 모두 실수를 저지른다는 게 문제이다. 현실과 동떨어진 이야기를 가진 사람, 다시 말해서 현실의 실체와 완전히 분리된 이야기를 가진 사람에게는 '정신병자'라는 딱지가 붙는다. 그러나 대부분의 사람들이 위대한 인물의 목소리를 듣는다든가 그 인물의 망상에 사로잡히지 않음에도 불구하고, 자기 이야기의 시나리오를 쓸 때는 버젓이 존재하는 진실을 자기 마음대로 바꾸어버린다. 게다가 때로는 자기가 이런 왜곡을 하고 있다는 사실조차 인식하지 못한다.

그리고 우리는 그럴듯하게 왜곡된 이 사실을 아무런 의심도 없이 진실인 것처럼, 그것도 거짓일 가능성이 단 1퍼센트도 없는 온전한 진실인 것처럼 받아들인다. 이런 과정을 거쳐서 만들어진 이야기들은 아무리 구체적이고 정확하다고 하더라도, 초등학교 3학년 때 (심지어 말을 배우거나 걸음마를 배우기도 전에) 자기 마음의 칠판에 마구 휘갈겨 썼던 이야기일 수도 있다. 우리는 동화의 세상 속으로 들어가서, 30년 전이나 40년 전에 있었던 일에 뿌리를 둔 어떤 문장 하나 혹은 문단 하나를 (이 문장이나 문단 내용의 진위는 객관적으로 검증된 적이 한 번도 없었을 수도 있다) 자기 삶의 모든 것처럼 여기기도 한다. 이런 뒤죽박죽의 황당한 시나리오들은 세상에 존재하는 사람의 수만큼이나 많다. 예를 들면 이런 것들이다.

"우리 부모는 내가 태어나자마자 이혼했어. 그러니 어머니가 알코올 중독자가 된 것은 내 책임이야."

"우리 가족의 구성원은 모두 사교성이 뛰어났는데 나만 내성적이었어. 나를 좋아하는 사람이 아무도 없는 이유도 바로 여기에 있는 거야."

이런 예는 끝도 없이 많다.

우리는 의식하지 못한 사이, 날마다 이런 이야기를 지어내기도 한다. 물론 왜곡의 규모는 작을 수 있다. 나 역시 예외가 아니다. 여러 해 전에 동료 한 사람이 우연히 나에게 음성 메시지를 보내왔다. 내용인즉슨 내가 고안해낸 어떤 발상 하나를 빌려 (여기에서 '빌린다'는 '훔친다'의 또 다른 표현이다) 자기 책의 제목으로 쓰겠다면서, 내가 개의치 않기를 바란다고 했다. 나에게 허락을 받아야 할 일이었음에도 허락도 구하지 않고 통보하듯이 그렇게 말한 것이다.

내가 어떻게 개의치 않겠는가? 그 동료는 내가 쓰려고 계획하고 있던 '나의' 발상을 자기 것인 양 사용하려 했는데! 나는 어떤 총회 자리에서 무심코 그 아이디어를 그 사람에게 말했던 그날을 저주했다. 하지만 어쩌겠는가. 교수 체면이 있지 동네 깡패처럼 울분을 터트리며 고함을 지르거나 주먹다짐을 할 수는 없지 않은가.

나는 분노를 가슴에 묻었다. 그리고 대부분의 사람들이 이런 경우에 하는 행동을 했다. 그것은 바로 배우자에게 전화를 걸어서 화풀이를 하는 것이었다. 나의 남편 앤서니는 외과의사인데, 내 전화를 받자마자 대뜸 이렇게 말했다.

"미안, 지금 전화 끊어야 돼. 지금 나 수술실에 있어. 응급수술 들어가야 해."

전화는 끊어졌다. 나는 두 번째로 뒤통수를 맞은 셈이었다. 그것도 내 편이라 믿은 남편에게서!

환자의 목숨을 살리는 일이 아내인 나와 전화통화를 하는 것보다 더 중요하다는 게 논리적으로 분명 맞긴 하지만, 그런 사실조차도 치밀어 오르는 나의 분노를 누그러뜨리지는 못했다. 남편이라는 사람이 어떻게 나에게 이럴 수 있을까? 내가 정말 자기를 필요로 하는 순간에 그토록 냉정하게 외면하다니! 이런 생각은 재빠르게 '남편은 지금까지 진정으로 나를 위해 노력한 적이 없다'는 이야기로 뻗어갔다. 이렇게 나의 분노는 점점 커졌고, 나중에는 남편이 내게 전화를 하더라도 받지 않겠다는 앙심이 분노와 함께 부풀어 올랐다. 이렇게 나는 감정의 덫에 걸린 것이다.

그렇다. 그 상황에서는 문제의 그 음성 메시지를 보냈던 동료에게 그의 선택을 용납할 수 없다는 의사를 단호하고도 차분하게 표현한 다음, 서로가 만족할 수 있는 해결책을 찾아보려고 했어야 옳지만 나는 그렇게 하지 않았다. 대신 나는 이틀 동안 속을 부글부글 끓이면서 아무 죄도 없는 남편을 냉랭하게 대했다. 남편이 '그때 내 편이 되어주지 않았다'는 이유로.

당신은 어떠한가?

우리가 스스로에게 하는 이런 터무니없고 황당한 이야기들 때문에 우리는 갈등에 휩싸이고 시간을 낭비하며, 자기 주변 상황까지 악화시킨다. 그런데 문제는 여기에서 그치지 않고 더 큰 문제로 이어진다. 그것은 바로 이런 일들로 인해 자기가 살고 싶어 하는 세상, 자기가 진정으로 성공할 수 있는 세상 사이에서 갈등이 빚어진다는 점이다.

감정은 이렇게 우리를 낚는다

평균적인 날에 대부분의 사람은 하루 평균 16,000개의 단어를 말한다.[1] 그러나 생각(즉 내면의 목소리)은 이보다 수천 개씩은 더 많이 말한다. 사람의 의식이 내는 목소리는 소리가 없지만 지치지 않고 말을 쏟아내는 수다쟁이라서, 관찰한 사실과 논평, 분석을 잠시도 쉬지 않고 우리에게 퍼부어댄다. 게다가 쉼 없이 이어지는 이 목소리는 문학 전공 교수들이 말하는 이른바 '믿을 수 없는 화자unreliable narrator'이다. 예를 들어서 〈롤리타Lolita〉의 험버트나 〈나를 찾아줘Gone Girl〉의 에이미 던을 생각해보라. 사건의 내막을 나름대로 논리적으로 설명하긴 해도 전혀 믿음이 가지 않는 이 두 인물과 마찬가지로, 우리 마음속 화자는 편견에 사로잡혀 있거나 혼란스러운 상태 아니면 사악한 자기합리화나 속임수를 쓰고 있을지도 모른다. 게다가 한층 더 고약한 점은 그 화자가 입을 가만히 다물고 있지 않는다는 사실이다. 머릿속에 불쑥불쑥 드는 모든 생각들을 다른 사람에게 말하지 않을 수는 있겠지만, 과연 애초에 그런 생각이 떠오르는 것 자체를 막을 수 있을까? 그런 사람이 있다면 엄청난 행운아임이 분명하다.

우리는 흔히 내면에서 쉼 없이 흐르는 이 수다의 강에서 비롯되는 이야기들을 진실이라고 받아들이지만, 사실 대부분은 감정 때문에 한껏 격렬해진 평가나 판단의 복잡한 혼합물일 뿐이다. 이런 생각들 가운데 일부는 긍정적이고 유익하지만 그 외의 것들은 부정적이고 우리 삶에 전혀 도움이 되지 않는다. 어떤 경우든 간에 우리 마음속 목소리가 중립을 지키거나 감정에 치우치지 않는 경우는 드물다.

예를 들어보자. 지금 나는 책상 앞에 앉아서 이 책의 원고를 쓰고 있는데, 원고를 쓰는 속도는 느린 편이다. '지금 나는 책상 앞에 앉아서'는 사실에 기초를 둔 단순한 생각이다. '이 책의 원고를 쓰고 있는데'도 그렇고, '원고를 쓰는 속도는 느린 편이다'도 그렇다.

좋다. 여기까지는 문제가 없다. 그러나 또한 여기서부터 내가 하는 관찰 내용이 너무도 쉽게 사실이 아닌 의견으로 빠져든다. 내가 나 자신에게 하는 이야기의 대다수는 검증되지 않은 거짓 생각이라서 쉽게 나를 감정의 덫에 걸리게 할 수 있다. 어느새 나는 어떤 어부의 낚싯바늘에 걸려 저녁 반찬이 될 가여운 물고기 신세가 되고 만다.

'나는 원고를 쓰는 속도가 너무 느리다'는 자기비판적인 평가인데,

이런 평가는 '내가 원고를 쓰는 속도는 다소 느린 편이다'에서 너무도 쉽게 따라붙을 수 있다. 또 '나는 다른 저자들에 비해서 원고를 쓰는 속도가 느리다'는 사실에 바탕을 둔 생각을 하나의 비교로 전환시킨다. '그래서 나는 뒤처진다'는 불안 요소를 가미한다. 그러면 이 모든 것들은 부정적인 판단으로 정리된다.

"원고 마감 시한까지 내가 쓸 수 있는 원고의 분량을 놓고 나는 지금까지 나 자신을 속여 왔어. 왜 나는 나 자신에게 솔직하지 못할까? 난 망했어."

이런 진술은 사실에 바탕을 둔 출발점, 즉 '나는 책상 앞에 앉아 있으며 이 책의 원고를 쓰는 속도가 느리다'는 것에서 상당히 동떨어진 것이다.

사람들이 사실의 영역에서 의견과 판단 그리고 또 불안의 영역으로 얼마나 쉽게 미끄러져 들어가는지 경험하고 싶다면, 다음 테스트를 한 번 해보는 것이 좋겠다. 자, 순서대로 단어를 보며 한 번에 하나씩 머리에 떠오르는 생각을 살펴보자.

- 나의 휴대폰
- 나의 집
- 나의 직업
- 나의 친척
- 나의 허리둘레

당신이 하는 생각들 가운데 자유롭게 떠오르는 연상들은 어떤 것들은 사실일 수 있다. '나는 지난 주말에 친척들과 함께 저녁을 먹었다'나 '월요일까지 끝마쳐야 하는 일이 있다'가 그런 것들이다. 그러나 이 속에서 성가신 의견, 평가, 비교, 걱정 등이 얼마나 빠르게 끼어드는지 느껴보아라.

- 나의 휴대폰은 (…) 업그레이드가 필요하다.
- 나의 집은 (…) 늘 엉망진창이다.
- 나의 직업은 (…) 스트레스 발전소이다.
- 나의 친척은 (…) 아이들을 망쳐놓는다.
- 나의 허리둘레는 (…) 다이어트로 줄여야 한다.

워크숍을 할 때면 나는 사람들에게 각자 쉽게 떠올릴 수 있는 어려운 상황과 함께 그 상황에서 연상되는 생각들이나 감정들을 무작위로 나열해보라고 말하곤 한다. 기업에서 고위직 간부로 이른바 '잘 나가는' 사람들이 모인 어떤 집단에서 최근에 했던 '자기 이야기'를 몇 가지 소개하면 다음과 같다.

- 누군가가 프로젝트를 성공했을 때 : "기분이 별로 좋지 않다. 왜 내가 아니고 그 친구가 성공했지?"

- 하루 종일 일을 할 때 : "내 인생은 실패작이야. 내 주변은 온통 엉망진창이고, 함께 즐거운 시간을 보낼 수 있었던 여러 기회를 나 때문에 모두 놓쳐버렸다고 가족들도 나를 원망하고 있어."

- 어려운 과제를 끝마쳤을 때 : "빌어먹을! 왜 이렇게 시간이 오래 걸리지? 내가 재능이 조금만 더 있어도 지금보다 더 일찍 마쳤을 텐데…"

- 새로운 업무 지시를 받을 때 : "돌아버리겠다. 이 일은 내가 도저히 할 수 없는 일인데…"

- 사람들과 만나서 교제를 나누어야 할 때 : "나는 꿔다놓은 보릿자루처럼 서 있을 테고, 그런 나를 보고 사람들은 내가 동굴 속에서 늑대와 함께 자란 줄 알겠지."

- 부정적인 평가를 받을 때 : "나는 곧 해고되겠지."

- 오랜 친구들을 만날 때 : "나는 패배자다. 그 친구들은 모두 나보다 더 신나는 삶을 살고 있어. 돈도 나보다 더 많이 벌고!"

- 살을 빼려고 할 때 : "나는 구제불능의 돼지다. 그러니 일찍 포기하는 게 나아. 이 공간에 함께 있는 사람들 가운데 나보다 못난 사람은 없어."

자동반응하는 내면의 수다쟁이

아무런 가치 판단이 담기지 않은 중립적인 생각이 낚시꾼의 바늘에 입이 걸리는 가여운 물고기가 할 법한 생각으로 전환되는 이유를 밝히는 단서는 아주 간단하다. 예를 들어 살펴보자.

메리가 가지고 있는 작은 _____.

_____에는 무엇이 들어갈까?

'새끼 양?', 무엇이든 있을 것이다. 별로 어렵지 않다. 이 단어는 머릿속에서 자동적으로 튀어나왔을 것이다.²

감정의 낚임을 거의 피할 수 없는 것은 우리가 하는 반응들 가운데 너무도 많은 것들이 그저 반사적인 반응이기 때문이다.

감정의 낚임은 일상생활에서 흔히 맞닥뜨리는 상황이다. 직장 상사와 나누는 짜증스러운 대화일 수도 있고, 왠지 무서운 친척 어른과 나누는 대화일 수도 있고, 내 차례가 점점 다가오는 발표 과제일 수도 있고, 돈 문제로 다른 사람과 심각하게 나누는 대화일 수도 있고, 아이가 학교에서 받아온 실망스러운 성적표일 수도 있고, 어쩌면 그저 출퇴근 시간의 교통체증일 수도 있다.

그런데 이런 상황에서 우리의 자동적인 반응autopilot response이 작동하게 된다. 이때 우리는 빈정거리는 말을 하거나 입을 다물고 감정을 아예 드러내지 않거나 적절한 행동을 미루거나 새가 알을 품듯이 그 감정을 마음에 곰곰이 품거나 혹은 날카로운 어떤 감정을 내뱉는다.

그런데 자신에게 전혀 도움이 되지 않는 방식으로 외부의 자극에 자동적으로 반응하는 순간, 우리는 감정의 덫에 걸리고 만다. 그리고 그 반응은 '메리가 가지고 있는 작은…'이라고 할 때 자동적으로 머릿속에서 떠오르는 '새끼 양'처럼 얼마든지 예측 가능하다. 미끼를 단 낚싯바늘은 우리 얼굴 바로 앞에서 대롱거리고, 우리는 이것을 망설이지도 않고 덥석 문다. 어떤가? 우리는 이런 과정을 통해 감정에 낚이는 것이다.

이런 상황은 머리에 떠오르는 생각을 객관적인 진실이라고 받아들이는 것에서부터 시작된다.

'나는 이 일을 정말 못해. 언제나 망쳐버리잖아.'

때로는 친구나 가족이 해주는 선의의 도움말을 떠올리며 이런 부정적인 생각들을 몰아내려고 노력하기도 한다.

'나는 이런 생각을 해서는 안 돼. 이런 생각은 역효과만 낼 뿐이야.'

또 다른 경우로 자신이 두려워하는 것을 억지로 참고 밀어붙이기도 한다. 그 행동을 하도록 등 떠미는 것이 자신에게 별로 가치 있는 일이 아닐뿐더러, 그 행동을 하는 것이 자신이 감정의 덫에 걸리는 길인데도 그렇게 하고 마는 것이다.

'나는 이것을 해야 해. 설령 이렇게 하다가 죽는다고 하더라도 나는 이것을 좋아하는 법을 배워야 해.'

이런 내면의 이야기는 우리를 잘못된 곳으로 이끌 뿐만 아니라 우리를 지치게 만든다. 훨씬 유익한 것에 쓰일 수 있는 소중한 정신적 자원을 이런 생각으로 갉아먹는 것이다.

우리의 생각이 '우리를 감정의 덫에 걸리게 한다'는 사실 외에도 분명하게 알아야 할 것은, 우리의 정신적인 습관들 가운데 너무도 많은 것들이 우리의 감정을 미묘하게 건드려서 강력한 반응을 가져오게 만드는 회로 배선으로 구성되어 있다는 점이다.

당신이 지금 은하계의 언어를 배우고 있다고 상상을 해보자. 이 언어에서 아래의 두 이미지는 각각 '보바'와 '키키'로 읽는다. 그런데 은하계 언어 선생님은 당신에게 어느 것이 '보바'이고 어느 것이 '키키'인지 묻는다. 이때 당신은 왼쪽이 '키키'이고 오른쪽이 '보바'라고 대답할 가능성이 크다.[3]

이 실험을 창안한 뇌신경학자인 빌라야누르 라마찬드란 v.s. Ramachandran과 에드워드 허버드 Edward Hubbard는 이 질문을 받은 사람의 98퍼센트가 그렇게 대답한다는 사실을 확인했다. 심지어 아직 언어의 양상을 알지 못하고 말을 할 줄도 모르는 두 살짜리 아이들까지도 그렇게 대답했다.[4]

라마찬드란 교수가 있는 미국 샌디에이고의 캘리포니아대학교에서 예루살렘의 성벽이나 스와힐리어를 사용하는 중앙아프리카의 외딴곳인 탕가니카 호수에 이르기까지, 이런 현상은 인간의 뇌에 각인된 보편적인 현상이다. 이런 의미 없는 단어들을 보았을 때 사람들은 언어나 문화, 또는 문자와 상관없이 곧바로 '키키'라는 단어는 날카로운 모습을 하고 있는 것으로 파악하고 '보바'라는 단어는 둥글

둥글한 모습을 하고 있는 것으로 생각한다.

특정한 형태와 특정한 소리를 연관 짓는 이런 연상이 이루어지는 이유 가운데 하나로, 이런 판단이 이루어지는 뇌 부위인 각회角回. angular gyrus가 사람의 촉각과 청각과 시각을 각각 담당하는 뇌 부위들이 교차하는 지점에 위치한다는 사실을 들 수 있다. 각회는 감각을 혼합하는 일을 맡아서 하는데 소리, 느낌, 이미지, 상징, 몸짓 등을 통합하며, 심지어 비유적으로 생각하는 능력까지도 관장한다. 싸구려 셔츠가 아무런 소음도 내지 않고, 또 아무리 얇게 썬 치즈라고 하더라도 손이 베일 일이 전혀 없음에도 불구하고 '저 셔츠는 시끄러운 소리가 나는군'이라거나 '치즈 잘라놓은 게 너무 예리해'라는 생각을 하는 것이다. (각회에 손상을 입은 환자는 완벽한 영어를 구사할 수는 있어도 비유를 적확하게 포착하지는 못한다. 각회의 크기가 인간에 비해서 약 8분의 1밖에 되지 않는 열등한 영장류도 비유를 포착하지 못하기는 마찬가지이다.)[5]

서로 다른 감각을 혼합하는 이런 인간의 능력은 다양한 언어 표현을 구사하는 시인이나 작가에게 도움을 주는 것에서 끝나지 않고, 불행하게도 인간을 감정의 덫에 걸리게 하고, 그 상태가 지속되도록 만든다. 우리가 하는 생각에는 시각적인 이미지들, 기호들, 특이한 해석들, 판단들, 추론들, 관념들 그리고 행동들 등이 주렁주렁 달려 있다. 그래서 우리의 정신적인 삶은 생생하고 강렬하다. 하지만 우리는 객관성을 잃어버리고 불쑥불쑥 끼어드는 온갖 생각들에 (그 생각들이 객관적인 사실이든 아니든 혹은 우리에게 도움이 되든 아니든 간에) 휘말리게 되는 것이다.

감각의 혼합,
감정은 한데 섞여 튀어 나온다

법정에서 판사는 배심원들에게 피살자의 사체를 해부한 사진은 보여줘도 범죄 현장 사진은 잘 보여주지 않는 경향이 있다. 범죄 현장 사진은 대개 무질서하고 폭력적이고 피가 난무하는 까닭에, 논리적이고 중립적으로 판단해야 하는 배심원들이 공포에 압도되어 객관적인 판단을 하지 못할까 우려해서이다. 부검 사진은 강철판 위에 놓아둔 사체를 밝은 조명 아래에서 찍은 것이다. 그러니까 매우 객관적이다. 이에 비해서 범죄 현장 사진은 피해자의 인간적인 여러 조건이나 상황을 드러내는 아주 세부적인 사항들이 담겨 있을 수 있다. 예를 들면 피가 뿌려진 화장대에 놓인 피해자 아들의 사진, 어린 아들의 낡은 운동화와 풀어헤쳐진 신발 끈 등이 그렇다. 혹은 피해자가 느꼈을 고통을 극대화하는 이미지들도 있을 수 있다. 감정적으로 자극을 주는 이런 이미지들이 배심원들에게 강한 인상을 심어주는 바람에 배심원들은 가해자에게 강한 복수심을 느끼며 이 복수심을 피고에게 쏟을 수도 있다.

"피해자는 나와 똑같은 사람이었어. 비록 피고가 매우 믿을 만한 알리바이를 가지고 있지만, 누군가는 이 끔찍한 살육에 책임을 지고 대가를 치러야 해!"

감정과 한데 섞여 한층 더 강화된 생생하고도 선명해지는 우리 인간의 인지력이 가진 이 특성은 인류가 진화하는 과정에서는 유리하게 작용했다. 뱀이나 사자 그리고 적대적인 이웃 부족들이 우리의 생존을 호시탐탐 노리고 있었으므로 늘 경계심과 적개심을 늦추지 말아야 했기 때문이다. 포식자나 적이 노리고 있는 긴박한 위협 아래에서는 '나는 지금 위협을 받고 있다. 그렇다면 나는 내가 가지고 있는 여러 가지 것들을 어떻게 평가해야 할까?' 따위의 생각으로 시간을 낭비할 여유가 없다.

인류의 고대 조상은 살아남기 위해서 위험을 매우 격렬하게 느껴야만 했다. 내분비기관의 호르몬 분비에 따라서 예측 가능한 반응, 즉 꼼짝하지 않고 가만히 있거나 freeze 싸우거나 fight 혹은 도망치는 flight 반응이 자동적으로 나타나도록 본능적인 위험을 느껴야 했던 것이다.

그러나 우리가 가지고 있는 이 믿을 수 없는 혼합 능력 때문에 우리는 너무도 쉽게 감정의 덫에 걸리고 만다. 고맙게도 오늘날 우리가 가지고 있는 문제의 대부분은 (심지어 우리가 위협으로 느끼는 것들 가운데 대부분도) 모호하고 장기적인 것이다. '으악! 뱀이다!'와 같은 구체적이고 단기적인 위협이 아니라, '내 일자리는 안전할까?', '은퇴할 무렵까지 노후자금을 충분히 모을 수 있을까?' 혹은 '내 딸이 남자친구에게 너무 빠져 있는데, 저러다가 학업 성적이 떨어지지는 않을까?'와 같은 위협이라는 말이다. 그러나 연관되어 있는 이런저런 감정 때문에 우리가 하는 생각들은, 심지어 우리 머릿속에 투영된 아무리 사소한 '삶의 모습'이라고 할지라도 (예컨대 부부가 나이가 들고 고등학생 딸이 남자친구와 사랑에 빠지는 것조차도) 고도의 불안과 공포를 느끼게 만들고, 나에게 다가오는 위협에 대한 자동적인 반응을 반사적으로 불러일으킬 수 있는 방아쇠가 된다.

별것 아닌 어떤 생각이 우리를 감정의 덫에 걸리게 하는 과정을 소개하면 이렇다.
내면의 수다쟁이 + 온갖 다채로운 생각의 혼합 + 감정의 한 방 = 감정의 덫에 걸림!

1. 내면의 수다쟁이에 귀를 기울이는 것에서부터 시작한다
　　나는 며칠 동안 딸 제인과 모녀 사이의 살뜰한 시간을 보내지 못했다. 함께 있는 시간은 충분히 많지 않다. 딸과 더 많은 시간을 함께 보내야 할 필요성을 느낀다. 하지만 해야 할 일이 산더미처럼 쌓여 있는데, 어떻게 딸과 함께 시간을 보낼 수 있을까? 미셸 스미스는 자기 딸과 특별한 순간을 같이 보내는 시간을 가지고 있는 것 같은데… 하긴 미셸은 좋은 엄마니까 그렇겠지. 미셸은 인생에서 중요한 게 무엇인지 잘 아니까. 나는 왜 이럴까? 나는 왜 이렇게 엉망일까?

2. 온갖 다채로운 생각의 혼합 때문에 내면의 수다는 기억과 시각적인 이미지들, 기호들 등과 뒤섞인다
　　나의 어린 딸 제인은… 이 아이는 너무도 빠르게 성장하고 있다. 내가 제인의 나이만 할 때 학교에서 돌아올 무렵 어머니가 만들어주셨던 과자의 냄새가 지금도 나는 듯하다. 나도 나의 어머니가 그렇게 했던 것처럼 딸을 위해서 과자를 만들어야 한다. 나는 이 아이가 고등학교를 졸업해서 집을 떠날 때의 모습을 충분히 상상할 수 있다. 저 고약한 리키 피터슨 녀석과 함께, 나를 증오하면서 말이다! 그런데 어째서 이 고객은 토요일에도 이메일을 보내서 일을 하게 만들까? 그래, 지금 당장이라도 그 인간에게 지금 내 마음이 어떤지 알려야 한다. 그리고… 안 돼 제인, 너를 데리고 쇼핑하러 갈 수는 없어. 일을 해야 하는 내 마음을 너는 왜 조금이라도 이해를 못 해주니?

3. 감정의 '한 방'을 보낸다

내가 방금 내 사랑하는 아이에게 손찌검을 했다는 사실을 도저히 믿을 수 없다. 나는 깊은 죄의식을 느낀다. 나는 아마도 혼자서 죽음을 맞이할 거야. 내 딸은 나를 마음 깊이 증오할 테니 말이다. 나는 내가 하는 일을 무척 좋아했다. 하지만 지금은 정반대이다. 내 일은 나에게서 가족과 함께 보낼 시간을 빼앗아간다. 나는 이미 망했다. 처참하게 실패하고 말았다. 내 인생은 그야말로 낭비이다.

감정적인 한 방은 우리가 자기 삶을 이해하려고 쓰는 이야기, 영화 시나리오에 (심지어 그 이야기가 순전히 허구일 때조차도) 엄청난 힘을 부여하는 수많은 특수효과 가운데 하나일 뿐이다. 17세기에 시인 존 밀턴John Milton은 이것을 '마음은 늘 그 자리에 있다. 마음은 그 자체로 지옥의 천국이기도 하고, 천국의 지옥이기도 하다'라는 표현으로 요약했다.[6] 또 아포리즘의 세계에는 '바라는 것에 날개가 있다면 돼지도 하늘을 날 것이다'라는 표현도 있다. 그렇다. 자기 마음이 자기 안에 우주를 만든다는 뜻이다. 그러나 우리는 자기가 안고 있는 문제들을 확신이나 긍정적인 생각만으로는 해결할 수 없다. 그리고 엄연한 사실은, 스마일 스티커를 우리 문제에 붙이는 뉴에이지New Age적 해결책은 오히려 문제를 악화시킬 수 있다는 점이다. 그러므로 우리에게 남는 질문은 '생각하는 사람이 문제인가, 아니면 생각 자체가 문제인가?'라는 것이 된다.

그리고 우리가 부딪치는 문제 중에서 어떤 부분은 정말 문제가 있어서가 아니라 단지 우리 생각들이 진행되는 방식일 수도 있다.

생각을 빨리 하는 것
그리고 느리게 하는 것

1929년에 벨기에 화가 르네 마그리트René Magritte는 '이미지의 배반The Treachery of Images'이라는 그림으로 미술계에 충격을 주었다. 독자도 아마 그 그림을 보았을 것이다. 담배 파이프가 허공에 둥둥 떠 있고 그 아래에 'Ceci n'est pas une pipe(이것은 파이프가 아니다)'라는 글자를 적어놓은 그림이다.

아마도 당신은 처음에는 화가가 초현실주의자이며 터무니없는 것으로 관객을 도발한다고 생각했을 것이다. 그러나 사실 그는 사람들이 정보를 처리하는 과정에서 마음이 정해진 대로 여러 절차를 무시하면서 바쁘게 달려가는 방식 때문에 우리가 잘못된 결론에 이르거나 해로운 인식의 덫에 걸릴 수 있음을 경고하는 중요한 교훈을 던져주고 있다.

우리가 이 그림을 감상할 때 떠오르는 것은 파이프이다. 캔버스에 물감으로 그려놓은 어떤 물체가 우리에게 파이프를 생각나게 만든다. 그러나 마그리트는 "이것은 파이프가 아니다"라고 말하고, 터무니없게도 그 말은 옳다. 그것은 파이프라는 어떤 개념을 이차원적인 평면으로 표현한 것일 뿐이다. 우리가 그것을 가지고 담배를 피울 수 있는 유일한 방법은 캔버스를 갈기갈기 찢은 다음에 진짜 파이프에 우겨넣는 것이다. 마그리트는 자신만의 방식으로 이미지는 실체가 아니라고 말한 것이다. 철학자 알프레드 코지브스키Alfred korzybski가 '지도는 영토가 아니다'라고 말했던 것처럼.[7]

사람은 정신적인 범주를 만들어서 대상물과 경험 그리고 심지어 사람까지 그 틀 안에 우겨넣고 고정시키는 경향이 있다. 만일 어떤 것이 범주에 딱 맞지 않으면 이것을 '잘 들어맞지 않는 것들'이란 범주에다 넣는다. 범주라는 개념은 유용할 수 있다. 예컨대 주식 투자를 할 때 '위험성이 높은 종목'과 '위험성이 낮은 종목'이라는 체계를 만들어서 거래 종목들을 분류할 수 있다. 이렇게 하면 자신이 설정한 투자 원칙에 맞춰서 투자를 하기가 한결 쉬워진다.

그러나 미리 설정되어 있는 경직된 범주들에 지나치게 안주할 때 우리는 심리학자들이 이른바 '선입견'이라고 부르는 것에 사로잡히게 되는데, 선입견은 어떤 발상이나 사물, 사람 혹은 자기 자신에게까지 유연성 없는 습관적인 반응을 가져온다. 이렇게 빠르고 쉽게 하는 반사적인 판단을 흔히 '휴리스틱heuristics'이라고 부르는데 이런 어림짐작도 잘 먹힌다. 휴리스틱의 범위는 '나는 8월에 이스탄불에 있는 노천카페에서는 간식을 먹지 않는다'와 같은 합리적인 금지에서부터 인종적·계급적인 편견과 같은 사악한 눈가리개, '나는 혼자서는 춤을 추지 않는다'와 같은 스스로를 제약하는 우스꽝스러운 족쇄에 이르기까지 다양하다.[8]

생각이 감정과 한데 섞이는 경향과 마찬가지로, 자기가 바라보는 것을 쉽게 분류하기 위해서 다양한 기준의 상자 속에 생각을 집어넣으려고 하는 (그리고 나중에 이런 것들에 대해서 빠른 속도로 어림짐작의 결정을 내리는) 경향 역시 분명히 어떤 이유로 인해 지금의 모습으로 진화해왔다.

어쩔 때는 음식점에서 주문을 받는 웨이터에게 이렇게 소리를 지르고 싶을 때가 있을 것이다.

"마요네즈만 찍찍 뿌리면 되니까 제발 좀 그만 묻고 그냥 샐러드 갖다달라고요!"

손님이 질려버릴 때까지 주문한 음식에 대해서 온갖 세세한 것까지 꼬치꼬치 캐묻는 식당에서처럼 모든 선택을 세세하게 분석할 필요가 없는 세상에서는 인생이 한결 더 단순하고 쉽다. 사람들은 각자 나름대로의 어림짐작 기술을 가지고 있는데, 만일 이게 없다면 사람들은 분석에 매달려 있느라 일상은 마비가 되고 온갖 시간을 다 잡아먹게 될 것이다. 어림짐작 기술이 있으면 정신적인 에너지를 많이 소비하지 않고서도 늘 똑같이 반복되는 일을 쉽게 처리할 수 있다.

휴리스틱은 우리가 누구를 만나는 순간, 곧바로 작동해서 그 사람에 대해서 조금 더 많이 알아야 하는지 아니면 그 사람을 될 수 있으면 피해야 하는지 즉각적으로 판단을 내리게 한다. 그래서 우리는 다른 사람을 본능적으로 평가하는 일을 매우 능숙하게 할 수 있다. 우리가 매우 제한된 근거만을 가지고서 짧은 시간 안에 내리는 평가는 상당히 정확한 편이다. 그리고 여러 연구 결과들이 입증했듯이, 낯선 사람에 대한 첫인상은 그 사람의 친구나 가족이 내리는 평가와 일치하는 경우가 자주 있다.

지금으로부터 천 년 전의 과거를 기준으로 하자면, 낯선 사람을 즉시 알아보는 능력은 혈연을 넘어서는 차원의 신뢰의 끈을 형성하는 데 도움이 되었다. 이렇게 해서 마을과 도시가 형성되고 문명이 발전했다.

만일 우리에게 휴리스틱의 예측력이 부족해서 상대방의 표정과 대화 내용은 말할 것도 없고 새롭게 추가되는 모든 정보를 의식적으로 분석하고 처리해야 한다면, 거기에 너무 많은 시간을 들이는 바람에 실제로 삶을 영위할 시간은 거의 남아 있지 않을 것이다.

그러나 불행하게도 우리가 내리는 즉각적인 판단, 즉 첫인상은 틀릴 수 있다. 이런 판단은 부당하고 부정확한 고정관념이나 사기꾼이 조작한 엉터리 관념을 바탕으로 한 것일 수도 있다. 하지만 이런 관념은 한 번 형성이 되고 나면 의문을 품기 어렵고 또 쉽사리 바뀌지 않는다. 우리는 우리가 빠른 판단을 내릴 때 쉽게 접할 수 있는 정보는 과대평가하는 반면에, 알아내기 어렵고 시간이 걸리는 사소하고 미묘한 정보는 과소평가하는 경향이 있다.

심리학자 대니얼 카너먼Daniel Kahneman은 『생각에 관한 생각 Thinking, Fast and Slow』에서 인간의 정신은 생각의 기본적인 두 가지 모드에서 작동한다고 설명한다.[9]

'제1시스템'의 생각은 전형적으로 빠르고 자동적이며 별다른 노력이 들지 않고 연상적이며 암시적이다. 즉각적인 성찰에는 사용될 수 없다. 이 생각들은 흔히 감정의 무게를 많이 담고 있고 습관의 지배를 받는다. 따라서 사람들은 이 생각들 때문에 쉽게 감정의 덫에 걸리고 만다.

'제2시스템'의 생각은 상대적으로 느리고 또 정교하다. 이 생각들은 훨씬 더 많은 노력과 보다 깊은 수준의 주의력을 요구한다. 이 생각들은 우리가 의식적으로 설정하는 규칙을 더 유연하고 쉽게 수정할 수 있도록 한다. 우리가 자극과 반응 사이에 공간을 생성할 수 있도록 해주는 것이 바로 이 생각들이다. 이 공간은 빅터 프랭클이 말했던 바로 그 공간으로, 우리의 인간성이 온전하게 드러날 수 있도록 해주며 우리가 풍요로운 성공을 거둘 수 있도록 만들어주는 공간이다.

언젠가 폭스뉴스의 빌 오라일리Bill O'Reilly가 코미디언이자 토크쇼 진행자인 데이비드 레터맨과 대화를 나누는 걸 본 적이 있다. 보수적인 진행자인 오라일리는 몇 가지 질문을 하더니 레터맨에게 "너무 쉬운 질문이잖아요!"라면서 계속 빨리 답변하라고 재촉했다. 그러자 레터맨은 이렇게 대꾸했다.

"그건 나에게 쉬운 질문이 아닙니다. 왜냐하면 나는 생각이 깊은 사람이거든요."

이 말 한마디로 레터맨은 방청객으로부터 큰 박수를 받았다.

휴리스틱의 함정

앞에서도 언급했듯이 빠르고 직관적인 제1시스템의 생각은 때로 강력하고 또 정확할 수도 있다. 막스플랑크협회의 인간개발연구소장이자 말콤 글래드웰Malcolm Gladwell의 베스트셀러 『블링크Blink』에서 언급된 위대한 과학자인 게르트 기거렌처Gerd Gigerenzer는 직관적인 생각을 연구한 유명한 사회심리학자이다. 기거렌처는 이런 종류의 즉각적이고 본능적인 대응을 신비로운 것이라고 (심지어 그런 직관을 느끼는 본인에게조차도 신비로운 것이라고) 설명한다.[10] 우리가 알고 있는 것이라고는 이런 반응들은 우리가 처한 조건이나 삶의 경험, 또는 망각이나 습관이 필요하지 않다고 말하는 다른 정보를 모두 걸러내고 해당 환경에 존재하는 몇 가지 단순한 근거들에만 의존한다는 점뿐이다.

　몇몇 직관적인 반응들은 연습을 통한 숙련된 기량에서 비롯된다. 체스 게임의 고수는 상대방이 한 수를 두었을 때 거기에서 전개될 수십 가지의 수를 미리 내다보고, 심장 치료를 전담하는 간호사 가운데 일부는 1마일 밖에서도 심장발작을 포착할 수 있으며, 또 노련한 소방관은 어느 순간에 현장에서 철수해야 목숨을 잃지 않을지 잘 알고 있다.

　그러나 제1시스템의 본능적 반응은 어두운 측면을 가지고 있다.[11] 우리가 정보를 처리하고 행동하는 방식을 휴리스틱이 지배하게 될 때 우리는 어림짐작의 법칙을 적절하지 않은 방식으로 적용하게 되는데, 그 바람에 특이한 사항이나 새로운 기회를 포착하는 우리의 능력은 그만큼 줄어들 수밖에 없다. 정신적인 민첩함이 부족해지는 것이다.

　영화를 보러 극장에 가는 일반적인 사람은 영화에 깊이 빠진 나머지, 이야기 전개의 세부적인 사항이나 장면 연속성의 오류(예를 들면 클로즈업 장면에서는 커피 잔을 들고 있는데 이어진 투샷 장면에서는 커피 잔을 들고 있지 않는 경우) 등을 못 보고 지나칠 수 있다. 연구자들이 이와 관련된 실험을 했는데, 실험 진행자가 피실험자들에게 장면 연속성의 오류를 의도적으로 담아 놓은 단편 영화를 보여주었다.[12] 예를 들면 두 사람이 대화를 하는 장면에서 두 사람이 말을 할 때마다 카메라가 번갈아가면서 말을 하는 사람을 비출 때 그 사람이 입고 있는 옷이 계속 바뀐다거나, 또는 어떤 사람이 전화를 받고 서 있는 컷에서 카메라 앵글이 다른 다음 컷으로 바뀌면 완전히 다른 배우가 전화를 받고 있다든가 하는 식이었다. 그런데 평균적으로 3분의 2나 되는 피실험자들이 이런 오류를 알아차리지 못했다. 심지어 주인공이 다른 배우로 바뀐 사실조차도 알아보지 못했다.

이런 현상은 비극으로 이어지기도 하는데 1995년 보스턴에서 실제로 일어난 일이다.[13] 1월의 어느 새벽이었다. 케니 콘리라는 경찰관이 총기 난사 용의자를 추적하고 있었다. 용의자는 막다른 골목의 굵은 철사 울타리를 넘어서 도망갔다. 한편 콘리는 범인 검거에 너무도 집중한 나머지 철책 앞에서 무슨 일이 일어났는지 알아차리지 못했다. 범인을 추적하던 사복 경찰관이 철책에 옷이 걸리자 뒤따라온 다른 경찰관들이 그 사복 경찰관을 용의자로 생각하고 마구 구타하고 있었던 것이다. 나중에 법정에 선 콘리는 자기는 경찰관들이 동료를 잔인하게 구타하는 현장을 보지 못한 채 곧바로 그 현장을 지나쳐서 범인을 추격했다고 증언했다. 자기가 해야 할 일에 너무도 집중한 바람에 이른바 '터널 시야tunnel vision'가 작동한 것이다.

여기에서 배워야 할 교훈! 사람의 마음이 이른바 디폴트 모드로 빠져들고 나면, 이 상태에서 빠져나오기 위해 상당한 수준의 유연성이 필요하다. 해당 분야의 전문가라는 사람들이 아주 단순한 상식 문제를 알아차리지 못하는 이유도 바로 여기에 있다. 경제학자이자 사회평론가인 소스타인 베블런Thorstein Bunde Veblen은 이런 현상을 '훈련된 무능력trained incapacity'이라고 불렀다. 과도하게 넘치는 자신감 때문에 전문가는 해당 환경에 주어진 맥락적인 정보를 무시한다. 특정한 유형의 문제가 어떤 전문가에게 익숙할수록 이 전문가는 그 특정한 문제에 맞춰서 대응하기보다는 미리 조립해둔 해법을 자기 기억 창고에서 꺼내들고 나설 가능성이 그만큼 더 커진다.

또 다른 실험에서 연구자들은 심리학 전문가들을 피실험자로 삼았다. 실험 진행자는 그들에게 면접이 진행되는 상황을 지켜보라고 일렀는데, 피실험자들(심리학 전문가들)을 두 집단으로 나누어서 한 집단에게는 피면접자가 구직자라고 말했고, 다른 한 집단에게는 피면접자가 심리 치료를 받는 환자라고 말했다. 그리고 실험 진행자는 피실험자들에게 각자 가지고 있는 전문성을 발휘해서 피면접자를 평가하라고 지시했다.[14] 그런데 피면접자가 구직자라고 알고 있던 피실험자들은 그가 정상적이고 주어진 상황에서 상당히 올바르게 행동하고 있다고 평가했고, 피면접자가 심리 치료를 받는 환자라고 알고 있던 피실험자들은 동일한 상황의 동일한 사람들을 두고 정신적으로 손상이 심각한 사람이라고 묘사했다. 심리학 전문가들이었지만 자기 앞에 있는 실제 사람에게 깊은 주의를 기울인 것이 아니라 피상적인 단서들에만 의존했던 것이다. 오랜 경험을 통해서 축적된 무의식 상태에서 '잠을 자면서' 판단을 내린 것이다. 어쩌면 실제로 그들은 잠을 자고 있었는지도 모른다.

감정의 덫에 걸려버리다

일반적으로 말해서 전문가들은 (혹은 어떤 분야에서 높은 평가를 받고 있는 사람들은) 흔히 자만심 때문에 감정의 덫에 걸린다. 하지만 어느 한 영역에서 어떤 사람이 이룩한 성과나 그 사람의 지위는 다른 영역에서는 아무런 의미가 없다. 어떤 총회 자리에서 만난 주식 투자자 집단이 말하기를, 외과의사는 모두 서툰 투자자로 악명이 높은데 그 이유는 이들이 투자 조언을 오로지 다른 외과의사에게서만 듣기 때문이라는 데 입을 모았다. 그리고 회사 직원들이 야외에서 팀워크 강화 훈련을 할 때 CEO는 흔히 자기가 팀을 책임지고 이끌어야 한다고 생각한다. 바위를 기어오르고 줄에 매달리는 등의 활동이 포함되어 있는 훈련을 이끌 지도자는 자기가 아니라 갓 제대를 한, 구내 우편실에서 근무하는 젊은 직원이 가장 적합하다는 사실을 잊어버리는 것이다.

감정의 덫에 걸린 상태에서 특정한 방식으로만 생각하거나 행동하는 사람들은 자기가 맞닥뜨린 세상을 있는 그대로 바라보거나 그것에 필요한 관심을 기울이지 않는다. 이 사람들은 주어진 환경의 맥락에 (그 맥락이 무엇이든 간에) 민감하게 대응하지 않는다. 이들은 자기 앞에 놓인 세상을 현재의 상황과 공통점이 있을 수도 있고 없을 수도 있는 범주들 속으로 구겨넣은 다음에, 그 상태의 세상을 현실의 세상이라 생각하고 바라본다.

건물에 화재가 났을 때 사람들은 자기가 들어갔던 문을 통해서 탈출을 시도하다가 결국 죽음에 이르는 경우가 흔히 있다.[15] 비행기가 비상착륙을 할 때도 마찬가지이다. 패닉 상태에서 사람들은 다른 출구를 찾으려 하지 않고 기존에 구축해놓은 행동 양상에만 의존하기 때문이다. 이와 마찬가지로 고통, 이별, 어긋난 인간관계 그리고 그 밖의 여러 어려움들이 닥칠 때 기존의 자동적인 방식으로 그 문제들을 해결하려고 하지만, 이렇게 해서 해결되는 경우는 거의 없다.

감정의 민첩성은 주변 환경과 상황의 맥락에 민감하게 굴면서 세상을 지금 현재의 모습 그대로 바라보고 거기에 따라서 반응하는 것을 포함하고 있다.

지금 우리 머릿속에 흐르는 생각들이나 감정들을 모두 지워버리자는 말은 아니다. 그렇게 되길 원하는 사람은 분명 없을 것이다. 왜냐하면 그것은 자기 존재가 지워지고 끝나는 상태를 말하기 때문이다. 그러나 여기서 다시 '생각하는 사람이 문제인가, 아니면 생각 자체가 문제인가?'라는 질문을 떠올릴 수 있다. 당신은 지금 자기 가치관에 따라서, 자기가 중요하게 여기는 것에 따라서 자기의 삶을 살고 있는가, 아니면 그저 물이 흐르는 대로 의식하지 못한 채 흘러가며 살고 있는가?

하지만 우리는 중요한 순간에 해오던 대로 너무 쉽게 감정에 낚여버린다. 자기 삶을 스스로 책임지지 않고, 통찰력이 넘치는 지성에서 나오는 온갖 다양한 선택권들을 활용하지 않으며, 좀 더 사려 깊은 의지에 따라서 행동하지 않는다. 바로 이런 상태가 감정의 덫에 걸려든 상태다.

가장 흔한 네 가지의
감정의 낚임 유형

감정의 낚임 유형 #1 생각 비난하기

"나는 내가 창피하다는 생각이 든다. 그래서 파티에서 사람들과 어울리지 못했다."

"나는 그 여자가 냉담하다고 생각하고, 그 여자에게는 그 사업에 대한 정보를 더는 알려주지 않았다."

"나는 그가 우리 재정 문제에 대해서 뭐라고 잔소리를 늘어놓을 것이라고 생각해서 밖으로 나가버렸다."

"나는 내가 하는 말이 바보처럼 들릴 것이라 생각하고, 그 말을 하지 않았다."

"나는 그 여자가 먼저 전화를 해야 한다고 생각해서, 내가 먼저 전화를 걸지 않았다."

이 각각의 사례에서 화자는 자기가 한 (혹은 하지 않은) 행동의 책임을 자기가 했던 생각에게 돌린다. 그런데 만일 당신이 이렇게 자기 생각을 비난하기 시작하면 자극과 반응 사이에서 당신이 현실에서 실질적인 선택을 할 수 있는 (프랭클이 말했던) 공간은 충분하게 넓지 않다. 따로 떨어져서 존재하는 생각은 행동으로 이어지지 않는다. 과거의 이야기들은 행동으로 연결되지 않는다. 행동하게 만드는 것은 바로 우리 자신이다.

감정의 낚임 유형 #2 사납고 정신없는 원숭이 마음

'원숭이 마음'은 불교에서 나온 명상 관련 용어로, 원숭이가 이 나무에서 저 나무로 정신없이 뛰어다니는 것처럼 마음속에서 온갖 생각들이 뒤죽박죽 날뛰는 상태를 말한다. 어쩌면 당신은 자기에게 소중한 어떤 사람(부모일 수도 있고 아이나 친구나 혹은 동료일 수도 있다)과 다퉜고, 그 사람은 화가 나서 씩씩거리며 집 밖으로 나가버렸을 수도 있다. 그리고 출근길에 전철을 탔을 때 당신의 마음이 시끄럽게 웅웅대는 것을 느낄 것이다.

"오늘밤에는 남편에게 꼭 말을 해야지. 남편이 우리 부모를 나쁘게 말할 때 내가 얼마나 속이 상했는지 모른다고."

이런 생각을 하자 당신 머릿속에서는 당신과 당신 남편 사이의 가상 대화가 펼쳐진다. 남편이 당신의 부모에 대해서 또 다른 무례하고 불쾌한 말을 하고, 여기에 반응해서 당신은 백수로 폐인처럼 지내는 시동생을 들먹이며 한마디를 내지른다. 남편이 무슨 말을 할 것인지 예상을 하고, 그 말에 어떻게 대꾸를 할 것인지 생각해본다. 직장에 도착할 때쯤이면 당신은 녹초가 되어 있다. 남편과 한바탕 전쟁을 치렀기 때문이다. 이미 당신의 머릿속에서 말이다.

원숭이 마음에 사로잡혀 있을 때는 상황을 실제보다 나쁘게 여기기 쉽다. 사소한 문제를 터무니없이 크게 부풀리며 최악의 시나리오를 떠올린다는 말이다. 이것이야말로 에너지 낭비이고 시간 낭비이다. 그것도 아주 커다란 낭비. 게다가 당신이 머릿속으로 이 상상 속의 드라마를 엮어나가는 동안에는 현재에 집중할 수 없다. 공원에 꽃이 활짝 피어 있음을 알아차리지 못하고, 전철 안에서 재미있고 흥미로운 사람들이 많이 있음을 알아차리지 못한다. 뇌가 창의적인 해법을 마련하기 위해서는 중립적인 공간이 필요한데 이런 공간을 당신은 마련해주지 못한다. 뇌에 이런 공간을 제공하는 것이야말로 무슨 문제든 간에 문제를 해결하려면 가장 먼저 해야 하는 일인데 말이다.

원숭이 마음은 과거에 사로잡혀 있으며('나는 남편이 한 행동을 용서할 수 없어') 미래를 가만히 내버려두지 않는다('도저히 그냥 놔둘 수는 없겠어, 점장에게 따끔하게 한마디를 해줘야겠어'). 원숭이 마음은 또한 내면의 판단을 내릴 때 '꼭 해야 한다'거나 '할 수 없다'거나 '당연히 해야 한다'거나 등의 확신의 단어들을 잔뜩 사용하게 만든다. (예를 들면 '나는 살을 꼭 빼야 한다', '나는 도저히 실패할 수 없어', '나는 이런 식으로 느껴서는 안 된다' 등). 원숭이 마음은 현재의 순간에 집중할 수 없게 만들며 인생에서 가장 중요하고 소중한 것에 집중할 수 없게 만든다.

감정의 낚임 유형 #3 오래된 낡은 생각

케빈은 사람들과 진지한 인간관계를 맺기를 간절하게 바랐다. 겉으로만 보자면 그는 재미있고 가벼웠다. 그러나 마음 깊은 곳에서 그는 폐쇄적이고 남을 믿지 않았으며 또 여자를 대할 때면 늘 일정한 거리를 뒀다. 그러니 그의 인간관계는 매번 실패로 끝날 수밖에 없었다. 케빈은 나에게 자기 아버지는 알코올 중독자였고 이런 아버지에게 학대를 당했다고 말했다. 아버지는 자기의 단점을 흉보고 폭력을 가했다고 했다. 심지어 친구들이 보는 앞에서도 말이다. 케빈은 어릴 때부터 슬프거나 약한 모습을 겉으로 드러내지 않는 법을 배웠다. 그런 것들을 드러낼 때마다 아버지에게 시달렸기 때문이다. 이런 경험 때문에 그는 자기 주변에 있는 모든 사람에게 자기감정을 철저하게 숨기는 게 낫다는 결론을 내렸고, 이런 생각을 가지고서 사람들을 대했다. 자기에게 가장 가까운 사람이 다가와도 그랬다. 그러다 보니 그는 어릴 때부터 철저하게 기능적으로만 행동했다. 감정을 철저하게 숨기는 이런 행동은 그를 감정적으로 또 신체적으로 보호해 주는 듯했다. 하지만…

그로부터 20년이 지난 뒤, 그가 가지고 있는 불신은 너무 작아서 꽉 끼는 신발처럼 그를 옥죄었다. 그는 날마다 마치 어린 시절의 트라우마 속에서 사는 것처럼 행동했다. 그가 살아가는 성인으로서의 삶은 과거와는 완전히 다른 훨씬 더 긍정적인 세상이었고, 그에게 필요한 것은 이런 세상에 적응할 수 있을 감정의 민첩성이었다. 그가 오랫동안 가지고 있었던 불편한 사고 과정은 이제 그에게 더는 맞지 않는 옷이었던 것이다.

내가 진행했던 프로그램에서 교육을 받은 적이 있는 티나는 최근에 대형 금융서비스 회사의 CEO 승진 대상에 번번이 이름을 올리지 못했다. 그녀는 뉴욕에서 주식중개인으로 처음 일을 시작했다. 거칠고 직설적인 남성적 분위기가 지배하는 직장이었다. 객장에서 그녀는 자기의 개인적인 일상에 대해서 얘기하는 것은 금기라고 배웠으며, 또 자기 주변의 다른 남자들만큼이나 억세고 강하게 보여야 했다. 이런 그녀의 선택은 객장에서 효과가 있었고 그녀는 자기가 하는 일을 사랑했다. 그러다가 새로운 회사로 자리를 옮겼는데, 그때 그녀는 사람들이 로봇 같은 사람을 따르기를 원하지 않는다는 사실을 깨달았다. 그녀는 사람들에게 자신의 솔직한 감정과 진정성을 드러내서 보일 필요가 있었다. 그러나 그녀는 누구에게든 가까이 다가가기가 쉽지 않았다. 티나도 케빈과 마찬가지로 이미 효력이 없는 과거 속에 머물러 있었으며, 지금까지 그녀를 성공의 길로 이끌었던 것이 이제는 힘을 발휘하지 못하게 된 것이다. 그녀에게 필요한 것은 바뀐 환경에 적응할 수 있는 감정의 민첩성이었다.

감정의 낚임 유형 #4 내가 옳다는 외골수

'재판정에서는 정의를 찾을 수 없다'는 말이 있다. 운이 좋으면 기껏 최상의 협상 결과를 받아들일 수 있을 뿐이라는 것이다. 삶의 다른 많은 영역에서도 우리는 정의니 진실 입증이니 하는 것에, 혹은 자기가 옳다는 사실이 의심의 그림자에서 벗어나 당당히 인정받는 것에 지나치게 오랫동안 매달려 있다. 여러 달 동안 어떤 사람과 연애를 해본 사람이라면 잘 알 것이다. 누구와 (특히 사랑하는 사람과) 말다툼을 한 뒤에는 거칠게 출렁거리던 파도가 잔잔해지는 순간, 즉 휴전이라고도 할 수 있는 상태에 도달하는 순간이 찾아온다. 그리고 이때 자기가 할 수 있는 최상의 행동은 입을 다물고서 더는 토를 달지 않은 채 곧바로 불을 끄고 잠을 자는 게 최선이다. 그런데 이때 귀에다 대고 속삭이는 말이 들려온다. 마지막으로 한 번만 더, 자기가 옳고 상대방이 틀렸다는 사실을 입증할 어떤 것을 딱 하나만 더 말하라고… 이 유혹에 굴복하는 순간, 다툼은 다시 시작되고 상황은 악화된다.

자신이 옳다는 것을 입증하거나 자신이 부당한 대우를 받고 있음을 확인하고자 하는 이런 욕구를 방치하면 우리 인생에서 많은 세월을 도둑맞을 수 있다. 많은 가족들 사이에서 그리고 세상의 많은 곳에서 반목과 불화가 너무도 오래 지속되고 있으며, 심지어 애초에 무엇 때문에 그런 반목과 불화가 시작되었는지조차 모르는 경우도 허다하다. 그런데 역설적이게도 자신이 옳다는 것을 인정받지 못하는 부당한 상황은 이것이 끝이 아니다. 자기가 소중하게 여기는 가치들, 예를 들면 가족이나 친구 사이의 따뜻한 유대감이 박탈되고 없어지기 때문이다.

더욱 유연해져라

고대 그리스의 철학자로 역설의 대가이던 헤라클레이토스는 똑같은 강에 발을 두 번 담글 수는 없다고 말했다. 세상은 끊임없이 변하고 우리에게 새로운 기회와 상황을 제시한다는 말이다. 이 기회와 상황을 최대로 활용하려면 낡은 범주들을 과감히 깨부수고 새로운 범주들을 만들어야 한다. 가장 참신하고 또 가장 흥미로운 해법은 참신한 눈으로 기이한 경험에 다가서는 '초심자의 마음'을 가질 때 나타난다. 바로 이것이 감정의 민첩성을 획득할 수 있는 초석이다.

한두 세대 전에는 '여자가 하는 일'과 '남자가 하는 일'이 따로 정해져 있다고 생각했고, 이런 믿음을 토대로 사회는 굴러갔다. 그러나 지금은 이런 고리타분한 구분을 하다가는 대번에 융단폭격을 받는다. 비슷한 맥락에서, 어떤 사람들은 세상 사람들을 어떤 기준을 설정해서 가지런하게 분류함으로써 사람들이 저마다 가지고 있는 존재의 의미와 가치를 외면한 채, 부자니 뚱보니 괴짜니 꽃미남이니 하는 식으로 협소하고도 배타적인 시선으로만 사람들을 바라본다. '누구의 아내'라는 자기 범주화는 스스로를 제한하는 패배적인 자리매김임을 우리는 이미 오래전에 깨달았다. 그러나 'CEO'니 '남자 중의 남자'니 혹은 '학급에서 가장 똑똑한 아이' 심지어 '슈퍼볼 쿼터백'이라는 것도 마찬가지이다. 모든 게 변한다. 우리 역시 변할 수 있음을 인정하는 유연성이 우리에게는 필요하다.

감정의 민첩성은 자기의 감정을 모두 인식하고 있는 그대로 받아들인다는 개념이고, 심지어 가장 힘들고 어려운 감정들에게서도 자신에게 도움이 되는 무언가를 배울 수 있다는 개념이다. 또, 현재의 환경을 정확하게 파악하고서 현재에 충실하게 살며 자신에게 주어지는 자극에 가장 적절하게 반응하는 것이다. 그래서 자신이 가장 소중하게 여기는 가치들에 맞게 행동하기 위해서, 조건이 주어져 있고 미리 설정되어 있는 자신의 자동적인 인지 반응 및 정서 반영, 즉 자신을 감정의 덫에 걸리게 만드는 것들을 극복한다는 뜻이다. 그러니 우리에게는 감정의 본질에 다가가는 유연한 사고가 필요하다.

3장

부정적인 감정에 대한 우리의 오해

부정적인 감정들도 나의 힘이다

전문가에 따라 다를 수 있겠지만 이 책에서는 기본적인 감정을 일곱 개로 분류했다. 기쁨, 분노, 슬픔, 공포, 놀라움, 경멸 그리고 혐오가 그 일곱 개 감정이다.[1] 앞에서 살펴보았듯이 이 감정들을 지금 우리가 가지게 된 것은 수천 년의 진화 과정에서 인간이 살아남는 데 이 감정들이 도움이 되었기 때문이다. 그러나 이 감정들 가운데 다섯 개(분노, 슬픔, 공포, 경멸, 혐오)는 감정을 나타내는 스펙트럼에서 불편한 쪽에 놓인다. (놀라움은 이 스펙트럼의 양쪽에 모두 다 놓일 수 있다.)

사람이 가지고 있는 감정의 대부분이 인간 경험의 어두운 측면을 드러낸다는 것은 과연 무슨 뜻일까? 만일 인간의 감정 가운데서 그렇게나 많은 것이 불편한 것임에도 자연선택 과정에서 우리 인간에게 유리하게 작용했다면, 이런 어둡고 힘든 감정들도 어떤 가치나 목적이 있다는 뜻이 아닐까? 그렇다면 이런 감정들을 피하는 게 능사가 아니라 비록 때로는 불편하긴 해도 우리 삶의 유용한 부분으로 받아들여야 하는 게 아닐까?

그렇다.

틀림없이 그렇다.

그러나 우리가 가지고 있는 모든 감정을 수용하고 이것들과 함께 살아가는 법을 배우는 것이 당연함에도 불구하고 대부분의 사람들은 그렇게 하지 않는다. 대부분은 자기의 부정적인 감정들을 피할 수 있고 감출 수 있다고 헛되이 기대하고 믿으면서, 미리 정해진 행동들을 한다. 그런 감정들과 될 수 있으면 마주하지 않기 위해서이다. 그런데 어떤 사람들은 이런 감정들에 깊이 젖어 들어서 극복하려고 한다. 또 어떤 사람들은 냉소나 풍자나 빈정거리는 유머를 통해서 어려운 시기와 힘든 감정들을 극복하려고 한다. 여전히 많은 사람들은 이런 것들은 그 어떤 것도 진지하게 받아들일 가치가 없다고 부정하면서 (그러나 니체가 '농담은 감정의 묘비명'이라고 말했던 것처럼) 말이다. 자신의 감정들을 무시하려고 애쓰며, 니체보다 훨씬 더 현대에 가깝게 살았던 철학자 테일러 스위프트Taylor Swift가 말했듯이 '그 감정들을 털어내려고' 노력한다. 우리가 이런저런 감정들을 죽여버림으로써 그런 감정들에 '낚이지' 않으려고 노력할 때, 실제로 죽임을 당하는 것은 바로 우리 자신의 행복한 삶이다. 얼마든지 풍성해질 수 있을 우리의 삶이 희생되고 마는 것이다.

이런 덜 감정적인 해법들이 놓여 있는 스펙트럼에서 당신의 반응이 놓이는 지점이 어디인지 다음 질문을 통해 확인할 수 있다. 한 번 답해보자.

1. **당신의 상사가 어떤 변화를 시도하는데, 이 변화가 당신은 정말 싫다. 이 때 당신이 할 것 같은 행동은 무엇인가?**
   ① 내가 느끼는 좌절과 분노를 무시한다. 이 감정들은 결국에는 사라질 것이고 나는 처리해야 할 다른 감정들이 있을 것이다.
   ② 상사에게 내가 무슨 말을 하고 싶은지 곰곰이 오래 생각한다. 그리고 '내가 이러저러하게 말하면 상사가 이러저러하게 말할 것이다'라는 시나리오를 마음속으로 굽이굽이 풀어낸다.
   ③ 그 변화 때문에 왜 내가 화가 나는지 한동안 생각을 한 다음, 이 문제를 놓고 상사와 대화를 나눌 계획을 세우고 하던 일을 계속해서 한다.

2. **당신의 세 살짜리 아이가 장난감으로 집을 잔뜩 어질러놓았다. 하루 종일 힘들게 일을 하고 집에 돌아왔는데, 그렇게 어질러진 장난감에 발이 걸려 넘어질 뻔한다. 그래서 아이를 큰 소리로 혼낸다. 이 일을 겪고 당신이 할 것 같은 행동은 무엇인가?**
   ① 격한 감정을 털어내면서 "다 괜찮아, 오늘은 정말 긴 하루였어"라고 혼잣말을 한다.
   ② 어린아이에게 고함을 지른 일을 두고 저녁 내내 나 자신을 나무라면서, 왜 나는 늘 이런 식으로 반응하는지 곰곰이 생각하고, 나는 이 세

상에서 제일 고약한 부모라는 결론을 내린다.

③ 배우자와 나란히 혹은 마주보고 앉아서 하루 동안 있었던 일들을 이야기하고, 아이에게 고함을 지른 나의 반응이 직장 상사 때문에 느낀 격한 감정에서 비롯되었음을 깨닫는다. 그리고 아이를 안아주고 아이에게 사과를 한 뒤, 아이가 편안한 마음으로 잠들 수 있게 해준다.

3. 당신은 지금 실연의 고통을 겪고 있다. 이때 당신이 할 것 같은 행동은 무엇인가?

① 다른 생각이 끼어들 여지가 없도록 친구들과 어울려서 진탕 술을 마신다. 어쩌면 새로운 사람을 만날 수도 있다. 이 방법은 실연의 고통을 무디게 하는 데 도움이 될 것이다.

② 집에 혼자 가만히 앉아서 사랑이 깨지지 않도록 할 수 있었던 다른 선택이 없었을지 생각한다. 그러다 서툰 인간관계에 대한 자책감에 빠진다.

③ 한동안 화가 나서 정신을 차리지 못한다. 이 경험을 글로 쓰거나 친구들에게 이야기한다. 그리고 이런 과정을 통해서 교훈을 얻는다.

만일 세 개의 질문 대부분에 ①번으로 답을 한 사람이라면 이 사람은 '병입자bottler'(불편한 감정들과 생각들을 병 안으로 집어넣는 사람)이다. 병입자는 감정들을 옆으로 밀쳐두고서 하던 일을 계속 하려고 시도함으로써 감정의 덫에 걸린 상태에서 벗어나고자 한다. 이들은 원하지 않는 감정들은 밀어내버린다. 그 감정들이 불편하고 성가시기 때문일 수도 있고, 밝고 씩씩하지 않은 감정을 허약하거나 자기 주변 사람들과 멀어지는 지름길이라고 생각하기 때문일 수도 있다.

만일 당신이 일을 증오하는 병입자라면 "적어도 나는 직업은 가지고 있으니까"라는 말로 자위를 하면서 자기가 가지고 있는 부정적인 감정들을 합리화할 수도 있다. 인간관계가 원만하지 않아서 불편하다면 어떻게든 끝을 내어야만 하는 과제에 몰두함으로써 그 불편한 감정을 잊어버리려고 할 것이다. 다른 사람들을 돌보는 일로 정신이 없다면 '나에게도 때가 찾아올 것이다'라는 말을 자기 스스로에게 상기시킴으로써 자기 안의 슬픔이나 스트레스를 옆으로 밀쳐둘 것이다. 예산 삭감과 이미 예고되어 있는 구조조정 때문에 깊은 시름에 잠겨 있는 부서 직원들을 이끄는 직위에 있는 사람이라면 걱정의 벌레가 가득 들어 있는 감정의 병 뚜껑을 열기가 두려워서 그 문제를 입에 올리는 것조차 피할 것이다.

생각하지 말라면
더 생각할 수밖에 없다

감정들을 병에 집어넣는 것의 문제는 골치 아프고 불편한 감정들을 무시한다고 해서 그 감정들을 유발하는 문제가 해결되는 게 결코 아니라는 점이다. 뿌리가 깊은 그 문제는 여전히 해결되지 않은 채로 남는다.

그런데 자기가 어떤 사람인지 아는 병입자들이 여러 해가 지나도 일에서나 인간관계에서나 혹은 그들이 처한 환경에서 여전히 처참한 상태에 놓여 있는 경우를 자주 보게 된다. 이들은 감정들을 무시하고 앞으로 나아가는 데만 집중한 나머지, 여러 해가 지나가도록 진짜 자기감정과 마주하지 않았다. 그러니 이들에게서 실질적인 변화나 성장이 있을 리가 없다.

병입 행동의 또 다른 측면은 긍정적으로 생각하려고 노력하며 부정적인 생각들은 머리 밖으로 몰아내려 한다는 점이다. 그러나 불행하게도, 무언가를 하지 않으려고 노력하는 것 자체가 놀랍도록 엄청나게 많은 양의 정신적인 에너지를 잡아먹는다. 연구 결과를 보면 생각들이나 감정들을 최소화하려고 하거나 무시하려고 하는 시도는 오히려 그것들을 증폭시키는 데 기여할 뿐이다.

우스꽝스러울 정도로 단순하면서도 매우 유명한 연구가 있다. 이 연구는 지금은 고인이 된 심리학자 대니얼 웨그너Daniel Wegner가 수행했는데, 그가 진행한 실험에서 실험 진행자는 피실험자들에게 백곰을 생각하지 말라고 지시했다. 하지만 피실험자들은 이 과제를 수행하는 데 처참하게 실패했다. 심지어 금지 조치가 철회된 뒤에도 피실험자들은 백곰에 대해서 아무런 언질도 받지 않았던 집단에 비해서 훨씬 더 많이 백곰을 생각했다.[2] 살을 빼려고 다이어트를 하는 사람은 초콜릿 케이크와 프렌치프라이를 늘 생각한다. '먹을 것을 생각하지 마라'를 포함해서 무언가를 금지하는 전략이 오히려 금지 대상을 더 생각하게 만드는 것이다.

바로 이것이 병입의 아이러니이다. 병입은 우리에게 통제력을 부여하는 것처럼 보이지만 실제로는 우리가 통제력을 가지지 못하게 만든다. 명령을 내리는 것은 우리가 아니라 감정들이다. 그리고 억눌린 감정들은 필연적으로 전혀 의도하지 않은 방식으로 표면화된다. 심리학에서는 이것을 '감정 누출emotional leakage'이라고 부른다. 예를 들어서 형이 동생에게 화가 났다고 치자. 이때 형은 이 감정을 억누르려고 노력한다. 그런데 추수감사절 저녁에 유쾌하게 와인을 한잔 마신 형의 입에서 갑자기 동생을 나무라는 가시 돋친 말이 불쑥 튀어나온다. 예상치 못한 일에 오랜만에 온 가족이 한자리에 모인 추수감사절의 분위기가 싸늘하게 식어버린다. 혹은 당신은 직장에서 승진할 것이라고 잔뜩 기대를 했는데 승진하지 못했다. 그런데 전혀 생각지도 않았던 사람이 당신 대신 승진했다. 이런 일이 있고 며칠 뒤에 당신은 영화〈아마겟돈Armageddon〉을 열 번째로 보다가 마치 어린아이처럼 큰 소리로 엉엉 소리내어 운다. 바로 이것이 병입의 위험한 결과이다.

병입을 시도할 때의 의도는 대개 선하다. 실천적인 사람은 병입이 생산적이라고 느끼기도 한다.³ 병입을 하는 사람은 자기 자신에게 '긍정적으로 생각해라', '앞만 보고 나아가라' 그리고 '일을 계속 진행시켜라'라고 말한다. 그렇게 하면 원하지 않는 감정들이 모두 사라지고 보이지 않는다. 그러나 실제로 그 감정들은 멀리 사라져버린 것이 아니라 땅속으로 숨어들었을 뿐이다. 그리고 이 감정들은 언제든 튀어나올 준비를 하고 있다. 게다가 이들이 튀어나올 때는 그동안 쌓아두었던 압력을 한꺼번에 분출시킨다. 엄청난 폭발력 때문에 사람들은 깜짝 놀라게 된다.

병입이 인간관계에도 부정적인 영향을 줄 수 있음은 전혀 놀라운 게 아니다. 병입자 남편의 아내는 이렇게 말한다.

"우리가 방금 대판 싸웠거든요. 그런데 남편은 마치 아무 일도 없

3장 부정적인 감정에 대한 우리의 오해 73

었다는 듯이 평소와 다름없이 회사에 출근했어요. 그 사람은 이제 나는 신경도 안 쓰나봐요!"

한 연구에서 연구자들은 어떤 사람이 병입을 시도할 때 이 사람 주변에 있는 다른 사람들의 혈압이 상승한다는 사실을 확인했다. 심지어 그 사람들이 문제의 병입자가 자기감정을 병에 차곡차곡 챙겨 넣었다는 사실을 알지 못하는 경우에도 그랬다. 그러니 이혼 전문 변호사들이 이 연구 결과를 손에 넣을 때까지 기다려라. 그 변호사들은 이렇게 말할 것이다.

"재판장님, 지금 상태대로라면 제 의뢰인의 남편은 제 의뢰인을 심장발작으로 사망하게 만들 겁니다. 왜냐하면 제 의뢰인의 남편은 자기감정을 밖으로 전혀 드러내지 않고 있거든요."

고뇌 속의 '생각품기'와 분노

앞에서 제시했던 세 개의 질문으로 돌아가보자. 대부분 ②번으로 답을 한 사람이라면 이 사람은 '사색자brooder'(생각을 끌어안고 품는 사람)이다. 병입자가 남자일 가능성이 높다면, 사색자는 여자일 가능성이 높다.[4]

불편한 감정들에 낚였을 때 사색자는 자기의 참혹한 생각들이 머릿속에서 끝없이 부글부글 끓어오르는 것을 지켜본다. 사색자는 그 감정들을 못 본체 그냥 내버려두지 못한다. 자기가 받은 상처, 오랫동안 품어왔던 실패의 경험, 자신의 단점 혹은 불안함 등을 강박적으로 생각하면서 그 모든 것들을 각각 구분해서 따로 갈무리하려고 노력한다.

생각을 끌어안고 품는 것(생각품기)은 걱정과 사촌 관계이다. 이 둘은 자기 자신에게 극도로 초점을 맞춘다. 또 현재가 아닌 어떤 순간에 존재하려고 애를 쓰는데 걱정은 미래로 향하는 반면에 생각품기는 과거를 바라본다. 그러므로 생각품기는 걱정보다 훨씬 더 허망하다. 생각품기를 하는 사색자는 균형 감각을 잃어버리는데, 그래서 이 사람들에게는 두더지가 파놓은 흙 두둑이 거대한 산이 되고 누군가의 사소한 동작 하나가 강력한 범죄가 된다.

그런데 이 사색자는 자신에게 닥친 문제를 해결하려고 노력한다는 점에서 병입자보다는 낫다. 적어도 '자기감정을 느낀다'는 말이다. 즉 이들은 자기의 감정을 인식한다. 사색자는 병입자처럼 감정 누출의 위험에 노출되지는 않지만 감정의 거대한 홍수에 휩쓸려 익사할 수 있다. 사색자가 감정을 끌어안고 품을 때 그의 감정은 병 속에서 압박을 받지 않고서도 힘을 얻는다. 사색자의 감정은 마치 허리케인처럼 점점 더 강력해진다. 회오리바람이 일면서 바람이 한 바퀴씩 돌 때마다 그 감정은 점점 더 많은 힘을 끌어모은다.

심리학자인 브래드 부시맨Brad Bushman이 어떤 실험을 했는데, 이 실험에서 그는 피실험자인 학생들에게 마음에 담고 있는 것들을 글로 써보라고 했다. 그런 다음에 얼굴이 보이지 않는 '또 다른 학생'을 동원해서 그 피실험자가 쓴 글이 형편없다고 욕을 하게 했다. 사실 그 '또 다른 학생'은 부시맨이었고 모든 피실험자는 똑같이 그 욕을 들었다.

이런 설정은 부시맨이 예상한 결과로 그대로 이어졌다. 욕을 들은 피실험자들이 화가 많이 났던 것이다. 그리고 실험 진행자는 피실험자들에게 펀칭백을 주먹으로 치게 했다. 그리고 이때 실험 진행자는 피실험자를 세 집단으로 나누고 제각기 다른 내용의 지시를 내렸다. 한 집단에는 펀칭백을 주먹으로 치면서 자기 마음속에 치미는 분노를 생각하라고, 즉 분노를 끌어안고 품으라고 했다. 심지어 피실험자들에게 그 고약한 비판을 했던 학생의 사진이라며 어떤 남학생의 사진을 보여주기까지 하면서 피실험자들의 화를 돋웠다. 그리고 두 번째 집단에게는 펀칭백을 주먹으로 치면서 자기의 몸매와 근육을 가꾸는 일이라고 생각하게 함으로써 마음속에 끓고 있던 분노를 잊어버리라고, 즉 병에 집어넣으라고 했다. 그리고 세 번째 집단인 통제집단으로 분류한 피실험자들에게는 컴퓨터가 갑자기 고장이 나서 고치는 척하면서 몇 분 동안 조용히 앉아 있게 만들었다.

실험 진행자는 피실험자가 펀칭백을 주먹으로 친 다음에 이들에게 나팔을 건네주고 그것을 자기 옆 사람에게 대고 불라고 했다. 피실험자의 공격성 수준을 측정하기 위함이었다. 세 집단 모두 여전히 화가 난 상태였지만 통제집단이 보인 공격성이 가장 낮았다. 병입자 집단은 통제집단보다 더 높은 공격성을 드러내었고 사색자 집단은 가장 높은 공격성을 드러내었다. 사색자 집단은 화도 가장 많이 냈고 공격성도 가장 높아서 옆 사람의 고막이 터질 정도로 세게 나팔을 불어댔다.[5]

사색자는 병입자와 마찬가지로 최선의 의도를 가지고 있다. 어렵고 힘든 감정들을 곰곰이 생각하고 있노라면 스스로 양심적인 노력을 하고 있다는 자기위안의 착각이 생긴다. 사람은 누구나 자기에게 닥친 불행을 '처리'하길 바라거나 힘든 상황을 극복하는 방법을 알고 싶어 한다. 그래서 그걸 생각하고, 생각하고, 또 생각한다. 하지만 고뇌의 핵심인 그 문제를 해결하는 데까지는 결코 다다르지 못한다.

생각품기는 또한 '왜 나는 늘 이런 식으로만 반응할까?'나 '나는 왜 이 문제를 좀 더 잘 처리하지 못할까?'와 같은 질문으로 스스로를 탓하게 만든다. 생각품기는 병입과 마찬가지로 엄청나게 많은 양의 정신적인 에너지를 잡아먹는다. 요컨대 매우 힘들면서도 생산적이지 못한 과정이다.

생각품기가 언제나 혼자인 상태에서 진행되는 것은 아니다. 예를 들어서 당신이 친구와 데이트를 하면서 상처喪妻한 아버지가 돈 관리를 제대로 하지 못한다는 내용의 이야기를 친구에게 하소연할 때 당신은 이른바 '공동 생각품기co-brooding'를 하는 셈이다. 직장 상사에 대한 불만을 동료에게 셀 수도 없이 많이 하는 경우도 마찬가지이다. 그런데 이런 식으로 마음속에 있던 감정을 배출하고 나면 기분이 한결 좋아질 것이라고 사람들은 생각한다. 그러나 문제를 개선하는 행동이나 해결책이 전혀 없다는 점을 생각하면 최종적인 결과는 전혀 그렇지 않다. 결국에 가서는 아버지에게 더욱 더 화가 나고 직장 상사에게는 더욱 더 분노한다는 말이다.[6]

사색자도 병입자와 마찬가지로 곁에 함께 있기는 어려운 상대이다. 사색자는 자기가 안고 있는 실제적이고 무거운 감정들을 다른 사람에게 떠넘기는 경향이 있기 때문이다. 이들은 자기와 가까운 사람들과 이런 얘기를 나누고 싶어 하지만, 나중에는 가장 가까운 사람들조차도 지쳐서 나가떨어진다. 사색자가 자기가 겪는 공포와 걱정, 또 나름대로의 힘든 투쟁을 누군가에게 끊임없이 말하고 싶어 하지만 이걸 받아주는 상대방은 결국 지쳐버린다는 말이다. 게다가 사색자는 자기 자신에게만 초점을 맞추기 때문에 자기 말을 들어주는 사람을 배려할 여유가 없다.[7] 그러니 사색자의 말을 들어주는 사람은 결국 지쳐서 나가떨어지고 그러면 사색자는 한층 더 큰 좌절과 외로움에 빠져든다.

이렇게 해서 사색자는 걱정이 걱정을 낳는 악순환의 늪에 갇혀버리게 된다.

병입과 생각품기는
단기적인 감정의 아스피린이다

심리학에는 '제1시스템 사고 System 1 thinking'와 '제2시스템 사고 System 2 thinking'라는 개념이 있고, '제1유형의 사고 Type 1 thought'와 '제2유형의 사고 Type 2 thought'라는 개념도 있다.[8]

제1유형의 사고는 일상 속에서 날마다 부닥치는 문제들(무거운 업무 과제, 빡빡한 일정, 전날 밤에 했던 부부싸움, 육아 문제 등)에 따르는 통상적인 인간적인 걱정들로, '나는 무엇 무엇 때문에 걱정이야'라거나 '나는 무엇 무엇 때문에 슬퍼'라는 식으로 직설적이다.

이에 비해서 제2유형의 사고는 마음속에 있는 거울의 방에 들어가서 생각에 대한 생각들, 즉 전혀 도움이 되지 않는 생각들을 켜켜

이 쌓아나갈 때 나타난다. '나는 걱정이 너무 많아서 걱정이야'라거나 '스트레스를 받는다는 게 나에게는 스트레스야'와 같은 경우이다. 어렵고 힘든 감정들에 휩싸여 있을 때 우리는 그런 감정들이 자기 안에 있다는 이유로 죄의식을 느낀다. 그런 감정들에 죄의식을 추가한다는 말이다. 그래서 우리는 이런 말을 하게 된다.

"나는 무엇 무엇 때문에 걱정이거나 무엇 무엇 때문에 슬플 뿐만 아니라 나는 세상에 있을 자격도 없는 사람이야."

우리는 자기 자신의 분노에 분노하고, 자기 자신의 걱정에 걱정하고, 자기 자신의 불행을 불행하게 여긴다.

이것은 마치 유사流砂와도 같다.[9] 자기를 괴롭히는 감정과 힘들게 싸우면 싸울수록 점점 더 깊이 그 감정 속으로 빠져든다.

병입자나 생각품기는 병입이나 생각품기를 통해서 소기의 목적을 달성했다고 생각할 수도 있다. 그러나 사실은 그렇지 않다. 이 두 가지의 전략은 우리의 건강이나 행복에 도움이 되지 않는다. 이런 전략은 두통이 있을 때 아스피린을 먹는 것과 매우 비슷하다. 아스피린이라는 진통제는 고통을 몇 시간 동안만 덜어줄 뿐이다. 두통의 원인이 수면 부족일 수도 있고 목에 생긴 결절일 수도 있고 지독한 감기 때문일 수도 있다. 만약 이런 게 원인이라면 진통제의 약효가 떨어지는 순간, 그 두통은 다시 예전과 다름없는 위력을 발휘한다.[10]

병입과 생각품기는 우리가 선의를 가지고서 취하는 단기적인 감정의 아스피린이다. 문제의 근원으로 직접 다가가지 않을 때 우리는 우리를 불편하게 하고 고통을 유발하는 것을 안전하게 제거할 기회를 영영 놓칠 수밖에 없다.

당신이 책 무더기를 두 손으로 받쳐든 채로 팔을 앞으로 쭉 뻗고 있다고 치자. 1~2분은 그 자세로 버틸 수 있을지 모른다. 그러나 시간이 점점 더 지나면 팔이 후들후들 떨리기 시작할 것이다. 바로 이런 현상이 병입자에게 나타난다. 어느 정도 무게가 있는 물건을 든 채로 팔을 앞으로 뻗고 있는 자세를 오래 유지하기는 힘들다. 너무 힘들어서 버티지 못한다. 그리고 그렇게 하다가 우리 손에 들려 있던 물건이 바닥에 떨어지기도 한다.

그렇지만 당신이 이 책 무더기를 몸에 바짝 밀착시켜서, 즉 마치 책을 으깨버리기라도 할 듯이 힘차게 끌어안고 있다고 치자.[11] 이 경우에도 시간이 지나면서 팔은 후들거리기 시작할 것이다. 이 자세에서 두 팔과 두 손은 최대한 몸에 밀착해 있으므로 다른 일은 할 수도 없다. 바로 이런 현상이 생각품기를 하는 사색자에게 나타난다.

병입자와 사색자 모두, 주변 세상에 적절하게 대응할 능력을 잃어버린 사람들이다. 아이를 안아주거나 동료와 함께 느긋한 시간을 보내거나 새로운 것을 창조하거나 방금 잔디를 깎은 마당에서 상큼한 풀 향기를 맡는 일을 전혀 할 수 없다는 말이다. 개방성과 열정은 사라지고 그 자리에 이런저런 규칙들과 출구 없는 과거의 이야기들과 잘못된 판단들이 들어서며 문제해결능력과 의사결정능력은 사라지고 만다.[12] 이런 경직된 자세에 갇혀 있으면 스트레스를 유발하는 삶의 문제를 처리할 때 필요한, 감정의 민첩성을 발휘할 수 없다.

어쩌다가 한 번씩 병입이나 생각품기를 한다고 해서 혹은 이 양극단을 오간다고 해서 사람이 죽지는 않는다. 때로는 이런 전략들이 최선의 행동 노선이 될 수도 있다. 예를 들어보자. 당신이 내일 중요한 시험을 앞두고 있는데 사랑하는 사람이 당신에게 자신의 힘든 일들을 마구 털어놓았다고 치자. 이때 당신은 임박한 중요한 문제에 집중하기 위해서 당신을 짓누르는 감정을 잠시 옆으로 치워둘 필요가 있다.

그러나 이런 전략들이 전혀 생산적이지 않고 거꾸로 당신을 감정적으로 낚은 바늘이 점점 더 깊이 파고들게 되는 것은, 이런 전략들이 어떤 문제를 해결하기 위한 수단으로 자동적으로 채택되고 작동될 때이다.

우리는 어릴 때부터 이미 병입과 생각품기를 배운다. 자녀가 있는 독자라면 잠시 책을 덮고 자녀와 나누었던 대화의 내용이 무엇이었는지 생각해볼 필요가 있다.

감정에 대한 (그리고 남자와 여자가 감정에 대응하는 방식에 대한) 불문율에는 심리학자들이 이른바 '표현 규칙display rules'이라고 부르는 것이 포함되어 있다. '다 큰 남자아이는 울지 않는다'라거나 '지금 여기에서는 화를 내지 마라. 네 방에 들어가 있다가, 표정이 풀리면 밖으로 나와라' 등의 표현 규칙이 구체적인 사례이다.[13]

나는 아버지 장례식 때의 일을 평생 잊지 못할 것이다. 친구나 친척들은 모두 열두 살밖에 되지 않던 나의 오빠에게 이렇게 말했다.

"이제는 네가 어머니와 여동생들을 돌보는 데 집중해야 하니까 절대로 눈물을 보여서는 안 된다. 알았니?"

우리는 이런 규칙을 우리를 돌보는 사람들에게서 배우고, 또 자녀에게 무의식적으로 가르친다.[14] 예를 들어서 우리는 남자아이에게는 "오늘 학교에서 뭐 했니?", "네가 이겼니?"라고 묻지만, 여자아이에게는 감정에만 초점을 맞추어서 "기분이 어떠니?"라거나 "재미있었니?"

라고 묻는다. 아이들은 이런 규칙을 신속하게 숙지하는데, 이런 규칙들이 늘 아이들에게 도움이 되지는 않는다.

행복에 낚이다

사람들이 삶 속에서 느끼는 스트레스를 극복할 때 자주 구사하지만 결코 생산적이지 않은 방법은 병입이나 생각품기 말고도 또 있다. 사람들이 흔히 구사하는 이 전략은 '계속 미소 짓기'이다. 이 전략을 떠받치는 근거는 미소를 계속 짓고 있으면 모든 게 다 잘될 것이라는 믿음이다.

'스마일 얼굴'을 생각해보자. 밝은 노란색 바탕의 원과 웃는 입을 단순하게 표시한 원호와 두 개의 검은 점으로 표시된 눈은 '붉은 색과 흰색과 파란색(성조기를 의미)'만큼이나 상징적 대표성을 띤다. (당연한 일이긴 하다. '행복 추구'는 미국 독립선언문의 핵심 내용이니까.)

디지털 시대에 그 웃는 얼굴은 도처에서 불쑥불쑥 튀어나오는 이모티콘과 이모지Emoji로 녹아들었다. 그리고 우리 스스로도 가지고 있는지조차 모르는 욕망을 채워주느라 바쁘게 돌아가는 소비문화 속에서 새로운 발전이 하나씩 이루어질 때마다 (혹은 어떤 사람이 말하듯이 퇴보가 한 번씩 이루어질 때마다) 더없이 행복한 스마일 상태를 유지하는 것은 한층 더 성스러운 우리의 존재 이유가 되었다.

그런데 잠깐! 우리가 여기에 있는 이유가 행복 아닌가? 행복은 우리에게 좋은 거 아닌가?

2001년 캘리포니아대학교 버클리캠퍼스의 두 심리학자 리앤 하커LeeAnne Harker와 대처 켈트너Dacher Keltner가 인근의 사립 여자학교인 밀스칼리지의 기록을 살피면서 1958년과 1960년의 졸업 사진을 상세하게 조사했다.[15] 행복을 연구하는 거의 모든 연구자들이 말하듯이 진짜 미소와 거짓 미소가 각각 활성화하는 근육군은 다르다. 그래서 두 심리학자는 각각의 사진 속 졸업생들의 얼굴에서 대관골근大觀骨筋, 큰광대근 혹은 눈둘레근이 움직이는지 살폈다. 사람이 이를 드러내고 진짜로 환하게 웃을 때는 두 근육이 모두 움직인다. 그러나 눈둘레근은 의도적으로는 움직여지지 않아서 거짓으로 웃을 때는 눈 주변에 있는 이 근육이 움직이지 않는다. 이런 사실을 바탕으로 해서 두 사람은 학생들이 사진을 찍는 순간에 각각의 학생이 정말로 긍정적이고 좋은 생각을 했는지 꽤 정확하게 알 수 있었다.

이 졸업 사진을 찍고 30년 뒤, 사진을 찍는 순간에 기분이 좋아서 가장 밝고 환한 미소를 자연스럽게 지었던 학생들은 억지 미소를 지었던 학생들에 비해서 더 잘 살고 있었다. 진짜 미소를 지었던 사람들은 그렇지 않은 사람들에 비해서 결혼생활 만족도와 삶의 만족도가 더 높았다.

누구든 기분이 좋은 상태를 선호한다. 이런 기분 좋은 상태에는 유리한 점이 있다. 보다 '긍정적인' 감정을 가지고 있을 때는 우울, 불안 그리고 경계성 성격장애 등을 포함하는 심리적인 여러 질병에 걸릴 위험이 낮아진다.

긍정적인 감정은 또한 우리가 성공의 길을 제대로 걸어가도록 등을 떠밀어주고 보다 나은 의사결정을 하도록 도와주며 질병에 걸릴 위험을 낮춰주고 또 상대적으로 더 오래 살도록 해준다. 몇몇 경우에는 새로운 정보와 기회에 관심을 가지도록 유도함으로써 생각과 행동의 폭을 넓히도록 도와준다. 또한 긍정적인 결과와 연대로 이어지는 데 반드시 필요한 사회적·신체적·인지적 자원들을 축적하는 일을 도와준다.[16]

이 모든 것을 염두에 둘 때 인간의 질적인 삶에 기여한다는 측면에서 행복이야말로 음식 및 햇빛과 함께 인간에게 가장 필수적인 요소라고 볼 수 있다. 그러나 비만과 흑색종(멜라닌 세포의 악성화로 생기는 종양으로 피부에 발생하는 암 가운데 악성도가 가장 높다―옮긴이)에 점점 더 많이 시달리는 우리 사회가 마침내 깨닫게 되었듯이 좋은 것이 넘치면 좋지 않을 수 있다. 그리고 연구자들이 밝혀냈듯이 넘칠 정도로 행복할 수는 없을 뿐만 아니라 우리는 잘못된 유형의 행복을 경험할 수도 있고, 또 잘못된 시점에 잘못된 방식으로 행복을 찾으려고 노력할 수도 있다.[17]

그렇다고 해서 행복을 멀리 하고 온종일 주눅 들어 있거나 겁에 질려 있는 게 낫다는 말은 아니다. 나는 사람들이 올바르게 행복을 추구하며 '부정적인' 감정들을 새롭고 보다 수용적인 관점으로 바라보기를 희망한다. 사실 나는 그런 감정들을 '부정적'이라고 묘사하고 때로는 도발적이기도 한 이 유용한 느낌들을 부정적이라고 칭하는 잘못된 신화를 깨뜨려야 한다고 강력하게 주장한다. 긍정적인 감정만 옳은 것이 아니라 부정적인 감정도 모두 그 나름대로의 가치를 지니고 있다.

행복의 위험

사람이 지나치게 유쾌할 때는 심각한 위협이나 위험을 무시하는 경향이 있다. 지나치게 행복한 상태가 당신을 위험에 빠뜨릴 수도 있다는 주장은 과장이 아니다. 이런 상태에서는 한층 더 위험한 행동을 할 수 있다. 폭음을 할 수도 있고('나는 다섯 병째다!'), 폭식을 할 수도 있고('케이크를 한 조각만 더 먹자!'), 마약을 할 수도 있다('신나게 파티를 벌여보자!'). 현기증이 날 정도로 기분이 좋아서 멀쩡한 감정이 상대적으로 결핍된 상태는 심지어 정신적 질병의 위험한 증상을 나타내는 표시자가 될 수도 있다.[18]

높은 수준의 행복감은 때로 보다 엄격하고 경직된 행동을 드러내기도 한다. 기분은 뇌가 정보를 처리하는 방식에 영향을 미치기 때문이다. 생활이 즐겁고 기분이 좋으며 주변 환경이 안전하고 익숙할 때 사람들은 어떤 것이든 힘들여 오랫동안 생각하지 않는 경향이 있다. 지나치게 긍정적인 사람들이 적정한 수준의 긍정적인 감정을 가지고 있는 사람들에 비해서 창의성이 떨어지는 이유도 바로 여기에 있다.[19]

행복해하는 사람들을 뭉뚱그려서 말하는 것은 아니지만, '모든 것이 경이롭다!'는 기분에 휩싸여 있는 사람일수록 상대적으로 더 쉽게 중간 과정을 생략하고 어떤 결론을 내린다거나 미리 정해져 있는 고정관념에 의존한다. 행복해하는 사람은 흔히 초기에 접수한 정보에 집중하며 나중에 접수하는 세부적인 사항들은 눈여겨보지 않거나 그것의 의미를 최소화한다.[20] 이런 현상은 전형적으로 후광효과(어떤 대상이나 사람에 대한 일반적인 견해가 그 대상이나 사람의 구체적인 특성을 평가하는 데 영향을 미치는 현상—옮긴이)의 형태를 띤다. 예를 들어서 파티장에서 방금 만난 어떤 귀여운 남자가 친절하다고 자동적으로 결론을 내리고 마는데, 그런 결론을 내리는 근거는 그 남자가 멋진 옷을 입고 있고 재미있는 농담을 잘한다는 사실이다. 또 안경을 끼고 있으며 서류 가방을 든 중년 남자가 강렬한 분홍색의 쥬시꾸뛰르 반바지를 입고 있는 스물두 살의 금발 청년보다 더 지적이고 더 신뢰가 간다고 판단하기도 한다.

사람들이 흔히 부정적이라고 말하는 감정들은 속도가 늦고 체계적인 인지 과정을 필요로 한다.[21] 이럴 때는 신속한 결론이 나지 않으며 문제가 되는 미묘한 세부사항에 더 많은 주의를 기울인다. 예를 들면 이런 식이다. '그래, 저 남자가 멋있고 눈에 확 띄긴 해. 그렇지만 왜 저 남자는 결혼반지를 낀 손을 등 뒤로 감추고 있을까?' 소설이나 영화에서 유명한 탐정들이 대부분 성미가 까다롭다는 점이 흥미롭지 않은가? 그리고 고등학교에서 가장 부주의한 아이가 졸업생 대표로 연단 앞으로 나서는 경우는 지극히 드물지 않은가?

'부정적인' 기분은 신선하고 창의적인 방식으로 구체적인 사실들을 찬찬히 뜯어보도록 만드는, 보다 주의 깊고 협력적인 사고 태도를 요구한다. 사람이 어떤 것에 집중해서 파고들 때는 기분이 조금은 가라앉아 있을 때이다. 행복한 기분에 젖어 있는 사람은 남의 말을 쉽게 믿지만 부정적인 기분에 휩싸인 사람은 더욱 예민하고 의심이 많은 경향이 있다. 예를 들면 이런 식이다. '연필처럼 가느다란 콧수염 아래로 보이는 상아처럼 하얀 저 치아. 그러나 저 사람이 짓고 있는 미소가 눈둘레근까지 함께 움직이는 진짜 미소일까. 아니면 눈둘레근이 움직이지 않는 가짜 미소일까?' 행복한 기분에 젖어 있는 사람은 모든 것이 다 잘 돌아가고 있는데 굳이 진실의 아랫부분을 들추어서 그게 정말 진실인지 파헤치려고 들지 않는다. 그래서 계약을 앞둔 경우에도 행복한 사람은 별 의심을 하지 않고 계약서에 서명을 하게 된다.

의식적으로 행복을 추구하는 일이 불행을 가져온다?

의식적으로 행복을 추구하면 행복 그 자체의 진정한 특성을 맛볼 수 없다는 것이 행복의 역설이다. 진정한 행복은 외부에 존재하는 어떤 이유가 아니라 (심지어 그 이유라는 것이 '행복하고 싶다'는 바람처럼 따뜻한 성격의 것이라고 할지라도) 자기 자신을 위해서 열심히 뛰는 여러 활동을 통해서 찾아온다.

행복을 추구하면 기대가 형성된다. 그런데 이 기대는 '기대는 자기가 등장할 차례를 기다리고 있는 분노이다'라는 말을 확인시켜준다. 기다리던 휴일이나 가족 행사가 실제로는 실망스러운 경우가 많은 이유도 바로 여기에 있다. 우리가 하는 기대의 수준은 너무 높아서 결국에는 실망할 수밖에 없는 경우가 대부분이다.

어떤 실험에서 피실험자들을 두 집단으로 나누어 한 집단에게는 행복의 장점을 칭찬하는 가짜 신문 기사를 읽게 하고, 통제집단에게는 행복에 대해서 아무런 언급도 하지 않는 신문 기사를 읽게 했다.[22] 그리고 두 집단에게 무작위로 선정된 행복한 영화의 한 장면 혹은 슬픈 영화의 한 장면을 보여주었다. 행복의 장점을 칭찬하는 기사를 읽고 행복한 영화를 본 사람들은 동일한 영화를 본 통제집단들보다 행복감을 덜 느꼈다. 행복에 지나치게 높은 가치를 둠으로써 기대치가 높아져서, 즉 영화의 줄거리가 이러저러하게 되어야 한다는 기대를 가진 바람에 자기 기대대로 영화가 진행되지 않은 것에 실망한 것이다.

또 다른 실험에서 실험 진행자는 피실험자들에게 스트라빈스키의 발레곡인 '봄의 제전'을 들려주었다. 이 음악은 워낙 파격적이고 선동적이라서 1913년 초연 때 극장의 관객들이 야유를 퍼부으며 공연 내내 소동이 이어졌다는 일화가 있는 문제작이다. 실험 진행자는 피실험자에게 이 음악을 들으면서 '최대한 행복한 느낌을 가지도록 노력하라'고 말했다.[23] 피실험자들이 나중에 평가한 자기의 마음 상태는 그런 말을 듣지 않았던 통제집단의 피실험자들에 비해서 덜 행복했다.

행복을 공격적으로 추구할 때 고립이 유발되기도 하는데 또 다른 연구에서 피실험자들이 삶의 목표에서 행복의 기준을 높게 설정할수록 일상에서 외로움을 더 많이 느낀다는 결과가 나왔다.[24]

행복은 또한 행복을 추구하는 다양한 문화적 양상에 따라 다르게 나타나기도 한다. 북아메리카에서 행복은 즐거움을 포함해서 개인적인 성취 차원에서 이루어지는 경향이 있는 반면에, 동아시아에서는 행복이 사회적인 조화와 긴밀한 연관성을 가진다. 중국계 미국인은 만족을 선호하는 반면에 유럽계의 미국인은 흥분을 선호한다.

일본 문화가 죄의식과 연관된 충성심을 기반으로 형성된 반면에, 미국 문화는 자부심이나 분노와 같은 상대적으로 개인적인 차원의 감정들로 드러난다. 주어진 문화 안에서 사람이 행복해지는 것은 그 사람의 감정이 그 문화가 정의하는 행복과 얼마나 조화를 이루는가에 따라서 좌우된다.[25]

요컨대 행복을 추구하는 행위 자체가 앞서 살펴보았던 병입이나 생각품기처럼 오히려 행복을 파괴하는 행위가 될 수 있다. 이 모든 대응기제coping mechanism들은 '부정적인' 감정들에 대해 우리가 가지고 있는 불편함과 그 감정들의 어두운 측면을 마주하거나 심지어 아주 멀리서 느슨하게 연관되어 있는 것조차도 견뎌내기를 꺼리는 마음에서 비롯된다.

나쁜 기분과 관련된 좋은 소식

나쁜 기분에 젖어 있는 것이 재미있기가 어렵고, 또 끊임없이 부정적인 감정들에 휩싸여 있는 것이 건강에 좋지 않은 건 분명하지만 슬픔이나 분노나 죄의식, 공포 등의 경험이 줄 수 있는 긍정적인 요소들도 있다.[26]

1. 주장을 형성하게 도와준다

나쁜 기분에 젖어 있을 때 우리는 구체적이고 손에 잡히는 정보를 사용하고 지금 현재 맞닥뜨린 상황에 더 초점을 맞추며 판단 오류나 왜곡의 실수를 덜 저지르는 경향이 있는데, 이 모든 것은 학술가로서 또는 강연자로서 보다 설득력을 가질 수 있게 해주는 전문성과 권위의 아우라를 가져다준다.[27]

2. 기억력을 향상시킨다

한 연구에 따르면, 가게에서 물건을 산 사람은 기분 좋은 바람이 살랑살랑 부는 화창하게 맑고 따뜻한 날보다 춥고 우중충한 날일수록 자기가 물건을 산 가게의 인테리어와 관련된 정보를 훨씬 더 많이 기억한다.[28] 이 연구를 한 연구자들은 또한 기분이 그다지 좋지 않을 때일수록 나중에 잘못된 정보를 끌어들여서 기억을 왜곡하는 경향이 줄어든다는 사실도 확인했다.

3. 인내심을 북돋운다

이미 자신이 위대한 인물이라고 생각하는 사람은 굳이 자신을 강하게 밀어붙일 이유가 없다. 어떤 사람이 시험을 볼 때 유쾌한 때에 비해서 우울한 경우에 더 많은 문제를 풀려고 시도하며 또 보다 많은 정답을 맞힌다.[29] 그러므로 자녀가 대학입학자격시험(SAT)을 볼 예정이라면 기분이 약간 가라앉아 있는 것이 좋다.

4. 공손하고 조심스럽게 만든다

활기가 넘치지 않을 때 사람은 좀 더 조심스러워지며, 또 다른 사람의 동작이나 행동을 자기도 모르게 똑같이 따라하는 무의식적인 사회적 모방을 좀 더 많이 함으로써 사회적인 유대감을 높인다.[30] 사람들은 자기가 대단한 존재라고 느낄 때 한층 더 독선적인 태도를 취하는데, 이런 사람은 오로지 자기만 생각하면서 다른 사람들의 의견이나 입장은 무시한다.

5. 관대하게 만든다

부정적인 기분에 젖어 있는 사람은 공정함을 더 많이 생각하고 부당한 제안을 거절할 가능성이 그만큼 더 높다.[31]

6. 확증 편향(confirmation bias)에 덜 빠져들게 만든다

정치적인 의견이 강한 사람들을 대상으로 한 어떤 연구에서 화가 나 있

> 는 사람들은 자기 의견과 대립되는 의견을 담은 기사를 보다 더 많이 선택했다.[32] 즉 자신의 신념과 일치하는 정보는 받아들이고 신념과 일치하지 않는 정보는 무시하는 경향인 확증 편향을 그만큼 덜 가지고 있다는 말이다. 이 사람들은 자기와 반대되는 의견을 읽은 뒤에 견해를 바꾸는 경향도 더 높았다. 분노한 사람은 '자기가 가지고 있는 의견에 반대하는 문은 못을 쳐서 막아버리겠다'는 마음으로 반대 의견을 조목조목 따지면서 파헤치지만, 역설적이게도 거꾸로 그 의견에 설득당할 가능성이 높다는 뜻이다.

부정적인 감정이 득이 된다

실제보다 더 행복한 척하는 건 손해를 보는 짓이다. 그리고 자신을 더 행복하도록 마구 밀어붙이는 것도 결국에는 자신을 죽이는 짓이다. 부분적으로는 그렇게 하는 행동이 도저히 이룰 수 없는 기대를 부추기기 때문이고, 또 부분적으로는 모든 즐거움을 자신이 다 차지하겠다는 갈망과 거짓 미소는 '부정적인', 즉 불편한 감정들이 가져다줄 수 있는 이점들을 우리에게서 빼앗아가기 때문이다.

미묘하고 때로는 고통스러운 것들, 그러나 잠재적으로는 인생에서 중요하고 근본적이며 세부적이고 구체적인 것들이 불쑥 우리 눈앞에 나타나는 때는 대개 인생의 어떤 투쟁에서 지쳐 쓰러져 있는 중대한 시기이다. 고대 그리스의 비극 작가들에서부터 낭만주의 시대의 시인들 그리고 19세기 러시아의 위대한 소설가들이 인간이 가진 감정들 가운데서 특히 어두운 측면에서 교훈적이고 가치 있는 덕목들을 찾아냈다는 점은 그다지 놀라운 일이 아니다. 우리의 오랜 친구인 존 밀턴도 시 「사색에 잠긴 사람Il Penseroso」에서 '신성한 우울함을 찬양하고 맞이하라!'고 노래하지 않았던가.

우리가 느끼는 거친 감정들은 우리 자신에 대한 가르침을 전해주는 (또 우리로서는 그 가르침을 전달받을 필요가 있는) 전달자일 수 있다. 이 전달자 덕분에 우리는 삶의 중요한 지침들을 깨우칠 수 있다. 나는 이런 사실을 어떤 상담 환자가 '분노와 관련된 문제'를 가지고 찾아왔을 때 확인했다. 우리 두 사람은 머리를 맞대고서 그 사람이 가지고 있는 감정들을 낱낱이 살피고 분류했다. 그 사람은 자기에게 거의 불가능에 가까운 온갖 요구를 하는 아내에 비하면 자신의 분노 문제가 그다지 크지 않을지도 모른다는 사실을 깨달았다. 그 사람은 자기의 어렵고 힘든 감정들을 억누르거나 고치려 하는 대신에 그 감정을 이해하고 수용함으로써, 즉 '아내'에게 약한 남자가 되는 게 아니라 자기가 받아들일 수 있는 행동과 그렇지 않은 행동을 가르는 경계선을 보다 명확하게 설정하는 방법을 배움으로써 그 감정들과 함께 살아가며 삶의 질을 개선해나가기 시작했다.

분노 외에도 시기 역시 '일곱 가지의 치명적인 죄'에 속한다(가톨릭에서 모든 죄의 근원이 된다고 해서 금기시하는 일곱 가지의 큰 죄는 탐식, 탐욕, 나태, 음란, 교만, 시기, 그리고 분노이다 — 옮긴이). 그러나 사실 시기는 사람이 스스로를 개선의 길로 나아가도록 하는 매우 강력한 (존경보다 더 강력한!) 동기이다. 어떤 연구에 따르면 우등생 친구에게 시기심을 표현한 학생들이 우등생을 존경하고 찬양한 학생들에 비해 더 많은 동기부여를 받았다.³³ 우등생 친구를 시기한 피실험자들은 나중에 학업 성적이 올랐고 여러 가지 구두시험에서도 상대적으로 더 좋은 성적을 기록했다.

또 그 밖의 '나쁜' 감정들 역시 여러 가지 이유로 우리에게 도움이 된다. 당혹감과 죄의식은 마음의 상처를 치유하고 협력을 강화하는 데 중요한 사회적 기능을 수행한다.³⁴ 슬픔은 무언가 잘못되어 가고 있음을 우리에게 알려주는 일종의 신호이다. 현재에 집중하고 참여하며 보다 더 나은 길을 찾을 때 특히 더 그렇다. 우리는 이 슬픔이라는 신호를 밖으로 표현함으로써 다른 사람의 도움을 받을 수도 있다. 이 슬픔을 거짓 웃음의 장막으로 덮어버리고 억누른다는 것은 슬픔이라는 신호가 주는 가르침과 도움의 손길을 외면하고 거부하는 것이다.

앞선 테스트를 떠올려보자. '감정의 낚임'의 유형을 테스트하는 문제의 목록이 있었고, 지금까지 우리는 거기에서 주로 ①번을 선택한 사람들과 주로 ②번을 선택한 사람들을 각각 '병입'과 '생각품기'라는 개념으로 살펴보았다. 마지막으로 주로 ③번을 선택한 사람의 접근법은 병입도 아니고 생각품기도 아니다. 이것은 현재에 집중하면서 호기심과 수용하는 마음으로 자신의 모든 감정들을 있는 그대로 받아들이는 접근법이다.

바로 이 접근법을 다음 장에서 자세하게 살펴볼 참이다. 감정이 낚인 상태에서 벗어나서 보다 더 건강하고 행복한 삶을 살아가는 데 실질적으로 도움이 될 여러 방법을 살펴보기로 하자.

4장

감정 마주하기

우리 삶 속의 각종 시나리오들

1975년에 젊은 영화인이던 (그리고 훗날 영화 〈스타워즈〉를 세상에 내놓게 될) 조지 루카스는 우주에서 펼쳐지는 모험을 담은 영화의 시나리오를 쓰고 있었다. 그런데 아무리 생각해도 결말을 어떻게 내는 게 좋을지 마땅한 아이디어가 떠오르지 않았다. 그러다가 우연히 대학생 시절에 읽었던 책을 펼쳐보았다. 신화학자 조지프 캠벨 Joseph Campbell의 『천의 얼굴을 가진 영웅 The Hero with a Thousand Faces』이었다. 1949년에 발간된 이 고전적인 저서에서 캠벨은 심리학자 칼 융이 맨 처음 개발했던 발상을 파고들었다.[1] 인간관계나 삶의 중요한 경험과 관련해서 모든 사람에게는 공통적이면서도 무의식적인 특정한 정신적 모델들이 있다는 발상이었다. 캠벨과 융에 따르면, 문명이 탄생한 이후로 인간은 이런 모델들을 신화 속에 담아왔다. 신화라는 고대의 이야기들은 하나같이 모두 가족, 공포, 성공, 실패 등과 같은 영원불변의 주제들을 다룬다. 또 이른바 '원형原型, archetype'이라는 특정한 요소들을 가지고 있으며 이 원형의 토대에는 영웅, 스승, 탐색 등이 있다. 또한 원형에는 구성과 관련된 마술검, 비밀을 감추고 있는 호수나 연못 등과 같은 보다 구체적인 장치들이 포함되어 있다. 이런 원형들은 아서왕 전설에서부터 해리포터와 온라인 롤플레잉 게임RPG에 이르는 모든 것에서 나타난다. 보편적인 원형들이 존재한다는 사실은 전 세계 사람들이 모두 동일한 유형의 이야기를 좋아한다든지 또는 전혀 다른 문화권들에서 비슷한 신화가 존재하는 이유를 설명해준다.

시나리오를 놓고 고심하던 조지 루카스는 이 원형들을 이용해서 시나리오를 다시 썼다. 신화적인 영웅의 모험을 다루는 내용이었고 이렇게 해서 탄생한 영화가 〈스타워즈〉였다. 그리고 이 영화는 역사상 유례가 없을 정도로 전 세계인의 사랑을 받았다.

그러나 신화는 박스오피스의 성공보다 더 많은 것을 제공한다. 책이나 영화가 (혹은 철학자나 문학 교수나 심리학자가) 나오기 전인 아주 먼 과거에 이 보편적인 이야기들은 사람들이 인생의 핵심적인 교훈들을 후대에 전하는 수단이었다. 그리고 그 교훈들 가운데 하나는 두려운 것을 피하려 하는 것이야말로 정말 나쁜 선택이라는 것이다. 신화에서는 항상 영웅이 어둠의 세계로 들어가서 거기에 웅크리고 있는 것과 문제적 상황에서 맞선다. 그것 말고는 달리 선택의 여지가 없는 것으로 묘사된다.

현대에 사는 사람들은 흔히 자기만의 어두운 공간의 끝자락에 서 있는 자기 모습을 보곤 하는데, 이 공간이 자기 안에 있음으로 해서 그 모습이 한층 더 무섭게 다가온다. 때로 이 장소에는 온갖 악마들이 우글거리기도 하고 때로는 작은 유령들이 구석에 숨어 있기도 하다. 이 괴물이나 유령은 심각한 트라우마를 대변하기도 하고 사소한 당혹스러움을 대변하기도 하며 또 공포나 가벼운 경련을 대변하기도 하는데, 이렇게 해서 우리를 감정의 덫에 걸린 상태로 계속 붙잡아둘 수 있다.

대다수 사람들의 개인적인 이야기는 특별히 서사적이지 않다. 할리우드 영화의 소재가 될 정도의 눈에 띄는 개인적인 이야기를 가지고 있는 사람은 드물다. 싸구려 공포영화로 쓸 만한 소재를 가지고 있는 사람조차도 찾아보기 어려울 정도이다. 다행한 일이지만 대부분의 사람들은 할머니가 할아버지를 토막살인 하는 등의 일을 겪지 않는다. 우리 안에 숨어 있는 악마들이라고 해봐야 사실은 시시하다. 완벽하게 일상적이며 거의 보편적이라고 할 수 있는 불안정성, 자기의심 그리고 실패에 대한 공포 등의 찌꺼기일 뿐이다. 어쩌면 당신은 고등학생 시절, 당시 사귀던 남자친구에 대해 언니가 장난을 치면서 당신을 놀렸다는 사실을 마음속에 담아두고 있을지도 모른다. 어쩌면 새로 온 직장 상사가 합당한 평가를 해주지 않아서 언짢은 마음을 꽁하게 가지고 있을지도 모른다. 이런 것들은 심지어 〈오프라 윈프리 쇼〉의 소재거리도 되지 않는다. 그러나 이런 것들은 당신에게 전혀 도움이 되지 않는 행동을 당신이 지속적으로 하도록 당신을 감정의 덫에 빠뜨리기에는 충분하다.

그렇다면, 우리 안의 이 시시한 악마를 쓸어버리기 위해서는 〈스타워즈〉에서처럼 광선검을 가진 전사를 보내야 할까? 죽음의 별을 폭파해야 할까?

단호하게 말하자면 다 아니다. 우리가 사는 현실 우주에서는 문제를 그런 식으로 해결하지 않는다.

예를 하나 들어보겠다. 비록 기이하게 보일지는 모르지만 문제 해결의 방식이 어떤 것인지 적어도 상징적으로는 이해할 수 있을 것이다. 〈바바둑The Babadook〉이라는 공포영화가 있다. 이 영화에서는 혼자서 아들을 키우는 여자가 아들의 이야기책에서 튀어나온 그림자 괴물, 바바둑에 시달린다. 나중에 이 괴물은 그녀가 모성母性에 대해 가진 감정의 실체이자, 아들을 출산하러 남편과 병원으로 가던 길에 일어난 교통사고로 남편이 죽은 뒤부터 아들에게 느끼던 원한의 실체임이 밝혀진다. 즉 그 괴물은 그녀의 슬픔을 대변하는 존재이기도 한 것이다. 마지막에 가서 (스포일러임을 미리 경고한다!) 그녀는 반갑지 않은 감정들의 거대하고 무서운 덩어리를 대면하는 것뿐만 아니라 그 괴물이 지하실에서 살아가도록 먹을 것을 주고 돌봄으로써 힘을 무력화시킨다. 그녀는 그 괴물이 자기 인생을 지배하지 못하도록 하는 한편, 괴물을 길들이고 괴물에 익숙해지는 법을 배운다. 악당 괴물을 응징하지 않고서 말이다! 영화로서는 특이한 결말이다. 그러나 사람의 감정이 어떤 것인지 온전하게 이해한다면 정말 이치에 맞는 아름답고도 완벽한 결말이다.

왜 감정과 마주해야 할까?

모든 영웅의 여정이 다 그랬듯이, 보다 나은 인생으로 나아가는 우리의 전진은 '마주하기'에서부터 시작된다. 모든 괴물들을, 심지어 우리를 괴롭히고 곤란하게 만드는 작은 유령들까지 가차 없이 베고 처단해야 한다는 뜻은 아니다. 다만 그것들을 정면으로 바라보고 그다음에 그것들과 평화롭게 공존할 수 있는, 정직하고도 열린 길을 찾아내야 한다는 뜻이다. 우리가 마음을 열고 맞닥뜨리기만 하면 아무리 무서운 괴물이라고 하더라도 대개는 꼬리를 내리고 물러선다. 무서운 것들을 그저 정면으로 바라보고 그것들의 이름을 불러주는 것만으로도 우리는 그것들을 무장해제할 수 있다. 줄을 그냥 내려놓는 것만으로 줄다리기를 끝낼 수 있다는 말이다.

심리학 분야에서 진행되었던 수십 년에 걸친 연구 결과로 피할 수 없는 걱정, 후회, 슬픔 속에서 우리가 느끼는 삶의 만족은 우리가 얼마나 많이 이런 불편한 감정들을 만나느냐 혹은 그런 감정들이 얼마나 강력하냐 하는 것에 달려 있지 않고, 우리가 그 감정들을 어떻게 처리하느냐 하는 것에 달려 있음이 밝혀졌다.

병입이나 생각품기를 함으로써 그런 감정들이 우리 행동을 지배하게 할 것인가, 아니면 호기심과 수용적인 태도를 가지고서 그런 감정들을 맞이하느냐 하는 문제인 것이다.

불편한 감정들을 마주하는 것은 영웅적인 의지의 실천이 아니라 자신을 괴롭히는 실체를 정면으로 바라보면서 그저 이렇게 말하는 것일 뿐이다.

"그래, 너희들이 여기에 있구나. 나도 여기에 있다. 이제 우리 얘기를 나눠보자. 나는 내가 느끼는 모든 감정과 과거의 경험들을 모두 품을 수 있을 정도로 그릇이 크니까, 조금도 두려워하거나 압도되지 않고서 내 존재의 이 모든 부분들을 수용할 수 있어."

이탈리아의 유대인 저술가이자 화학자인 프리모 레비Primo Levi는 빅터 프랭클과 마찬가지로 나치의 죽음의 수용소에서 살아남은 사람인데, 2차 세계대전이 끝난 뒤에 고향 이탈리아로 돌아가 예상치 않게 자신을 사로잡았던 고뇌에 대해서 이야기했다. 사람들은 자유의 몸이 된 생존자 동료들과 그에게 몰려가서 물었다.
"당신들에게 도대체 무슨 일이 있었소?"
그런데 생존자들이 자기가 경험한 일들을 표현할 적절한 단어를 찾아서 이야기를 풀어놓자, 몰려들었던 사람들은 조금씩 그들의 이야기를 외면하고 발길을 돌렸다. 그들은 자기가 듣고 있는 말을 도저히 받아들일 수 없었고 또 받아들이고 싶지 않았던 것이다.
레비는 원래 화학자였지만 페인트 공장에서 평범한 노동자로 일을 했다. 그는 기억의 파편들을 기차 승차권과 낡은 종이 조각에다 휘갈겨 썼다. 그리고 밤이면 이렇게 쓴 글들을 타이프로 옮겨 적었다. 시간이 흐른 뒤에 이렇게 써서 모은 원고는 그의 첫 저서인 『이것이 인간인가 If This Is a Man』가 되어서 세상에 태어났다. 레비는 자기가 느끼는 감정과 자기가 했던 경험을 다른 사람이 아닌 자기 자신이 인정하는 것이야말로 정말 중요하다는 사실을 깨달았다.[2]
나쁜 점까지 포함한 자신의 모든 것을 있는 그대로 바라보고 인정하는 방법을 배울 때 우리가 좋아하는 모든 영웅들에게는 한 가지 공통점이 있음을 기억하는 게 도움이 된다. 그 공통점은 바로 그 영웅들이 결코 완벽한 인간이 아니라는 점이다. 완벽함은 일차원적이고 비현실적이며 따분하다. 진정으로 설득력이 있고 매력적인 주인공들이 알고 보면 결점과 어두운 측면도 함께 가지고 있는 것도 바로 이런 이유에서이며, 또 매력적인 악당들 역시 일정 부분은 독자나 관객이 자기 모습이라고 인정할 수밖에 없는 인간적인 측면을 가지고 있는 것도 이런 까닭 때문이다.

훌륭한 영화는 주인공과 악당이 각각 가지고 있는 복잡한 긍정성과 부정성이 화해를 하는 영화이다. 실제 삶에서 누가 성공하고 또 누가 성공하지 못하는가의 여부는 각자 자신이 가지고 있는 흠결이나 어두운 측면과 얼마나 잘 공존하며 이런 것들로부터 얼마나 교훈을 얻을 수 있는가에 달려 있다. 그리고 이 해결점으로 나아가는 과정은 불편한 감정들과 마주하는 것에서부터 시작된다.

영국의 연구자들은 수천 명의 응답자들이 제출한 설문지를 분석한 끝에 삶의 핵심적인 요소라고 여겨지는 '행복의 습관들' 가운데서 삶의 전반적인 만족도와 가장 강력한 연관성을 가지는 요소가 자아수용self-acceptance임을 확인했다. 그러나 이 연구자들은 동일한 연구에서 자아수용이라는 이 특별한 습관이 사람들이 가장 열렬하게 실천하는 '행복의 습관들'의 목록에서 가장 맨 뒤에 있다는 것도 확인했다. 응답자들은 다른 사람들을 돕기도 하고 다른 사람들에게 무언가를 주기도 한다고 응답했지만, 자기 자신에게 얼마나 자주 친절을 베푸느냐는 질문에는 응답자의 절반에 가까운 사람들이 10점

만점에 5점 이하라는 낮은 점수밖에 주지 않았으며 전체 응답자의 5퍼센트라는 극히 일부분만이 만점인 10점을 주었다.[3]

감정을 외면하지 않는 것

내가 어린 시절에 남아프리카공화국에서 살 때 들었던 이야기가 있다.

어떤 부족은 나쁜 행동을 한 사람을 마을 한가운데에 혼자 서 있게 한다. 그리고 부족의 모든 사람들이 그를 둘러싸고 선다. 그리고 남녀노소를 가리지 않고 모든 사람이 차례대로 그에게 한마디씩 이야기를 해준다. 그러나 마을 사람들은 잘못을 저지른 사람을 나쁘다고 욕하지 않는다. 대신 그가 여태까지 했던 온갖 '선행들'을 일일이 나열한다.[4] 사실이든 아니든 간에 이 이야기는 친절한 말 한마디가 가지는 힘이 얼마나 큰지 잘 보여준다. 동일한 맥락의 메시지를 1946년에 제작된 미국의 흑백영화 〈멋진 인생It's a Wonderful Life〉도 전한다. 이 영화에서 베드포드 폴스 마을의 사람들은 작은 마을의 은행 직원인 조지 베일리의 존재가 친구들과 이웃들에게 얼마나 커다란 영향을 주는지 상기시켜준다.

사람들이 너무도 자주 하게 되는 자기질책이 아니라 자기 자신을 따뜻하게 품어주고 지지하면 어떻게 될지 상상해보자. 그렇다고 부정적인 것들을 중요하지 않게 다루자는 말이 아니다. 부정적인 것들을 회피하거나 그런 것들이 존재한다는 사실 자체를 부인함으로써 자기 자신을 속이자는 말도 아니다. 실수나 부족한 부분을 들여다보고 인정한 다음, 자신을 보다 나은 곳으로 이끌고 발전적인 방향으로 나아갈 수 있도록 전환해보는 것이다.

고약하고 힘든 감정들 혹은 자신의 부끄러운 부분과 마주하려면 배짱이 있어야 한다. 자기 내면을 들여다볼 때 자기 자신에 대해서 미처 알지 못했던 것을 새롭게 알게 될지도 모른다는 사실은 물론 두렵다. 인간관계를 위태롭게 만들 수도 있는 진실이 불쑥 튀어나오면 어떡하지? 완벽함과는 거리가 멀지만 내가 익숙하고 편안하게 느끼는 나의 삶의 방식이 문제가 있다면 어떡하지?

그러나 감정 마주하기는 몽둥이를 마구 휘둘러서 대상을 파괴하는 것이 아니다. 현재의 부정적인 것이 담고 있는 역사와 맥락을 파악해서 그것의 온전한 의미를 파악한 다음, 이것을 바탕으로 해서 현재 상황을 개선하는 것이다.

감정 마주하기에는 자기가 가지고 있는 생각들이 온전하게 진실이라고 믿는 것이 아니라, 있는 그대로 감정을 인정하는 것도 포함된다. 불편한 생각들을 끌어안고 사는 사색자들은 특히 명심해야 하는데, 진실성이 의심스러운 진술을 반복해서 듣거나 심지어 머릿속으로 생각만 하더라도 그 진술을 진실로 받아들일 가능성은 그만큼 커지기 때문이다. 감정을 마주하는 것은 감정의 덫에 걸려든 상태에서 벗어나는 과정의 첫 출발점이다.

내가 태어나고 성장한 남아프리카공화국에서 인종차별 정책은 1994년 넬슨 만델라가 최초의 흑인 대통령으로 선출됨과 동시에 철폐되었다. 인종차별 정책의 철폐 과정에서 만델라가 천재임이 입증되었다. 만델라는 제도화된 증오에 의해서 저질러진 피해를 회복하기 위해서 수백 년 동안 생생하게 유지시켜온 적의와 복수의 강한 충동을 넘어선, 진실과 화해의 세상으로 남아프리카공화국을 이끌었던 것이다. 남아프리카공화국의 뿌리 깊고 고통스러운 과거 문제를 처리하기 위해서 만델라 정부는 진실화해위원회 Truth and Reconciliation Commission를 만들고, 이 위원회에 사람들을 출석하게 하여 자기가 했던 일 혹은 자기가 당했던 일을 모두 털어놓게 했다(7,112명의 조사대상자 가운데 5,392명이 처벌을 받았고, 849명이 사면을 받았다. 1998년 10월, 위원회는 3,500쪽에 이르는 보고서를 발표하고 활동을 마쳤다—옮긴이). 그것은 '눈에는 눈, 이에는 이' 식의 복수나 징벌이 아니라 새롭고 정당한 민주주의 사회 건설을 목적으로 한 것이었다.

그러나 진실과 화해만으로 우리는 세상을 통제할 수 없다. 세상은 결코 완벽한 곳이 될 수 없다는 뜻이다. 조금이라도 더 나은 곳으로 나아가기 위한 유일한 길은 기존의 모든 것을 있는 그대로 받아들이는 것이다.

사실 인간 경험의 가장 위대한 역설 가운데 하나는 현재 존재하는 것을 인정하기 전에는 자기 자신이나 자신을 둘러싼 환경을 조금도 바꿀 수 없다는 점이다. 수용이야말로 변화의 전제조건이다. 우리가 우주와 화해를 할 수 있는 순간은 우주를 통제하려는 노력을 그만둘 때뿐이다. 우리는 우리가 좋아하지 않는 것과 친해지기는 어렵다. 다만 그것과 투쟁하기보다는 우리가 좋아하지 않는 것과 벌였던 전쟁을 그만둘 뿐이다. 그리고 전쟁이 끝나면 그다음부터 변화가 시작될 수 있다.

전쟁 비유를 계속해보자. 전쟁이 계속 이어지는 동안에는 도시를 재건할 수 없다. 공격 행위를 멈춰야만 평화가 자리를 잡는다. 우리 내면에서 일어나는 전쟁도 마찬가지다. 지금 현존하는 것과 벌이는 싸움을 멈추고 지금의 상황을 받아들일 때 비로소 우리는 보다 건설적이고 더 많은 보상을 가져다줄 노력을 이어갈 수 있다.

자기연민으로 바라보아라

내가 상담 환자들에게 자주 해주는 말이 있다. 있는 그대로의 사실을 보다 많이 받아들일 수 있고 자기 자신에게 연민을 가지는 좋은 방법은 어린 시절의 자신을 돌아보는 것이라는 말이다. 어쨌거나 우리는 부모와 자신이 자란 경제적인 환경 그리고 자신의 개성과 신체를 원해서 선택한 게 아니다. 주어진 조건 아래에서 자기 나름대로 최선을 다해 지금까지 살아왔음을 깨닫는 것이 자신을 보다 따뜻하고 친절한 마음으로 대하며 스스로를 용서하게 하는 첫걸음이다. 그렇다. 우리는 모두 자신이 처한 환경에서 최선의 노력을 다했다. 그리고 이렇게 살아남아서 존재한다.

다음 단계는 자신을 상처받은 어린아이, 즉 예전의 자신이라고 생각하는 것이다. 이 어린아이가 어른인 당신에게 울면서 달려온다고 상상해봐라. 이럴 때 당신은 그 아이를 조롱하거나 무시하고 왜 그러는지 정확하게 설명하라고 요구하고, '네'가 잘못해서 그런 것이라고 냉정하게 못을 박고 "그러니까 내가 그러지 말라고 했지?"라고 다

그치겠는가? 아마도 그렇지 않을 것이다. 우선 그 아이를 두 팔로 안고 달래줄 것이다.

어린아이에게는 이렇게 하면서 왜 어른인 당신에게는 연민과 동정의 손길을 아끼는가?

자기 자신을 친절하게 대하는 일은 고난을 겪는 시기에는 특히 더 중요하다. 파산한 사람, 직장을 잃은 사람, 혹은 승진에 탈락한 사람은 쉽게 자책한다. 그러면 내면의 수다쟁이가 '당연히 어찌어찌 했어야 하는데, 또 이렇게 저렇게 할 수도 있었는데. 쯧쯧!' 따위의 말을 늘어놓고 나중에는 '하긴, 내가 제대로 못하니까 이렇게 되었겠지 뭐'라는 식으로 결론을 내린다.

이혼이라는 사건을 경험한 사람들을 대상으로 한 설문 조사가 있었다. 이 조사를 통해서 연구자들은 피설문자들 가운데서 고통스러운 경험의 시작점에 있던 자기 자신에게 연민의 감정을 표현하던 사람들은 자기가 충분히 매력적이지 못했다는 등의 '온갖 잘못들'을 들추어내 자책하던 사람들에 비해서 이혼한 아홉 달 뒤에 훨씬 나은 생활을 하고 있음을 확인했다.[5]

힘든 시기에 나타나는 모든 감정들을 인정하고 받아들일 때 죄의식과 수치심을 구분하는 것도 중요하다. 죄의식은 자기가 잘못했음을 아는 데서 비롯되는 후회와 부담감이다. 이 감정은 결코 유쾌하지 않다. 그러나 다른 모든 감정과 마찬가지로 죄의식도 자기 나름의 목적을 가지고 있다. 죄의식이라는 감정이 있기에 사회의 구성원들은 실수나 나쁜 행동을 반복하지 않으려고 한다. 죄의식 부족이 반反사회적 인격 장애자(소시오패스)를 규정하는 특성 가운데 하나인 것도 이런 이유에서이다.

　죄의식은 자기가 했던 특정한 잘못된 행동에 초점을 맞춘다. 이런 죄의식과 비교하자면 수치심은 전혀 다른 문제이다. 수치심은 혐오의 감정과 연결되어서 행동이 아니라 사람 자체에 초점을 맞춘다. 즉 수치심은 어떤 사람을 '나쁜 행동을 한 사람'으로 규정하는 것이 아니라 '나쁜 사람'으로 규정한다. 수치심이 많은 사람이 흔히 자신을 왜소하고 무가치한 존재로 느끼는 것도 바로 이런 까닭에서이다. 수치심에는 개선의 행동이 뒤따르지 않는 것도 마찬가지 맥락이다. 수치심을 느끼는 사람들은 수세적으로 대응하는 경향이 상대적으로 높다는 사실이 여러 연구를 통해서 드러났다. 이런 반응은 아마도 비난을 피하고 책임을 부정하며 심지어 그 책임을 남에게 떠넘기려고 하기 때문이 아닐까 싶다. 유죄 판결을 받고 징역형을 사는 수감자들 가운데서 수치심을 드러낸 사람들이 죄의식을 드러낸 사람들보다 재범률이 높다는 사실도 연구 결과를 통해서 밝혀진 사실이다.[6]

　수치심과 죄의식의 결정적인 차이점은 무엇일까? 바로 자기연민이다. 예를 들어 자기연민은 자기 자신에게 이런 식으로 말한다.

　"그래, 네가 잘못했어. 그래, 그러니까 네 마음이 편치 않은 거야. 당연하지. 어쩌면 정말 잘못된 행동을 했을 수도 있어. 하지만 설령 그렇다고 하더라도 또 잘못을 저질렀다고 해도 네가 구제불능의 끔찍한 인간이라고는 할 수 없어. 다시는 안 그럴 것이고 사과할 수 있잖아. 사회에 빚을 갚는다는 마음으로 열심히 노력하면 되니까, 꽃을 보내든지 시간을 나누어주든지 혹은 또 무엇을 하든 간에 말이야. 실수를 통해서 교훈을 배우고 앞으로는 더 잘하면 되잖아."

자기연민은 수치심을 예방하는 약이다.[7]
혹시라도 자기연민이 자기에게 무조건 관대하게 굴기 위한 핑계가 아닐까 의심하는 사람이 있다면 다음 이야기를 명심하길 바란다.

자기연민은 자기에게 거짓말을 하는 것이 아니다

사실은 정반대이다. 자기연민은 자기 자신을 외부자의 시선으로 바라본다는 뜻이다. 이 외부자의 시선은 넓고 포괄적인 것이라서 실체를 부정하지 않고 자기가 했던 도전과 실패를 인간적인 모습의 한 부분으로 인정한다. 어떤 심리학 실험에서 연구자들은 피실험자들을 대상으로 모의 취업면접을 실시하면서 피실험자들에게 자기가 가지고 있는 가장 큰 약점을 설명하라고 했는데, 자기연민이 강한 사람은 자기의 약점을 하찮은 것으로 여기지 않았다. 이들은 자기 약점과 관련된 경험 때문에 걱정하거나 위축되는 경향도 상대적으로 적었다.[8]

자기 자신을 연민의 마음으로 대할 때는 자기 자신을 속일 수 없다. 진정한 자기연민을 가지려면 우선 자기가 어떤 사람이고 자기 마음이 어떤지 그 진실과 정확하게 대면해야 한다. 실패의 가능성을 부정하고 싶은 마음에 허세를 부리며 과도한 자신감을 들먹이는 것은 자기연민이 부족할 때 나타나는 행동이다. 자기연민이 부족하면 세상을 자기처럼 용서를 모르는 존재로 바라본다. 그러니 실패에 대한 압박감이 무거울 수밖에 없다.

늘 밝은 모습으로 열심히 노력하는 학생이 고등학교를 수석으로 졸업하고 누구나 들어가고 싶어 하는 최고의 대학교에 입학했다고 치자. 이 학생은 대학교에서 자기 주변에 있는 학생들이 모두 자기만큼이나 똑똑하다는 것을 깨닫는다. 몇몇 친구들은 자기보다 입학 성적이 더 좋고 집안도 번듯하며 출신 고등학교도 멋진 곳이다. 이때 이 학생이 만약 자기 자신을 예전에 늘 그랬듯이 '학급에서 가장 똑똑한 수재'라고 여전히 협소하게 생각한다면 대학생인 그의 자아의식에는 어떤 일이 일어날까? 그가 주변의 모든 수재 학생들과 어깨를 나란히 하고자 노력하고 분투를 벌여야 할 때, 새롭고 폭넓으며 유연한 방식으로 자기를 규정하기 위해서는 그에게 감정의 민첩성이 필요하다. 이렇게 될 수 있으려면 그는 자기 투쟁에 대한 연민을 가져야 한다. 마치 작은 수조에 있다가 훨씬 더 넓고 경쟁도 치열한 연못으로 갑자기 옮겨진 물고기가 그래야 하는 것처럼.

자기연민은 자기를 새롭게 규정할 자유를 주며 아울러 실패할 자유라는 정말 중요한 자유도 준다. 이 자유에는 스스로를 진정으로 창의적인 사람으로 만드는, 모험을 감행할 수 있는 자유도 포함되어 있다.

자기연민은 사람을 게으르거나
약하게 만들지 않는다

　산업화된 사회는 사람들을 극한까지 사납게 떠밀어버린다. 특히 온갖 첨단 기술로 한껏 들뜬 지금의 디지털 시대는 특히 더 그렇다. 법률계, 의료계, 투자은행계, 기업계 그리고 기술 분야에서는 이런 치열함이 직무 설명서에까지 고스란히 담겨 있어서 사람들을 더욱 치열한 경쟁으로 내몬다. 경쟁이 덜한 분야에 종사하는 사람들조차도 그런 압박을 느낀다. 우리는 모두 더 빠르게 달리고 더 치열하게 일하고 더 늦게까지 일하고 더 공격적으로 여러 가지의 일을 수행한다. 그래야 남들을 따라갈 수 있다. 너 나 할 것 없이 철인 경기를 펼쳐야만 하는 이런 환경에서 자기연민은 야망이 부족하거나 다른 사람들처럼 성공을 간절하게 바라지 않는 모습으로 비칠 수 있다.

　흔히들 자신의 강점을 계속 유지하려면 자신을 사납게 몰아붙여야 한다고 생각한다. 그러나 이것은 오해다. 자신이 저지른 실패를 보다 너그럽게 수용하는 사람일수록 실제로는 개선을 해나가겠다는 동기부여를 더 많이 한다.[9] 자기연민을 가진 사람도 자기를 끊임없이 몰아붙이는 사람만큼이나 높은 목표를 설정한다. 다른 점이 있다면 자기연민을 가진 사람은 애초에 설정한 목표를 달성하지 못할 때 (이런 일은 언제나 일어날 수 있다) 좌절하고 무너지지 않는다는 사실이다.

　자기연민은 그 사람이 가지고 있는 강점을 한층 더 예리하게 다듬어줄 수 있다. 어쨌거나 자기연민이라는 것은 잘 먹고 열심히 운동하고 잘 자고 또 힘든 시기에 스트레스를 잘 다스리는 것과 같은 건강한 행동들과 관련이 있는데, 자기 자신을 최대한 잘 보살피려면 반드시 자기연민이 필요하기 때문이다. 자기연민은 심지어 면역체계도 강화시켜서 질병을 막아주며 사회적인 교제를 장려하고 긍정적인 감정을 자극한다.[10] 이 모든 것이 우리가 미래를 향해 지치지 않고 뚜벅뚜벅 걸어가도록, 최선을 다해 자신의 삶을 끌어안을 수 있도록 도움을 준다.

당신의 두 눈으로는
당신이 지금 하고 있는 것만 바라보아라

불행하게도 우리가 살고 있는 포스트모던의 소비지향적인 환경은 우리의 신체적·정서적 건강을 증진시키는 일보다 스마트폰과 빅걸프(대용량의 탄산음료―옮긴이) 판매에 더 열을 올린다. 광고업계에서 하는 기본적인 일 중 하나가 사람들이 단절감을 느끼도록 만드는 것이다. 그래야 사람들이 단절감을 보상받으려고 상품을 구매하기 때문이다. (이 상품이 사람들이 필요로 하는 것이든 아니든, 혹은 사람들의 건강에 좋은 것이든 아니든 상관없다.) 자아수용과 자기연민은 상품 소비에 기여하지 않는다. 그러므로 오늘날의 소비문화는 자기를 다른 사람과 비교하도록 우리를 유혹해서 결핍감을 느끼게 만든다.

자기보다 더 유명하거나 돈이 많거나 권력이 많은 사람들에게 스스로를 노출할 때 자신이 생각하는 본인의 이미지를 하찮게 여기는 결과가 빚어진다는 것은 놀라운 사실도 아니다. 이런 것을 '대비효과contrast effect'라고 부른다. 즉, 여성인 당신이 아이오와에 있는 오코보지 호수의 가족 휴양지에서 랜즈엔드 탱키니(짧은 민소매 상의에 비키니형 하의가 한 벌로 된 수영복—옮긴이)를 입고 해수욕을 할 때는 완벽할 정도로 편안함을 느낄 수 있지만, 리우데자네이루의 해변이나 로스앤젤레스의 베니스 보드워크(베니스 비치의 해변에 있는 보행자 전용보도—옮긴이)에서 끈 팬티를 입고 오가는 늘씬한 모델들 사이를 걸을 때는 당신의 자아가 시련을 겪을 수 있다는 말이다. 당신은 규격화된 주택인 소박한 집에서 살면서도 얼마든지 만족할 수 있고 특수한 도움을 필요로 하는 아이들을 가르치는 일을 직업으로 가진 남편을 자랑스럽게 여길 수 있지만, 길을 가다가 우연히 옛날 남자친구를 만났는데 이 사람이 '국경없는의사회'에 소속되어서 활동하는 흉부외과 전문의이고 또 최근에는 소설까지 발표한 소설가라면, 당신의 소박한 남편을 바라보는 눈길은 예전과 달라질 것이다.

자아수용은 대개 우리가 어떤 비교를 할 때마다 큰 타격을 입는다. 어떤 연구에 따르면 외모나 지성 또는 재산을 가지고 자기를 다른 사람과 비교하는 데 가장 적은 시간을 들인 청년은 남자와 여자 모두 자책이나 죄의식, 후회의 감정을 가장 적게 느낀다고 응답했다.[11]

사회적인 비교는 어떤 사람이 다른 사람에 비해서 상대적으로 뒤처진다고 느낄 때 이 사람을 낙담시키는 데에서 그치지 않는다. 앞서 언급한 연구의 연구자들은 추가로 경찰관들에게 스스로를 보안요원들과 비교하게 했다. 그런데 경찰관이 보안요원들보다 낫다고 가장 열렬하게 응답한 사람들은 자아의식이나 삶의 만족과 같은 정신건강 측정치에서 가장 낮은 점수를 기록했다. 일단 다른 사람과 자신을 비교하기 시작하면, 설령 그 비교에서 자기가 우월하다고 할지라도 자기의 가치를 높게 만들기 위해서 자기가 낫다는 사실을 외적으로 인정받고자 하는 욕망에 낚이고 만다. 하지만 비교를 한다는 것은 이미 지고 들어가는 것이다. 자기 자동차보다 더 빨리 달리는 자동차나 자신이 가진 복근보다 더 멋진 복근, 자기 집보다 더 큰 집을 가진 사람은 언제든 있게 마련이다. 2015년에 NFL 슈퍼볼에서 MVP로 선정된 미식축구 선수 톰 브래디와 2016년에 제73회 골든글로브 시상식에서 뮤지컬코미디 부문 여우주연상을 받은 영화배우 제니퍼 로렌스, 또 노벨상을 받은 과학자들과 베스트셀러 소설가들 그리고 스물다섯 살의 억만장자들이 수두룩한 세상에서 자기를 누구와 비교해서 자기 가치를 확인하겠다는 것은 스스로를 비참하게 만드는 지름길로 들어서는 일이다.

그래서 나는 당신이 가진 감정의 민첩성을 위해서 이런 충고를 하고 싶다.

"당신의 두 눈으로는 당신이 지금 하고 있는 것만 바라보아라."

아마도 학창 시절에 이 말을 많이 들었을 것이다. 시험을 칠 때 교사들이 부정행위를 하지 말라고 학생들에게 하던 말이다. 하지만 이 말은 또 다른 뜻도 담고 있다. 자기 자신의 부족한 부분을 예단하지 말라는 말이다.

자, 여기에서 잠시 고등학생 시절로 돌아가보자. 당신은 교실에서 시험을 치르고 있다. 당신은 연필심을 송곳처럼 예리하게 깎은 연필

두 자루를 가지고 있고 당신의 머릿속에는 온갖 사실들이 가득 들어 있다. 당신은 문제들을 차례로 풀어나간다. 당신은 자신감이 넘친다. 왜냐하면 당신은 그 주 내내 열심히 공부했기 때문이다. 그런데 당신은 무심코 고개를 들고 옆줄에 앉은 친구를 본다. 정말 똑똑하다고 소문이 났으며 교사가 질문을 하면 언제나 제일 먼저 손을 드는 친구이다. 그런데 이 친구가 어떤 문제에 답으로 적은 것이 당신이 답이라고 생각하는 것과 전혀 다르다. 이런 사실을 확인하자마자 당신은 헷갈리기 시작한다.

'저 친구가 맞고 내가 틀린 게 아닐까? 나는 '마그나카르타'가 정답이라고 확신하지만, 모르는 게 없는 저 친구가 적은 답은 '바가바드 기타'라면, 어쩌면 정답은 마그나카르타가 아니라 바가바드 기타일지도 모른다.'

자, 당신의 생각이 여기까지 전개되었다. 그다음에는 어떻게 될까? 아마도 당신은 답안지를 오답인 '바가바드 기타'로 고칠 것이다. 알고 보면 그 친구는 당신보다 더 똑똑하지도 않고 더 많은 것을 알고 있지도 않다.

'당신의 두 눈으로는 당신이 지금 하고 있는 것만 바라보아라'라는 말은 자신과 비교도 할 수 없이 우월한 집단에 속한 어떤 사람과 자신을 비교하고 싶은 유혹을 느낄 때 특히 더 중요하다. 자기 자신보다 한 단계나 두 단계 높은 어떤 사람에게 의존하는 것이 고무적인 결과를 가져올 수도 있지만 슈퍼스타나 세계적인 천재에 빗대서 자기를 판단할 때는 참혹한 결과를 맞을 수 있다.

당신이 실내악단에서 바이올린을 연주한다고 치자. 당신은 취미 활동으로 바이올린을 연주한다. 만일 당신이 과정을 생각한다면 바이올린 제1연주자가 당신보다 연주 실력이 조금 더 낫다는 사실은 당신이 그 사람에게서 무언가를 배울 수 있다는 뜻이기도 하다. 열심히 연습하면 당신도 그 사람 수준으로 실력이 향상될 수 있다. 그러나 만일 조슈아 벨과 같은 거장과 스스로를 비교한다면 당신은 절망 속에서 헤어나지 못할 것이다. 조슈아 벨은 놀라운 재능을 타고났을 뿐만 아니라 네 살 때부터 레슨을 받았다는 사실을 분명히 알아야 한다. 벨은 네 살 때 옷장 서랍 두 개의 손잡이를 고무줄로 이어놓고 이것을 이용해서 어머니가 피아노로 연주했던 음악을 기억해서 연주했는데, 그때부터 어머니가 아들에게 바이올린을 가르치기 시작했던 것이다. 그후로 그가 20년 동안 얼마나 많은 시간을 방에서 혼자 바이올린을 켜면서 연주했는지 당신은 상상이나 할 수 있는가? 조금이라도 더 많이 연습하기 위해 노력했을 그 수많은 일들을 생각해보기 바란다. 설령 당신도 조슈아 벨만큼 그렇게 열심히 노력했을 것이라고 생각할지도 모르지만 어쨌거나 당신에게는 그런 기회가 주어지지 않았다. 그런데 이 일을 두고 굳이 자기 자신을 학대할 필요가 있을까? 자기를 조슈아 벨이나 마크 저커버그나 마이클 조던이나 메릴 스트립과 비교한다는 것은 수영을 조금 배우고 난 뒤에 자기 수영 실력을 돌고래와 비교하는 셈이나 마찬가지다. 이렇게 해서 남는 게 뭔가? 당신은 당신이어야 한다. 누군가를 따라잡겠다는 헛된 꿈을 안고서 그의 뒤를 필사적으로 쫓아가려고 애쓰는 허망한 사람이 아니라 지금 있는 그대로의 당신이어야 한다.

내면의 비판자

'내면의 비판자inner critic'라는 말을 들어봤을 것이다. 그러나 어떤 사람은 내면의 변호인을 가지고 있을 수도 있고, 또 어떤 사람은 교수형 판결을 좋아하는 가혹하기 짝이 없는 내면의 재판관을 가지고 있을 수도 있다. 예컨대 자기연민적인 시각으로는 자기가 잘 해나가고 있고 일이 아직 진행 중이라고 바라보지만 (예를 들면 '좋아, 완전히 성공한 것은 아니지만 그래도 나는 조금씩 해나가고 있어') 그 안에서도 '사기꾼'이니 '가짜'니 '패배자'니 하는 자기혐오적인 말로 자기를 매질할 수 있다.

만일 당신 아이가 학교에서 다른 아이들에 비해서 성적이 뒤처진다면 당신은 어떻게 하는가? 혹은 손님에게 대접하려고 만든 쿠키의 맛이 형편없다면 어떻게 할 것인가? 아마도 대부분은 과외 선생을 찾거나 과자 대신 과일로 대접을 할 것이다. 그러나 어른인 우리가 직장에서 어려운 문제에 부닥치거나 몸무게가 몇 킬로그램 늘거나 할 때는 맨 먼저 자신에게 매질부터 가한다. 하지만 이렇게 해서는 현재의 상태를 바꿀 수 있는 동기가 마련되지 않는다.

걱정스러운 일이 있을 때 우리는 사랑하는 누군가에게 전화를 건다. 왜 그럴까? 누군가 자신에게 따뜻한 친절을 베풀어주면 안전하다는 느낌, 내가 소중한 존재라는 느낌을 가질 수 있고 문제를 극복할 힘이 생기기 때문이다. 그런데 왜 우리는 자기 자신에게는 그렇게 따뜻한 친절을 베푸는 좋은 친구가 되지 않을까? 왜 내면의 연민을 불러일으키지 않을까?

그리고 왜 우리는 친구들이 훨씬 자주 해주는 칭찬보다 다른 누군가가 어쩌다 한 번 하는 나쁜 평가를 그토록 심각하게 받아들일까? 사람은 모질 수도 있고 편견을 가질 수도 있고 친절하지 않을 수도 있고 자아도취적일 수 있고 자기 잇속만 차릴 수 있고 또 비열할 수 있다. 얼마든지 그럴 수 있다. 그러므로 다른 사람이 나에게 하는 부정적인 평가가 객관적이기는 매우 어려우며, 따라서 그런 부정적인 평가를 진실로 받아들일 이유는 전혀 없음을 분명히 알아야 한다. 게다가 남이 하는 부정적인 평가를 나를 평가하는 잣대로 삼을 이유는 더욱 없다.[12]

그런데 어느 정도의 진실을 담고 있는 이야기들은 가장 힘들고 어려울 수 있다. 왜냐하면 우리는 그 이야기가 얼마나 부분적인 것이고 얼마나 편파적인 것인지 상관하지 않고 '진실'에만 큰 의미를 두기 때문이다. 아주 오래전 학창 시절에 피구를 할 때마다 급우들이 당신에게 말했듯이 당신은 운동에 소질이 없을 수도 있다. 그렇다. 그 말이 맞을 수 있다. 왜냐하면 당신은 다른 친구를 맞히려고 공을 던지는 것보다 그림 그리기나 책 읽기나 컴퓨터 프로그래밍을 더 좋아했을 수 있으니까 말이다. 아니면 당신은 학년 대표 피구 선수가 되는 것보다 천식으로 고생하는 친구 곁을 지키는 것이 더 중요하다고 여겼을 수도 있다. 당신은 어떤 진실에 의지하겠는가?

당신의 이야기는 당신의 이야기이다. 그 이야기가 당신을 소유하도록 할 게 아니라 당신이 그 이야기를 소유할 필요가 있고 또 그 이야기를 연민으로 포용할 필요가 있다.

당신의 시어머니가 당신을 가리켜 충동적이라고 말할 수 있다. 그러나 어쩌면 당신은 그저 딱 한 번만 즉흥적으로 행동했을 뿐인데 그게 시어머니의 눈에 띄었을 수 있다. 당신 남편이 당신에게 뭐든 자기 마음대로 하려는 사람이라고 말할 때도 당신은 그 말을 인정할 수 있지만 어쩌면 당신은 모든 것을 언제나 철저한 계획 속에서 진행하기 때문에 그 말을 들었을 수도 있다. 당신 아내가 당신 허리의 군살을 두고 잔소리를 할 수도 있지만 당신은 오십대 남자가 아닌가! 배가 어느 정도 나오는 것은 정상이다. 하지만 중요한 것은 그렇게 이루어지는 평가가 당신에게 어떻게 작용되는가 하는 점이다. 만일 콜레스테롤 수치가 높아서 계단을 조금만 걸어 올라가도 숨이 차다면, 어쩌면 당신은 지금 당장 운동을 하러 헬스장으로 가야 할지도 모른다. 만일 당신이 스트레스성 두통에 시달리고 밤에 잠을 잘 이루지 못한다면, 어쩌면 생활을 보다 건강하게 바꾸어야 할지도 모른다. 요컨대 중요한 것은 당신의 인생에서 가치가 있는 어떤 것에 대해서 최종적으로 판단을 내릴 사람은 다른 누구도 아닌, 당신이라는 사실이다.

자기 자신을 향해 의미 있는 연민을 발휘하는 것은 자기를 속이는 게 아니다. 당신은 자기가 어떤 사람인지 (좋은 점은 좋은 점대로 또 나쁜 점은 나쁜 점대로) 깊이 이해하고 당신을 둘러싸고 있는 세상에 온전하게 주파수와 초점을 맞출 필요가 있다. 그러나 있는 그대로의 실제 세상을 다룰 때조차도 당신이 그 세상에 반응하는 방식이나 내용을 결정할 때 당신은 엄청난 재량권을 행사할 수 있다.

기꺼운 마음을 선택하기

사람은 자기의 인생이 될 수 있으면 신나고 또 고통이 없기를 바란다. 그러나 인생은 우리의 의지와 상관없이 우리를 겸손하게 만든다. 온갖 비통한 일들이 우리 인생에 불쑥불쑥 일어나기 때문이다. 우리는 젊다가도 어느 시점부터는 젊지 않다. 건강하다가도 어느 시점부터는 건강하지 않다. 사랑하는 사람과 함께 있다가도 어느 시점부터는 혼자다. 인생의 아름다움에는 인생의 덧없음이 붙어다닌다.

위대한 인간 승리 가운데 하나는 마음속에 기쁨과 고통이 들어갈 공간을 만든 것과 불편한 감정도 함께 있을 수 있다는 것을 편하게 받아들이기로 한 것이다. 이것은 어떤 느낌을 '좋다' 혹은 '나쁘다' 가운데 하나가 아니라 그냥 '존재한다'로 바라본다는 뜻이다. 그렇다. 우리가 내면에 혼란을 느낄 때 이 혼란을 잠재우고 감정을 정리하기 위해 무엇인가를 해야 한다는 끈질긴 압박을 느끼는 것이 우리 문화에 자리를 잡고 있다. 그 혼란과 싸워서 바로잡고 통제하며 거기에 대해서 가차 없는 의지력을 발휘해야 한다는 가정이다. 그러나 이때 우리에게 진정으로 필요한 것은 가장 단순하고 분명한 것, 즉 아무것도 하지 않는 것이다. 이 내면의 경험을 반갑게 맞이하고 그 속으로 들어가서 호흡하고 굳이 해결책이나 탈출구를 찾으려 하지 않는 채로 그것의 실체를 파악하는 것이다.

만일 당신이 지금 흡연 습관을 떨쳐내려고 필사적으로 노력하는 중이라면 당신은 아마도 당분간은 담배를 간절하게 바랄 것이다. 이 간절한 바람, 즉 갈망은 정상적이며 심리적으로도 근거가 있다. 그런데 왜 이 갈망에 대해서 당신은 도덕적 판단을 내리려고 하는가? 담배를 향한 그 갈망을 저항할 수 없는 충동으로 통제할 필요성을 느끼기만 하면 된다. 열린 수용이 해답인 이유도 바로 여기에 있다.

사람은 자기가 가지고 있는 이런저런 욕망을 선택하거나 통제할 수 없다. 담배를 피워 물거나 디저트를 하나 더 먹거나 혹은 술집에서 방금 만난 어떤 사람을 데리고 집으로 가는 선택을 할 수 있을 뿐이다. 감정적으로 민첩할 때는 자기 안의 충동들과 씨름하면서 에너지를 낭비할 일이 없다. 그저 자기가 소중하게 여기는 것과 연결되어 있는 것을 선택하기만 하면 된다.

어떤 실험에서 연구자들은 담배를 끊으려 하는 피실험자들에게 담배와 연관된 온갖 격렬한 신체적인 갈망과 생각과 감정을 통제하게 하지 않고 이런 것들이 자유롭게 찾아왔다가 사라지도록 내버려두게 했다.[13] 이 프로그램은 피실험자들을 운전자로 설정해서, 이 운전자가 개인적으로 소중하게 여기는 가치인 금연을 자동차 여행의 최종 목표로 잡았다. 자동차의 뒷좌석에는 운전자의 머릿속에 떠오르는 온갖 생각들과 감정들이 놓여 있었고 이것들은 고등학생 시절에 나쁜 영향을 미치는 ('딱 한 모금만 피워봐, 피워봐!'라거나 '담배를 절대로 못 끊을 거야, 왜냐하면 넌 겁쟁이니까!' 등의 고함을 질러대는) 친구들처럼 행동했다. 이 프로그램에 참가한 피실험자들은 이런 제멋대로인 '행인들'이 마음껏 들락거리도록 하면서 목적지까지 자동차를 몰아서 갔다, 최종적인 성공에만 온통 신경을 쓴 채로.

이 '기꺼운 마음' 집단, 즉 마음을 활짝 열어두고 담배와 관련된 온갖 갈망이 자유롭게 마음속으로 들락거리도록 허용한 집단에 임의적으로 배정되었던 피실험자들은 국립암센터 추천 금연 프로그램에 참석한 금연 시도자들과의 비교 결과, 금연 성공률이 금연 프로그램 참석자들에 비해서 두 배로 높았다.

어려운 환경에서 힘겹게 투쟁하는 경우에는 때로 우리 스스로 상황을 훨씬 더 악화시키기도 한다. 작은 고통을 해결하려고 하다가 엄청나게 커다란 고통이 되어버린다는 말이다. 테레사가 사십대 중반에 유산을 했을 때 의사들은 인공수정이든 자연적인 방법이든 간에 그녀가 다시는 임신을 하지 못할 것이라고 말했다. 그 사실은 테레사에게 커다란 좌절이었다. 하지만 그때 그녀는 자기 자신에게 몸에 난 상처에 소금을 뿌리고 문지르는 고통스러운 마음으로, 그런 문제가 일어난 것은 순전히 적지 않은 나이임에도 불구하고 아기를 낳으려고 했던 자기 잘못이라고 말했다. 그녀는 아기 외에도 자기 인생에 큰 의미가 될 수 있었던 다른 많은 축복에 충실하지 못했다면서 스스로를 책망하고 매질했다. 당연한 결과이지만 이런 것들은 그녀에게 아무런 도움도 되지 않았다.

테레사에게 진짜 필요한 것은 자기 안의 슬픔과 실망과 마주하고 그것들을 온전하게 이해하는 것이었다. 그것은 슬픔의 진정한 실체를 인정하고 잃어버린 아이에게 작별 인사를 하며 결코 이루어질 수 없었던 그 생명의 기억을 존중하고 스스로에게 그 모든 것을 온전하게 경험하도록 허용하는 것이었다. 그렇다고 해서 이것이 그녀가 상실의 슬픔을 극복한다거나 이제 다시는 아이를 낳을 수 없다는 사실을 행복하게 받아들인다는 말은 아니다. 그러나 고통과 직면하고 그것을 인정하는 과정을 통해 슬픔의 모든 단계를 포용함으로써 그 쓰라린 경험을 돌파할 수 있고, 그 경험에서 소중한 교훈을 배울 수 있으며 어둡고 슬픈 터널을 지나서 세상 밖으로 나올 수 있는 힘을 얻을 것이다.

감정적인 장치 활용하기

감정을 다스리는 평정심을 유지하려면 미묘한 어감의 정서어휘 emotional vocabulary를 포함한 몇 가지 기본적인 감정적 장치가 필요하다.

갓난아기는 자기가 느끼는 불편함을 달리 표현할 방법이 없기에 고함을 지르면서 운다. 배고픔, 젖은 기저귀의 축축함, 피곤함 등과 같은 불편함은 성격은 제각기 다르지만 불분명하면서도 압도적인 고통의 고함 소리를 이끌어낸다. 그리고 시간이 지나면서 우리는 아이들에게 자기가 필요한 것과 좌절감을 구체적으로 전달하는 방법을 가르친다.

"얘야, 단어를 써서 말을 해야지."

그런데 불행하게도 많은 어른들이 마치 갓난아기처럼 자기가 경험한 것과 그 경험과 관련된 여러 감정들을 단어를 써서 표현하고 이해하는 방법을 모르고 있다. 언어가 제공하는 의미의 미묘한 구분을 하지 않으니까 자기가 경험하는 문제들의 정체가 무엇인지조차 파악하지 못하는 것이다. 어떤 감정들의 이름을 아는 것만으로도 자신이 느끼는 고통의 크기를 훨씬 많이 줄일 수 있다. 엄청나게 고통스럽고 모호하면서 바다처럼 끝이 없어 보이는 고충의 감정들을 이름과 경계선이 있는 유한한 경험으로 전환할 수 있다는 말이다.

오래전에 나는 토머스라는 환자를 치료한 적이 있다. 기업에서 이사로 일했던 사람이었다. 그는 어느 날 아침에 회사에 출근했다가 갑자기 발작을 일으켰다. 무척 바쁜 하루가 될 것이라는 점 말고는 아무런 이유도 없었다. 전에는 이런 적이 한 번도 없었다. 그리고 그를 담당한 의사들은 일련의 검사를 한 뒤에 다시 또 그런 발작을 일으킬 가능성은 매우 낮다고 결론을 내렸다.

하지만 토머스는 강박적인 생각에 사로잡혔다. 그러다가 마침내 또 다시 발작을 일으켜서 인생을 제대로 살아가지 못할 것 같다는 두려움 때문에 정상적인 생활을 할 수 없는 지경으로까지 상태는 악화되었다. 나중에 내가 근무하던 병원에 그가 실려왔을 때 그는 노숙자 신세였다. 또 다시 발작을 일으킬 것이라는 확실한 믿음에 차 있었던 터라 직장에 다닐 수 없었고 아내도 그의 곁을 떠났으며 노숙자 신세로 거리를 헤매게 된 것이다.

나는 토머스를 만날 때마다 "오늘은 기분이 어떠세요?"의 여러 가지 버전들로 인사를 했다. 하지만 아무리 온갖 말로 대화를 이끌어내려고 해도 그는 늘 똑같은 말로 대꾸를 했다.

"그냥 아주 조금 신경이 쓰이네요."

그게 나로서는 매우 이상했다. 끊임없이 광증에 시달리면서 노숙자 생활을 하는 사람이 자기 증상에 대해서 할 수 있는 말이 "그냥 아주 조금 신경이 쓰이네요"밖에 없단 말인가?

한 번은 그의 어머니에 대해서 그와 대화를 나누었다. 어머니는 그와 유일하게 연락이 닿는 가족이었다. 다른 사람들이 모두 그를 포기했을 때도 그녀는 포기하지 않고 여기저기 수소문해서 그를 찾아냈다고 했으며, 그는 요양병원에 입원해 있던 어머니를 자주 찾아가곤 했다고 말했다. 그래서 나는 토머스에게 어머니의 건강 상태가 어떤지 물었다. 그런데 그는 이렇게 대답했다.

"늘 그냥 아주 조금 신경이 쓰였는데… 돌아가셨습니다."

토머스는 자기가 느끼는 여러 감정들의 차이를 구분하지 못했다. 그가 한 이 대답을 듣고 나는 그가 이른바 감정을 구체적인 단어로 표현할 수 없는 상태인 '감정표현 불능증alexithymia'을 앓고 있음을 알았다.[14] 이런 증상을 가지고 있는 사람들은 흔히 자기가 느끼고 있는 감정을 상대방에게 전달하려고 노력하지만 '나는 스트레스를 받고 있다'와 같은 모호하기 짝이 없는 표현밖에 쓰지 못한다. 이들이 표현하는 감정은 '좋다'와 '그저 그렇다'밖에 없다. 이런 인물은 영화 속에도 등장하는데, 영화 〈몬티 파이튼의 성배Monty Python And The Holy Grail〉에 나오는 흑기사는 팔다리를 하나씩 잃을 때마다 "그래봐야 살짝 긁힌 거야"나 "살이 좀 찢어진 것뿐이야"라는 말밖에 하지 않는다.

단어는 엄청나게 큰 힘을 가지고 있다. 단어 하나 때문에 수없이 많은 부부나 연인이 갈라선다. 단어 하나를 잘못 사용한 바람에 국가 간에 전쟁이 일어난 경우도 여러 번이다. 스트레스와 분노, 스트레스와 실망, 혹은 스트레스와 불안 사이에는 엄연한 차이가 있다. 만일 우리가 자기가 느끼는 것의 정체를 정확한 이름으로 구분할 수 없다면 의사소통이 제대로 이루어지지 않고, 따라서 자신이 필요한 지원을 받지 못한다.

 어떤 환자가 "스트레스가 많아요"라고 말하고 내가 이 말을 액면 그대로 받아들인다면, 나는 그 환자에게 요즘 가장 중요하게 여기는 것들을 차례로 적어서 정리하라거나 그런 것들을 다른 사람들에게 떠넘기라고 조언할 수 있다. 그러나 "스트레스가 많아요"라는 그 말이 실제로 뜻하는 내용이 '내가 직업으로 하고 있는 일이 내 인생에서 많은 만족을 가져다줄 줄 알았는데 그렇지 않네요. 그래서 나는 지금 내 인생에 무척 실망하고 있습니다'일 수도 있다. 그렇게 되면 이야기는 완전히 달라진다. 만일 그렇다면 자기가 중요하게 여기는 것 순서로 목록을 정리하라든가 업무량을 줄이라든가 하는 정도의 조언으로는 어림도 없는 일이다.

 감정표현 불능증은 임상진단이긴 하지만 사실은 수백만 명이나 되는 사람들이 날마다 힘들게 겪고 있는 어려움이기도 하다. 그리고 이 증상에는 혹독한 실질적인 고통이 뒤따른다. 자기가 느끼는 감정을 구체적으로 설명하지 못한다는 것은 정신적인 건강에 문제가 있거나 일이나 인간관계에서 만족하지 못한다거나 혹은 그 밖의 다른 여러 가지 좋지 않은 상태와 연관되어 있다.[15] 또한 이런 증상에 시달리는 사람들은 두통이나 요통과 같은 물리적인 통증을 함께 호소하는 경우가 많다. 그러니까 이 사람들은 자기가 느끼는 감정을 언어가 아니라 신체로 표현하는 것처럼 보인다. 그리고 또 이 환자들이 자기가 느끼는 감정을 말로 확실하게 표현할 수 없을 때 유일하게 크고 뚜렷하게 나오는 감정은 분노인 경우가 많다. 예컨대 이 환자들은 주먹으로 벽을 치는 식으로 분노를 표현하는 것이다. 혹은 이보다 더 고약하고 위험한 방식을 동원하기도 한다.

미묘한 어감의 차이가 있는 어휘를 동원해서 자기가 느끼는 감정에 이름을 붙이는 방법을 학습하면 이 증상을 치료하는 데 엄청나게 큰 도움이 된다. 감정의 전체 스펙트럼을 온전하게 파악할 수 있는 사람은 (예를 들어서 슬픔이 지루함이나 동정심이나 외로움이나 초조함과 다르다는 것을 아는 사람은) 모든 것을 흑백으로만 바라보는 사람에 비해서 일상적인 감정의 오르내림을 아주 훨씬 더 잘 관리한다.[16]

내가 왜 이 감정을 느낄까?

감정에 정확하게 이름을 붙이는 것이 중요하다는 사실과 더불어, 일단 우리가 어떤 감정에 이름을 붙이고 나면 우리의 감정은 우리에게 유용한 정보를 제공한다. 감정은 여러 가지 보상들과 위험들을 신호로 알린다. 우리가 상처받을 수 있는 방향을 우리에게 말해준다. 어떤 상황을 적극적으로 맞아야 할 것인지 혹은 피해야 할 것인지도 말해준다. 또 우리를 가로막는 장애물이 아니라 신호등이 되어서 우리가 가장 신경을 써야 할 것이 무엇인지 깨달을 수 있도록 도움을 주며 우리가 긍정적으로 바뀔 수 있도록 동기를 부여한다.

나는 상담하는 환자가 전 세계에 있기 때문에 여행을 많이 하는 편이다. 여행을 하다 보면 그때마다 늘 똑같은 느낌에 사로잡히는 내 모습에 문득 놀라곤 한다. 전망이 좋은 호텔방에서 룸서비스 식사를 하다 보면, '죄의식'이라고 내가 이름 붙인 감정이 어느 사이엔가 나를 푹 적시기 때문이다. 사랑하는 아이들인 노아와 소피와 함께 시간을 보내지 못해서 죄의식을 느끼고 남편이 나 때문에 혼자서 집을 지킨다는 사실에도 죄의식을 느낀다. 이 느낌은 물론 불편하다. 불편한 이 느낌은 여행을 할 때마다 번번이 나를 사로잡는다.

이렇게 나는 '나는 나쁜 엄마이다'라거나 '나는 내가 사랑하는 사람을 돌보지 않고 있다'라는 감정의 덫에 걸리곤 했다. 그러나 시간이 지나면서 나는 그 감정의 정체가 죄의식이라고 파악함으로써 그 감정을 어떻게 하면 유용하게 활용할 수 있을지 깨닫게 되었고 그 감정과 정면으로 맞닥뜨리는 법을 배웠다. 그리고 나의 죄의식이 내가 일의 우선순위를 정하고 때로는 내가 하는 행동들을 재조정하는 데 도움을 줄 수 있다는 사실을 깨달았다. 어쨌거나 죄의식을 느낀다는 말은 어떤 것을 소중하게 여긴다는 뜻이니까 말이다.

자기감정에서 무언가를 배우고자 할 때 던질 수 있는 좋은 질문이 있다. 바로 이것이다.

"내가 왜 이 감정을 느낄까?"

좀 더 구체적으로 말하면 '이 감정은 무슨 의미이지?'이다. 이것을 다시 더 풀어서 쓰면 '내가 느끼는 지금의 이 감정이 나타난 이유, 이 감정의 목적은 무엇일까?'가 된다. 이 감정이 나에게 무엇을 말하고 있을까? 이 감정이 나에게 원하는 것이 무엇일까? 내가 느끼는 이 슬픔, 좌절, 혹은 기쁨 아래 잠복해 있는 것은 무엇일까?

장거리 여행을 할 때마다 나를 찾아오는 죄의식은 나에게 내가 아이들을 그리워하고 내 가족을 소중하게 여긴다는 사실을 일깨워준다. 내가 가족과 보다 많은 시간을 보낼 때 비로소 내 인생은 올바른 길로 나아간다는 사실을 상기시킨다. 내가 느끼는 죄의식은 내가 사랑하는 사람과 내가 살고 싶은 인생이 무엇인지 가르쳐주는 이정표이다.

마찬가지로 분노는 자신에게 소중한 것이 위협받고 있다는 신호일 수 있다.[17] 당신이 제안한 아이디어를 직장 상사 앞에서 무자비하게 깔아뭉개는 동료를 보고 화가 머리끝까지 났던 적이 있는가? 표면적으로만 보자면 그 분노는 그냥 분노처럼 보일 수 있다. 그러나 보다 더 깊이 파고 들어가면, 그 분노는 팀워크가 당신이 정말 소중하게 생각하는 가치라는 신호일 수도 있고 혹은 당신은 지금 하고 있는 일에서 안정감을 느끼지 못하고 있다는 신호일 수도 있다. 분노는 결코 유쾌한 경험이 될 수 없다. 그러나 분노가 가져다주는 새로운 인식은 앞으로의 행동에서 구체적인 단계들로 전환될 수 있다.[18] 새로운 직장을 찾는다거나 직장 상사와 인사고과 관련 면담 일정을 잡는다든가 하는 긍정적인 여러 변화들을 이끄는 화살표가 될 수 있는 것이다.

거북한 감정들을 억지로 지워버리려 하거나 긍정적인 확신이나 합리화로 덮어버리려는 시도를 중단하면 이 감정들은 우리에게 소중한 교훈을 제시한다. 자기의심이나 자기비판 그리고 심지어 분노와 후회조차도 당신이 간절한 마음으로 무시하고 싶은 어두컴컴하고 찜찜하며 때로는 귀신이 나올 것처럼 음산하기조차 한 것들, 쉽게 상처받는 당신의 취약점들에 환하게 밝은 빛을 비추어준다. 이런 감정들과 정면으로 마주할 때 당신이 빠질 수 있는 함정을 예상할 수 있고, 힘들고 어려운 순간들 속에서도 이런 것들을 극복하고 나아갈 수 있는 보다 효과적인 여러 방법들을 준비할 수 있다.

내면의 감정들과 외면의 선택권들을 (이 둘의 차이를 분명히 인식하면서도) 동시에 정면으로 바라볼 수 있을 때 인생은 보다 의미가 있고 살만 하며 즐거워질 가능성이 많아진다. 더 폭넓은 여러 가능성을 염두에 두고서 중요한 의사결정을 내릴 수 있다. 이렇게 될 수 있으려면 자기의 경험을 자기만의 독특한 이야기 구조 속으로 통합하는 정직성과 진실성이 필요하다. (자신이 지금까지 어디에 서 있었는지를 충분히 이해하고 자신이 가고자 하는 곳이 어디인지 더 잘 알 수 있도록 도움을 주는 이야기 구조 속으로 말이다.)

5장

감정에서 한 걸음 비켜나기

페니베이커의 글쓰기 치유

텍사스대학교의 저명한 언어분석 심리학자인 제임스 페니베이커 James W. Pennebaker 는 1970년대 초에 대학교를 졸업하자마자 결혼을 했다. 그리고 그와 그의 부인은 결혼한 지 3년째에 접어들기 시작하면서 자기들의 관계에 의문을 품기 시작했다. 페니베이커는 마음을 잡지 못하는 혼란스러움 속에서 우울증을 앓았다. 음식은 잘 먹지 않고 술을 많이 마셨으며 담배를 피우기 시작했다. 그리고 자기에게 드러난 감정적인 취약함에 당황해하면서 점점 더 깊은 고립 속으로 빠져들었다.

이런 일이 시작된 지 약 한 달쯤 지난 어느 날 아침에 페니베이커는 침대에서 힘겹게 빠져나와 타자기를 앞에 두고 앉았다. 그리고 잠시 타자기를 바라보다가 자기의 결혼생활, 부모, 성생활, 직업 그리고 심지어 죽음에 대한 이야기들을 자유롭고 솔직하게 쓰기 시작했다.

그런데 그가 이렇게 글을 쓰기 시작한 뒤, 집필 작업이 여러 날 동안 이어지자 놀라운 일이 일어났다. 그를 괴롭히던 우울증이 사라진 것이다. 그는 해방감을 느꼈다. 다시 아내에게 깊은 사랑을 느끼기 시작했고 두 사람의 관계는 다시 이어졌다.[1] 하지만 글쓰기라는 그의 행위는 한층 더 강력한 힘을 발휘했다. 생애 처음으로 그는 자기 삶의 목적과 삶 안에 놓여 있는 여러 가지 가능성들을 바라보기 시작한 것이다.[2]

그 뒤 페니베이커는 글쓰기와 감정 처리 사이의 연결성을 40년 동안이나 줄기차게 파고들어서 연구를 했다. 이 연구 과정에서 그는 여러 차례 실험을 했는데, 한 번은 피실험자들을 두 집단으로 나누어서 한 집단에는 감정적으로 의미 있는 경험을 글로 쓰라고 하고 다른 한 집단에는 일상적인 것들(예를 들면 신발이나 거리를 달리는 자동차 등)을 글로 쓰라고 했다. 그리고 글을 쓰는 시간은 두 집단 모두 하루에 20분으로 제한했고 사흘 연속으로 글을 쓰라고 했다.

이 실험에서 감정적으로 의미가 있는 경험을 글로 쓰는 집단에 속한 어떤 사람들은 신뢰하던 가족에게 성적인 학대를 당한 일을 글로 썼고, 또 어떤 사람들은 엄청나게 큰 실수나 실패를 저질렀던 일을 글로 썼고, 그리고 또 어떤 사람들은 결별이나 질병 혹은 죽음 때문에 가장 가깝던 인간관계가 깨졌던 처참한 상실의 경험을 글로 썼다. 특히 한 여성은 열 살 때 일어났던 우연한 사고에서 비롯된 알 수 없는 죄의식을 묘사했는데, 그때 그녀는 장난감을 마룻바닥에 놓아두었는데 할머니가 그것을 밟고 미끄러지면서 넘어져 다쳤고 결국 그 일로 할머니는 세상을 떠났다고 했다. 또 어떤 남자는 아홉 살 때 경험했던 어느 여름밤의 경험을 썼는데, 그날 아버지가 그를 집 밖으로 데리고 나가서 차분한 목소리로 자기 인생에서 가장 큰 실수가 아이를 낳은 것이며 그 실수를 만회하기 위해서 집을 떠나겠다고 말했다는 내용이었다.

각각의 연구에서 페니베이커는 감정적으로 쌓인 게 많이 있는 경험을 글로 쓰는 사람들은 신체적·정신적 상태가 눈에 띄게 나아진다는 사실을 발견했다.[3] 그 경험을 글로 씀으로써 행복감은 높아지고 우울감은 낮아졌으며 걱정이 줄어들었을 뿐만 아니라, 몇 달 뒤에는 혈압도 낮아지고 면역기능도 개선되었으며 병원에 가는 횟수도 줄어들었던 것이다. 이 사람들은 또 인간관계의 질이 좋아졌고 기억력이 향상됐으며 업무에서도 성공을 거두는 경우가 많아졌다고 했다.

처음 페니베이커가 했던 연구를 접했을 때 나는 아버지가 암에 걸리면서 겪었던 십대 시절의 일들이 불쑥 떠올라서 깜짝 놀랐다. 아버지가 죽음에 한 걸음씩 다가가다가 결국 저세상으로 떠나실 때 내 삶은 고통스럽기 그지없었는데, 내가 아버지와 함께 하지 못했던 시간 그리고 아버지에게 말하지 못했던 그 모든 것들을 후회하는 목소리가 내 입에서 나올 수 있도록 하는 데는 글쓰기가 큰 도움이 되었다. 나는 또한 내가 후회하지 않았던 순간들과 그 상황에서 내가 얼마나 최선을 다했는지를 글로 썼다. 이런 글쓰기를 통해서 나는 내 안의 모든 감정들, 즉 즐거운 감정들과 불편한 감정들 모두와 공존하는 법을 배웠다. 그렇게 내 안의 감정들과 공존할 수 있게 되자 나는 나 자신을 온전하게 알 수 있었다. '나는 (시련을 겪어도 곧 다시 일어설 수 있는) 회복력이 강하다'는 정말 중요한 사실을 깨달았던 것이다. 이렇게 나는 나의 전체 자아와 함께 내가 그다지 마음에 들어 하지 않는 부분들과도 더불어 살아갈 수 있음을 깨달았다.

하지만 그럼에도 불구하고 페니베이커의 연구 결과는 여전히 미심쩍었다. 사실이라고 하기에는 글쓰기로 인한 변화가 너무도 드라마틱하고 놀라웠기 때문이다. 글쓰기를 하루에 20분씩 딱 사흘 동안 하는 것만으로 어떻게 그런 긍정적인 효과가 나타날 수 있으며 또 이 효과가 평생 동안 지속될 수 있다는 말인가? 그런 생각을 하면서 나는 페니베이커의 연구를 내 연구 노트에 따로 적어두었다. 그리고 제법 많은 세월이 흐른 뒤에 감정을 주제로 박사 논문을 준비할 때 우연히 페니베이커와 식사를 함께 했다. 이때 나는 그 주제를 놓고 그와 열띤 대화를 나누었고, 그 뒤에 나는 그가 했던 연구에 대해 더욱 깊이 파고들었다.[4]

나는 댈러스의 어떤 컴퓨터 회사가 기술자 100명을 정리해고했을 때 이 해고자들을 대상으로 페니베이커가 했던 작업을 기록한 그의 논문[5]을 읽었다. 이렇게 해고된 사람들은 대부분 대학교를 졸업한 뒤 줄곧 그 회사에서 일을 해왔던 쉰 살이 넘은 남자들이었다. 이 사람들로서는 그 공장에서 하는 일이 자기들이 알고 있는 유일한 밥벌이 기술이었고 이 사람들은 해고된 뒤 공황에 가까운 혼란을 겪었다. 평생 일을 해왔던 곳에서 쫓겨나는 순간, 다시는 일자리를 얻지 못할 가능성이 매우 높았다. 아닌 게 아니라 이렇게 해고된 사람들은 해고된 지 넉 달 뒤까지 아무도 새 일자리를 잡지 못했다.

페니베이커가 이끄는 연구진은 해고노동자들의 그 쓰라린 경험을 글로 쓰게 하면 '위축된' 마음이 풀어질 것이라는 가설을 세웠다. 해고노동자들도 취업 가능성이 조금이라도 더 높아지면 좋겠다는 간절한 마음을 가지고 있었기에 페니베이커가 제시한 제안을 받아들였다. 연구자들은 해고자들을 세 집단으로 나누고 한 집단에게는 해고의 경험에 대해서 글을 쓰게 했다. 이렇게 해서 그들은 모욕, 거부, 분노의 감정, 건강과 결혼생활, 재정 문제에 대한 온갖 걱정, 또 미래에 대한 깊은 불안에 대해서 글을 썼다. 또 한 집단에게는 시간 관리에 대해서 글을 쓰게 했고, 나머지 한 집단은 글쓰기를 시키지 않고 그냥 내버려두었다.

글쓰기를 하기 전에는 세 집단 사이에서 새로운 일자리를 찾기 위한 노력이나 동기는 별 차이가 없었다. 그러나 글쓰기를 경험하고 몇 달이 지난 뒤에 놀라운 차이가 드러났다. 자기감정을 글로 표현한 집단은 그렇지 않은 두 집단에 비해서 재취업 가능성에 대한 자신감이 세 배나 높게 나타난 것이다. 글쓰기는 불편한 감정을 가지고 있는 사람이 그 감정을 처리하는 데 도움을 줄 뿐만 아니라 낙담과 무기력에서 벗어나서 의미 있는 행동으로 나아가는 데도 도움을 주었다.

어린아이와 노인, 학생과 교수, 건강한 사람과 병약한 사람 등을 총망라해서 수천 명을 대상으로 여러 차례의 실험 결과가 나온 뒤에 드디어 우리는, 불편한 감정들과 정면으로 마주하고 이런 감정들을 글로 표현하는 것이야말로 스트레스와 불안과 상실감을 처리하는 데 엄청난 도움이 된다는 사실을 확신을 갖고 말할 수 있게 되었다.[6] 종이에 글을 쓰거나 키보드로 타이핑을 하는 것을 끔찍하게 여기는 사람들도 실망할 필요는 없다. 예를 들어서 글로 쓸 내용을 녹음기 앱을 켜놓고 말로 녹음하는 것도 마찬가지 효과를 발휘하기 때문이다.

그러나 '감정 마주하기'라는 단계 뒤에 감정의 민첩성을 강화하기 위한 또 하나의 결정적인 단계가 있다. '감정에서 한 걸음 비켜나기'라는 단계이다. 오랜 세월에 걸친 연구 결과를 보면, 자기 안의 불편한 감정들을 글로 씀으로써 뚜렷한 개선 효과를 보였던 사람들은 사색자나 병입자 혹은 온갖 불평을 늘어놓기만 하는 사람들과 다르게 '나는 ~을 배웠다', '~한 생각이 떠올랐다', '그 이유는 ~이다' 혹은 '이제 나는 ~을 깨달았다' 등의 표현을 사용해서 통찰력을 개발하기 시작한다는 사실이 여러 차례의 실험에서 나타났다.[7] 글쓰기 과정에서 그들은 생각하는 사람과 생각 사이의 거리, 즉 느낌을 느끼는 사람과 느낌 사이에 어떤 공간을 만들어낼 수 있었고 그 덕분에 그들은 새로운 관점을 가지고서 자기 생각과 감정을 바라보았으며 그로 인해 감정의 낚임에서 벗어나 앞으로 나아갈 수 있었다.

그런데 절대로 혼동하지 말아야 할 점이 있다. 이 사람들은 배신당하거나 해고되거나 심각한 질병에 걸린 상태를 즐기는 어떤 방법을 발견한 것이 아니다. 자기의 충동과 행동 사이에 쌓인 매듭을 풀어냄으로써 자신이 겪은 경험을 맥락 속에서 볼 수 있었고 보다 넓은 관점과 더 나은 상태로 나아갈 수 있었다는 뜻이다. 자신 앞에 놓인 장애물들을 자신이 가장 소중하게 간직하는 가치들과 직접적으로 연결할 기회로 만들 방법을, 사람들이 상상하는 것 이상으로 멋지게 찾아낸 것이다.

페니베이커의 글쓰기 규칙

우선 타이머로 20분이라는 시간을 설정한다. 노트를 펼치거나 컴퓨터 모니터에 새로운 문서 창을 연다. 타이머가 돌아가기 시작하면 지난주, 지난달 혹은 작년에 자신이 겪었던 감정적인 경험을 글로 써내려가기 시작한다. 이때 구두점이나 내용의 일관성 혹은 간결함에 대한 신경은 완전히 꺼라. 그냥 마음속에 떠오르는 생각을 그대로 글로 옮기기만 하면 된다. 어떤 판단을 내릴 필요도 없다. 순전히 자기 혼자만 읽을 내용이니까 남을 의식할 필요도 없다. 이 글쓰기를 며칠 동안 반복해라.

그런 다음에는 이렇게 쓴 글을 버려라. (글을 쓴 종이를 병에 넣고 바다에 버려도 된다.) 컴퓨터로 작성한 문서라면 저장하지 말고 지워버려라. 혹은 준비가 되어 있는 사람이라면 블로그를 시작하거나 출판사를 알아봐도 된다. 전혀 문제가 되지 않는다.

중요한 것은 글로 표현된 그 내용이 당신의 머리에서 나왔다는 사실이다. 당신은 새로운 관점을 얻기 위해서, 당신이 했던 경험에서 '한 걸음 비켜나는' 과정을 이미 시작한 것이다.

당신이 바라보는 것의
비밀스러운 생애

윌러드 메트컬프는 텔레비전 코미디언으로 활동하다가 지금은 여러 대기업을 상대로 하는 '유머 컨설턴트'로 활동한다. (대기업에서는 유머 컨설턴트의 다양한 활동에서 도움을 받는다.) 그는 기업이 구조조정을 하거나 확장을 하는 과정에서 직원들이 느끼는 스트레스, 그리고 회사생활 가운데서 사람들을 괴롭히는 감정이면 무엇이든 처리하는 방법을 무대에서 사람들에게 재미있고도 멋지게 가르쳐준다. 그가 보여주는 것 가운데서 내가 특히 좋아하는 게 있다. 그는 빈 의자 하나를 내놓고는 이 의자를 '내가 하는 일'이라고 부른다. 그다음에는 자기가 하는 일이 날마다 온갖 측면에서 얼마나 지독하게 끔찍한지 정신없이 마구 떠들어댄다. 그러고는 잠시 숨을 고른 뒤에, 의자에서 몇 미터 떨어진 지점에 서서 의자를 가리키면서 말한다.

"내가 하는 일은 정말 밥맛이야."

그다음에 결정적인 대사를 날린다.

"하느님, 감사합니다. 제가 이 자리에 있게 해줘서."

사람은 누구나 다 자기의 경험을 자기 자신에게서 떼어놓고 전혀 다른 관점으로 바라본 적이 적어도 한두 번은 있다. 우리에게 그런 능력이 있다는 말이다. 오래전에 나는 철저하게 감정에 낚여버린 내 모습을 본 적이 있다. 잘못된 전화통화료 고지서 때문에 고객센터 직원과 통화를 하면서 화가 잔뜩 난 모습이었다. 그 문제를 해결하려고 나는 몇 시간을 들였음에도 통신사는 자기 실수를 고치려 하기는커녕 무엇을 잘못했는지도 몰랐다.

그때 도대체 어떻게 그런 일이 일어났는지 설명하기 어렵지만, 어느 순간 나는 내가 불같이 내던 화에서 그 바깥으로 쑥 빠져나왔다. 마치 유체이탈의 경험과도 같았다. 영혼이 내 몸에서 빠져나온 다음에 천장에 붕 떠 있는 상태로 아래의 나를 바라보고 있었다. 이 새로운 관점 덕분에 나는 내 분노를 있는 모습 그대로 볼 수 있었다. 그것은 맹목적인 분노였고 이 분노는 엉뚱한 사람을 향하고 있었다. 내 분노의 표적이 된 고객센터 직원에게 연민이 느껴졌다. (나와 같은 미치광이 고객들이 하는 말을 하루 종일 들어줘야 하니, 그 일이 얼마나 힘들까?) 그리고 내가 그 직원을 아무리 다그친다고 해봐야 나에게 남는 건 아무것도 없다는 사실도 깨달았다. 그래서 나는 태도를 바꾸어서 무례하게 군 행동을 그 직원에게 사과했다. 그리고 제3자의 시선을 포함한 관점에서 우리 두 사람은 건설적이고 협력적인 문제 해결 방안을 모색했다.

그러니까 나는 분노라는 불편한 감정에서 빠져나온 것이다. 즉 **자극과 반응 사이에 어떤 공간을 만들어낸 것이다. 그 과정에서 나는 약간의 인간성을 회복하기까지 했다. 바로 그 사이 공간이 자기의 생각들과 감정들 그리고 이야기들이 주장하는 것에 매몰되지 않고, 자기가 소중하게 여기는 가치가 담긴 행동을 선택하게 만드는 공간이다.** 새롭게 형성된 이 공간이 있기에 우리는 아무런 생각도 없는 충동들(예를 들면 '정의를 세우기 위해서 복수를 하고 말 거야! 당신이 나한테 이렇게 할 수는 없는 거야!'와 같은 말)에 휩싸이지 않고 현재의 상태와 맥락을 객관적으로 파악하고 '지금 여기에' 꼭 필요한 행동을 할 수 있다.

자기를 사로잡고 있던 감정에 휩싸여 있다가 그 감정 밖으로 빠져나오면 전에는 보지 못했던 것들을 볼 수 있다.

다음 이미지를 보자. 당신의 눈에는 이것이 무엇으로 보이는가?[8]

A B C

이것은 누가 봐도 알파벳의 처음 세 글자이다. 그러나 어쩌면 다른 것일 수도 있다.

사람이 무언가에 감정이 낚여 있을 때는 보통 단 하나의 관점, 단 하나의 대답, 단 하나의 행동밖에 가지지 않는다. 자기 안의 생각들과 감정들, 그리고 이야기들이 완전히 엉켜 있다. 그래서 이런 것들이 우리를 지배하며 우리에게 어떤 행동을 하라고 지시하고 또 융통성이 없이 굴도록 만드는데, 결국 나중에는 '도대체 내가 무슨 생각으로 그랬지?'라며 후회한다. 감정에서 한 걸음 비켜날 때만 비로소 우리는 문제의 그 상황을 바라보는 관점이 여러 개 있을 수 있음을 알아차린다.

위의 이미지에서 가운데 있는 것은 'B'가 분명하다. 그러나 다음 이미지에서 가운데 있는 것은 위의 경우와 똑같지만 과연 이것을 'B'라고 할 수 있을까?

A B C
12 13 14

    동일한 대상을 전혀 다른 관점에서 바라볼 때 어떤 일이 일어나는지 알 수 있는 좋은 사례이다. 관점을 다르게 가지면 주어진 상황의 맥락에 보다 민감해지며, 보다 많은 것을 바라보며 또 전혀 다른 여러 방식으로 대응할 수 있다. 즉, 더 감정이 민첩해진다는 말이다.

    앞서 내가 통신사 고객센터 직원과 통화를 하면서 화를 내다가 나도 모르게 유체이탈과도 같은 거리두기를 경험했다고 말했다. 이런 거리두기를 자기가 원할 때마다 할 수 있고, 또 이런 능력을 의식적으로 키울 수도 있다. 사실 의도를 가지고서 인생을 의미 있고 풍성하게 사는 데 꼭 필요한 기술이 바로 기존의 관점을 넓혀주고 주어진 상황의 맥락에 한층 더 민감하게 반응하도록 만들어주는 '메타뷰metaview'의 관점이다. 이 기술을 가지고 있으면 자기의 감정과 다른 사람들이 가지는 기분을 새로운 관점에서 바라볼 수 있는데, 이 기술이야말로 자아성찰 능력의 핵심 요소이다.

    메타뷰는 실수를 했을 때 특히 유용하다. 고등학생 시절에 저질렀던 어리석은 행동을 10년이나 20년 혹은 40년이 지난 뒤 한밤중에 문득 새삼스럽게 되짚어보면서 잠에서 깨어 일어난 적이 있을 것이다. 그리고 여기에서 그치지 않고 생각품기를 하든 혹은 병입을 하든 간에 그 실수를 두고서 자기 자신을 정신적으로 고문하는 사람도 있을 것이다.

사람은 살아가면서 실수를 흔하게 저지른다. 누구에게나 인생은 계획한 대로 풀리지 않는다. 인생에서의 실수가 그렇고, 우리가 살아가는 인생이 그렇다. 하지만 우리는 어떤 기회를 날려버리고 나서 올바른 선택이나 행동을 하지 않았다면서 자책한다. 그렇지만 때로 어떤 실수는 흔히 미리 정해져 있는 경로를 따라서 진행되기도 한다. 즉, 확실하다고 보았던 길을 따라갔지만 잘못되고 만다는 말이다. 그러나 19세기의 유명한 독일 장군 헬무트 폰 몰트케(근대적 참모제도의 창시자이다. 프로이센-오스트리아 전쟁, 프로이센-프랑스 전쟁 등을 승리로 이끌며 활약하였다―옮긴이)가 즐겨 말했듯이 어떤 전투 계획이든 간에 우선 적을 만나고 난 다음에야 비로소 잘된 것인지 그렇지 않은 것인지 알 수 있다. 어떤 행동을 우리가 아무리 최선이라고 확신한다 하더라도, 세상은 끊임없이 변하고 있고 주변 환경 역시 예측할 수 없다. 그리고 전투에서든 직장에서든 또 어디에서든 간에 장차 무슨 일이 언제 어디에서 어떻게 일어날지 확실하게 아는 사람은 아무도 없으므로, 사람은 누구나 다 뒤돌아보면 그다지 훌륭했다고 할 수 없거나 심지어 잘못된 것이라고 판명이 될 의사결정을 내린다.

그러나 우리는 자기의 실수를 다른 사람들의 관점에서 바라볼 수 있다. 예를 들어서 '좋은' 실수는 '낯선 개를 보았을 때는 무턱대고 예쁘다면서 쓰다듬지 마라'와 같은 소중한 가치를 자기 자신에게 가르쳐줄 수 있다. 이런 식으로 바라볼 때 우리는 교훈을 학습할 수 있고 자신의 잠재력을 점점 키워갈 수 있다. 그러므로 **우리는 자기가 저지른 실수를 다양한 각도에서 살펴보는 능력을 기를 필요가 있다.**

마음챙김과 마음흘림

수도승이나 신비주의자들은 명상과 같은 여러 기법을 사용해서 생각과 생각하는 사람, 충동과 행동이 뒤섞이는 것을 막고 각각을 따로 떼어내서 바라보려고 했다. 어떤 구속이나 왜곡된 해석에 붙들려 있는 자기의 마음을 자유롭게 해방시키려고 오랜 세월 동안 노력해온 것이다.

1960년대에 이런 종류의 실천이 서구인들에게 처음 인기를 얻을 때 널리 인용되던 말이 '지금 여기에 존재하라 Be Here Now'였다. 이것은 훈련되지 않은 마음은 쉽게 산만해져서 과거의 기억과 미래에 대한 예측이 마구 끼어들어 금방 흔들리고 만다는 발상이다. 현재의 순간을 감정적으로 민첩하게 처리할 수 있는 것은 오로지 현재에 충실함으로써 즉 '지금'에 온전하게 초점을 맞출 때뿐이다.

록그룹인 비틀스와 비치보이스 그리고 배우 미아 패로가 인도로 가서 마하리시 마헤쉬 요기(인도의 초월명상법을 창시하고 발전시켰다―옮긴이)의 발 아래 단정하게 앉은 뒤부터 행동과학과 인지과학 연구는 아시아에서의 이런 '얇고 투명한 수입물'이 가지고 있는 신비한 내용을 사람들에게 쉽게 풀어서 설명했으며, 이런 연구의 초점은 의도적으로 선입견 없이 주의를 기울이는 기법에 주로 맞추어졌다.[9] 이 기법이 이른바 '마음챙김mindfulness'이다.

하버드대학교의 연구자들은 최근에 스트레스를 줄이기 위한 8주 마음챙김 훈련 프로그램을 받은 사람 열여섯 명을 대상으로 해서 이 프로그램을 받기 전과 받고난 뒤의 이들의 뇌 스캐닝 사진을 비교했다. 그 결과 스트레스를 담당하는 부위뿐만 아니라 기억력과 자아의식, 그리고 연민을 담당하는 부위에서도 좋은 방향으로 변화가 일어났음을 확인했다.[10]

마음챙김 명상을 하면 뇌 신경망의 연결성이 강화되어서 주의가 산만해지는 것을 막아주는 효과가 있다. 마음챙김 명상은 집중하는 데 도움이 되어 숙련도가 강화된다. 인간관계와 건강, 수명이 개선될 뿐만 아니라 기억력과 창의성과 기분도 개선된다. 자기 주변에서 진행되는 것을 무시하거나 그냥 흘러가는 대로 따라가는 것이 아니라 거기에 주의를 기울임으로써 우리는 좀 더 유연해지고 그만큼 더 많은 통찰력을 발휘한다.[11]

마음챙김 분야의 권위자인 하버드대학교의 심리학과 교수 앨런 랭어Ellen Langer는 마음챙김 명상을 하는 작곡가는 관객이 더 좋아하는 음악을 작곡한다는 사실을 발견했다. 마음챙김 명상을 하는 잡지사 영업사원은 정기구독자를 더 많이 모으고 마음챙김 명상을 하는 여성 발표자는 청중이 가지고 있을 수 있는 성적 편견을 넘어서기 때문에 보다 강력한 힘으로 청중을 사로잡고 의도한 목적을 더 잘 달성한다. 관객이나 청중이 가장 많이 연관을 짓는 것은 자기 앞에 있는 사람이 현재에 얼마나 충실하게 몰입하느냐 하는 점이다. 한편 관객이나 청중 입장에서는 현재의 순간에 충실하게 몰입할 때 자신이 가지고 있는 미성숙한 판단이나 산만함을 넘어서서 연주자나 발표자가 내어놓는 것을 온전하게 있는 그대로 받아들일 수 있다.

많은 사람들에게 마음챙김 기법은 전문적인 수행자만이 할 수 있을 것처럼 너무 복잡하고 어렵다. 그런데 마음챙김의 정반대 개념인 '마음흘림mindlessness'이 어떤 것인지 살펴보면 마음챙김을 더 잘 이해할 수도 있다.

마음흘림은 사람들을 너무도 쉽게 감정의 덫에 걸리게 만든다. 마음흘림은 현재 진행되고 있는 것을 의식하지 않는 상태, 즉 생각이 자동적으로 흘러가는 상태이다. 현재에 충실하지 않은 상태이다. 철저하게 생각하지 않았던 진부한 구분이나 경직된 규칙에 지나치게 의존하는 상태이다.

자기가 마음흘림 상태에 있는지 어떻게 알 수 있을까? 예를 들면 다음과 같을 때가 그런 상태이다.

- 다른 사람의 이름을 듣고도 금방 잊어버린다.

- 카드신용을 쓰레기통에 버리고 음식을 쌌던 종이를 가방에 집어넣는다.

- 집에서 나온 뒤에 현관문을 잠갔는지 어쨌는지 기억하지 못한다.

- 걸어갈 때 자기 앞에 있는 공간을 전혀 의식하지 못해서 사람이나 어떤 물체에 부딪힌다.

- 앞으로 다가올 일에 너무 집중한 나머지, 지금 당장 해야 할 일을 잊어버린다.

- 몇 줄 위에 내가 '신용'과 '카드'라는 두 단어의 순서를 바꾸어놓았지만 이런 사실을 알아차리지 못한다.

- 배가 고프거나 목이 마르지 않는데도 음식을 먹거나 마신다.

- '어디에서 비롯된 것인지 알 수 없는' 감정을 느낀다.

이런 마음홀림의 반대 개념인 마음챙김은 불편한 감정과 생각에 아무런 의식도 없이 사로잡혀 있도록 하지 않고 그 감정과 생각을 알아차리도록 해준다. 분노의 마음을 챙길 때 당신은 분노라는 감정에 보다 민감하게 집중해서 감정적으로 선명하게 관찰할 수 있으며, 더 나아가서 그 분노가 어디에서 비롯된 것인지도 알아차릴 것이다. 심지어 그 분노의 실체가 슬픔이나 공포임을 알아차릴 수도 있다.[12]

그러나 단단한 마음챙김과 연관되는 평온한 의식(현재에 몰입하는 상태)은 모든 사람이 다 쉽게 얻을 수 있는 것은 아니다.

17세기의 수학자이자 철학자였던 블레즈 파스칼Blaise Pascal은 이렇게 썼다.

"인간의 모든 고통과 빈곤은 조용한 방에 혼자 앉아 있을 수 없음으로 인해서 빚어진다."

하버드대학교와 버지니아대학교의 연구자들이 파스칼의 이런 발상을 일련의 실험을 통해서 확인하려고 나섰다. 심리학자 티모시 윌슨Timothy Wilson과 그의 동료들은 피실험자들에게 약 10분 동안 혼자 앉아서 그냥 생각만 하게 했다.[13] 그러자 대부분의 피실험자들은 고통스러워했다. 몇몇은 실험 진행자가 자기를 거기에 그냥 앉혀두지 않고 전기충격을 가하는 실험을 할 것이라는 생각에 사로잡혀서 전전긍긍했다.

이 실험은 사람들의 내면세계가 얼마나 평온하지 못한지 잘 보여준다. 사람들은 자신의 '자아'에 대하여 어떻게 생각하고 있을까? 자아는 자기의 입맛이나 태도와 상관없이 별개로 존재하는 실체, 소셜 미디어 속의 존재나 이력서 혹은 지위를 초월하는 존재, 혹은 소유하거나 알고 있는 것이나 사랑하는 것이나 혹은 실천하는 것을 넘어서는 어떤 존재를 가지고 있음을 많은 사람들은 깨닫지 못하고 있다.

마음챙김은 이런 내면의 본질을 우리가 보다 편안하게 대할 수 있도록 도우며 고대 그리스의 델포이의 신탁에서 곧바로 튀어나온 원초적인 계명인 '너 자신을 알라'를 순순히 잘 따르도록 돕는다.

항아리 안에 갇혀 있을 때는 그 가르침을 읽을 수 없다. 마음챙김은 생각을 가지고 있는 '생각하는 사람'을 관찰하도록 허용함으로써 우리가 감정적으로 더 민첩해질 수 있도록 이끌어준다. 단순히 주의를 기울이는 것만으로도 자아는 그림자 바깥으로 빠져나온다. 이럴 때 생각과 행동 사이에 어떤 공간이 형성되는데, 이 공간은 우리가 습관적으로 행동하지 않고 자유의지에 따라서 행동할 때 꼭 필요한 것이다.

마음챙김은 '내가 어떤 것을 듣고 있다'는 것을 알거나 '내가 어떤 것을 보고 있다'는 것을 의식하거나 혹은 '내가 어떤 느낌을 가지고 있다'는 것을 인지하는 것만을 의미하는 게 아니다. 그 이상을 의미한다. 즉 그 모든 것을 균형과 평정심, 개방성과 호기심을 가지고서 어떤 선입견 없이 수행하는 것을 의미한다. 또한 마음챙김은 우리가 새롭고 유동적인 범주들을 생성하도록 허용해준다. 그 결과 사람들은 마음챙김의 정신 상태에서 복수의 관점들을 통해서 세상을 바라볼 수 있으며, 더 높은 수준의 자아수용과 인내, 자기애를 가질 수 있다.

마음을 잘 챙기는 방법

1. 호흡에서부터 시작하라

1분 동안 오로지 자기의 호흡에만 집중해라. 숨을 천천히 들이쉬면서 넷을 세고, 천천히 내쉬면서 넷을 세라. 머릿속으로 이런저런 생각들이 뛰어다니겠지만, 이것은 지극히 정상적이다. 이런 생각들을 인지하더라도 그냥 내버려둬라. '이것을 잘하지 못한다'고 해서 스스로를 나무라지는 마라. 어떤 생각이 하나씩 머리에 떠오를 때마다 호흡에 다시 집중하려고 노력해라. 이렇게만 하면 된다. 이것은 승패를 가리는 게임이 아니다. 이기는 게 중요하지 않고 과정에 몰입하는 것이 중요하다.

2. 마음을 챙겨서 관찰하라

주변에 가까이 있는 어떤 대상을 하나 선택해라. (그 대상은 꽃일 수도 있고 곤충일 수도 있고 자기 발가락일 수도 있다.) 그리고 그 대상에 1분 이상 집중하라. 집중해서 그 대상을 바라보되, 될 수 있으면 그 대상을 난생처음 보는 것처럼 혹은 화성에서 온 우주인이 방금 지구에 도착해서 그 대상을 바라보는 것처럼 진심으로 열심히 바라보아라. 그 대상이 가지고 있는 여러 가지 측면들을 따로 분리해서 그게 무엇인지 파악해라. 그 대상의 색깔과 재질 그리고 (그 대상이 움직인다면) 움직임 등의 여러 요소들에 초점을 맞추어라.

3. 일상적으로 판에 박힌 절차를 온전히 새롭게 다시 진행하라

커피를 내리기나 양치질처럼 당신이 날마다 하면서도 당연하게 여기는 어떤 것을 생각해라. 그다음에는 이 행동을 직접 하되, 모든 단계와 모든 동작 그리고 시각·청각·촉각·후각의 각 요소들에 초점을 맞추고 집중해라. 그리고 온전하게 인식해라.

4. 진정으로 귀를 기울이고 들어라

조용한 재즈나 클래식 한 곡을 선택해라. 그리고 (가능하다면 헤드폰을 끼고) 이때 듣는 음악이 난생처음 듣는 음악이기라도 한 것처럼 열심히 들어라. 그 음악을 판단하려 들지 말고, 리듬과 멜로디와 구조에서 어떤 차이들이 있는지 알아내려고 노력해라.

궁극적으로 마음챙김에서 당신이 기울이는 노력은, 당신이 가지고 있는 생각들과 경험들의 지적인 분류 혹은 감정적인 분류 속으로 당신을 데리고 들어갈 것이다. 당신은 정원으로 걸어 들어가서 '초록빛

그늘 아래 초록빛 생각'이 되고자 하는 17세기의 영국 시인 앤드류 마블Andrew Marvell이 될 수 있고,[14] 아무런 생각이 없을 수도 있다. 또 어쩌면 초록색을 더욱 깊이 감상할 수도 있다. 바로 이런 상태가 합리적이지 못한 감정의 흐름을 중단하고 문제를 해결하거나 주석을 붙이고자 하는 시도를 그만두며 계산기가 아니라 스펀지가 되는 때이다. 그게 전부다.

이런 유형의 평온한 감수성은 호기심과 자연스럽게 한 짝을 구성하는데, 이 둘이 나란히 서면 위대한 일들이 일어날 수 있다.

나는 딸 소피의 잠자리에서 『포동이와 자주색 크레파스 Harold and the Purple Crayon』[15]를 자주 읽어주는데, 호기심이 많은 네 살짜리 아이 포동이가 자주색 크레파스를 가지고 자기가 원하는 것을 그림으로 그리면 무엇이든 다 현실이 되어 나타난다는 내용의 동화책이다. 포동이는 달에 가고 싶어서 달로 이어지는 하늘길을 그려서 달까지 간다. 사과나무를 그리고 사과를 지켜줄 용을 그린다. 그런데 포동이는 용이 무서웠다. 그러자 용이 자기를 보지 못하게 물을 그려서 물속에 자기 머리를 집어넣어버린다. 그리고 또 길을 잃어버리지만 그럴 때마다 창문을 그려서 집으로 돌아오는 길을 찾아낸다.

포동이는 자기가 어디로 가고 있는지 혹은 자기 앞에 무엇이 놓여 있는지 전혀 알지 못한다. 하지만 포동이는 자주색 크레용으로 잠재적인 경험들을 계속 그려냈다.

포동이가 가지고 있는 것과 같은 호기심은 하나의 의사결정이다. 우리가 호기심을 가지고 우리 내면 및 외면을 탐구하기로 결정한다면 우리는 다른 의사결정들도 더 유연하게 할 수 있다. 우리는 우리가 하는 반응 속에 의도적으로 공간을 불어넣을 수 있으며, 또 우리에게 중요한 것, 우리가 되고자 하는 것을 바탕으로 이런저런 선택을 할 수 있다.

나는 이 책을 딸에게 읽어줄 때마다 포동이는 자기 내면에서 일어나는 감정을 멈추려 하지 않는다는 것을 깨닫는다. 공포를 느낄 때도 달아나려 하지 않는다. 오히려 그 공포를 정면으로 바라본다. 예를 들어서 용이 자기를 보지 못하게 머리를 물 속으로 집어넣어서 가린다거나 탈출구를 찾기 위해서 새로운 창문을 만든다든가 하는 창의적인 해결책을 가지고서 전진한다. 허구적인 이야기 속의 주인공인 네 살짜리 아이 포동이는 우리 모두가 본받아야 할 모범적인 예이다.

사이 공간 창조하기

번듯한 회계법인의 파트너이던 소냐가 나를 찾아와서 도움을 청했다. MBA에서 공부를 열심히 했고 그 밖에도 여러 가지 성취를 이룩했음에도 불구하고 자기가 사실은 사기꾼일지도 모른다는 느낌을 떨칠 수 없다고 했다. 자기가 사기꾼이라는 사실이 세상에 알려지면 어떡하나 하는 공포 때문에 그녀는 말을 더듬게 되었으며, 날마다 자기가 사기꾼이 아님을 증명하려고 필사적으로 노력한다고 했다. 심리학자들은 소냐가 느끼는 이런 공포를 '가면 증후군 imposter syndrome'이라고 부른다. 그녀는 언젠가 누가 갑자기 나타나서 현재 자신이 누리고 있는 모든 것을 누릴 자격이 자기에게는 없다는 끔찍한 '진실'을 세상에 폭로하고 말 것이라고 확신하면서 평생을 살아왔다. 비록 그녀는 그때까지 단 한 번도 부정적인 평가를 받지 않았지만 늘 스트레스를 받았고 만족스럽지 못했으며 불안했다.

소냐는 우리가 앞에서 언급했던 '생각 비난하기'에 감정적으로 낚여 있었다. 그녀는 '나는 사기꾼이다'라는 공포를 사실로 받아들이고 또 그렇게 자기를 대하고 있었다. 그녀는 즐거운 마음으로 기꺼이 맡을 수도 있었을 일들을 자발적으로 맡지 않았다. 무슨 일을 하든 간에, 망원경을 거꾸로 들고 자기 자신을 바라보는 것처럼 자기 재능과 능력을 지나칠 정도로 협소하게만 바라보면서 그 일에 접근했다. 하지만 만일 그녀가 자기 경험을 마음챙김의 호기심을 가지고 들여다보는 법을 배우기만 했다면, 그 잘못된 감정에서 한 걸음 비켜날 수 있었을 것이다. 즉 망원경을 제대로 들고 바라보면서 더 넓은 시야를 가질 수 있었을 것이다.

소냐와 같은 생각을 가진 사람이라도 얼마든지 다음과 같이 말할 수 있다.

"그래, 나는 내가 패배자라는 생각을 가지고 있어. 이건 새삼스러운 이야기도 아니야. 그것은 나의 '상처받은 아이'가 늘 하는 말이니까. 나는 온갖 생각들을 많이 가지고 있어. 좋은 것이든 나쁜 것이든 간에 그 모든 생각들이 나에게 있음을 나는 알고 있고 또 그것들이 내 생각이라고 인정해. 그러나 내가 살고 싶은 인생을 사는 데 도움이 되는 생각만 가지고서 행동할 권리가 나에게는 있어."

감정에 이름을 붙이자
생겨난 일

　기업 이사들을 모아놓고 교육을 할 때 나는 종종 어린아이들에게나 어울릴 법한 우스꽝스러운 게임을 하게 하곤 한다. 그런데 이 게임의 효과가 놀랍다. 우선 모든 사람에게 자기 자신에 대해서 가장 마음 깊은 곳에 담고 있는 공포 혹은 직업적인 업무나 인간관계 그리고 생활 속에 늘 달고 다니기는 하지만 겉으로는 정체가 드러나지 않은 의미를 포스트잇에 적으라고 한다. 그러면 예컨대, '나는 따분함입니다', '나는 밉상입니다', '나는 사기꾼입니다', '나는 나쁜놈입니다' 등이 나오는데, 그러면 이 포스트잇을 명찰처럼 가슴에 붙이라고 한다. 그리고 음악을 틀고 분위기를 마치 파티장처럼 만든 다음에, 사람들에게 이 파티장에서 서로 처음 만나는 사람들인 것처럼 인사를 나누라고 한다. 사람들은 악수를 하고 시선을 나누며 자기를 소개한다.

　"안녕하세요, 저는 따분함입니다. 만나서 반갑습니다."

　(사실 '따분함'은 내 이름이다. 나는 늘 '따분한 사람'이었다. 적어도 내가 보기에는.)

　그런데 이것이 매우 강력한 경험이 된다. 이 '놀이'가 끝나고 나면 기업 이사들은 너 나 할 것 없이 모두 입을 모아서, 자기가 오랜 세월 동안 숨기고 있었던 그 추악한 '진실'로 인해 그동안 자신에게 막강한 힘을 발휘해왔던 가혹한 평가를 이제는 자기가 길들이게 되었다고 말했다. 그리고 교육을 받은 지 몇 해가 지난 뒤에도 어떤 사람들은 이메일을 보내서 자기 마음속에 있는 생각을 그저 하나의 생각만으로 바라볼 수 있다는 게 얼마나 큰 도움이 되고 위로가 되었는지 모른다고 했다. 이 사람들은 자기가 가지고 있던 공포라는 감정에 이름을 붙이고, 또 이 과정에서 약간의 즐거움을 누릴 수 있다. 이렇게 함으로써 그들은 진정한 자기 모습을 찾을 수 있는 공간을 보다 많이 창조할 수 있다. 감정에서 한 걸음 비켜나기 때문에 가능한 일이다.

당신은 자기 이름을 적은 철자들을 찬찬히 바라보는 것만으로도 이런 현상의 힌트를 얻을 수 있다. 당신의 이름을 적은 철자들을 하나씩 음가音價까지 생각하면서 철자 형태도 구석구석까지 바라보아라. 어떤 것은 무척 재미있게 보이기도 할 것이다. (나는 지금 너를 바라보고 있다, 소문자 'd'야.)

혹은 그냥 '우유'라는 단어를 큰 소리로 말하기만 해도 된다. 이 단어를 30초 동안 반복해서 말해라. 이렇게 하는 동안 어떤 변화를 느낄 것이다. 처음에는 그 단어가 뜻하는 언어적 의미만 머리에 떠오른다. 시리얼이나 커피에 붓는 흰색 액체, 혹은 어린 시절에 우유에 찍어 먹던 오레오 쿠키가 머리에 떠오를 것이다. 그렇지만 이 단어를 계속 반복하다 보면 전혀 다른 일이 일어난다. '우유'와 연관되던 온갖 것들이 서서히 사라지고 당신은 '우유'라는 단어의 발음과 당신의 입 모양을 의식하게 된다. 즉 단어를 단어 그 자체로 받아들이게 된다.[16]

자, 그럼 이제 당신이 가장 싫어하는 당신의 어떤 측면이나 혹은 날마다 겪는 고약한 경험을 가지고서 '우유'를 말할 때처럼 큰 소리로 말해보자. 예컨대 '나는 뚱뚱하다', '아무도 나를 좋아하지 않는다', '나는 발표를 망쳐버릴 게 분명해' 등과 같은 말일 것이다. 자, 무슨 말을 할 것인지 정했으면 큰 소리로 열 번 말해라. 그다음에는 그 말을 거꾸로 말하거나 단어를 순서를 뒤바꾸어서 말해라. 그러면 그 소리들이 당신 머리에 떠돌던 의미 있는 어떤 것에서, 당신과는 아주 멀리 떨어져 있고 아무런 힘도 가지고 있지 않으며 우스꽝스럽기조차 한 어떤 것으로 바뀌고 만다. 즉 당신이 가지고 있던 부정적인 관점이 완전히 사라져버리면서 이제 당신은 세상을 더는 부정적으로 바라보지 않게 된다. 당신은 그것들을 그저 객관적으로 바라보기만 할 뿐이다. 이 과정에서 당신은 생각하는 사람과 생각 사이에 어떤 공간을 창조한 것이다. 당신은 거꾸로 들고 세상을 바라보던 망원경을 이제 바로 들고 세상을 바라보게 된다.

감정 비켜나기,
당신의 선택이 당신을 창조한다

당신이 창조한 이 재량권, 즉 편안하게 숨을 쉴 수 있는 공간은 당신에게 '선택'이라는 커다란 선물을 준다. 그래서 당신은 당신 머릿속의 생각들을 반드시 따라야만 하는 명령이나 괴로워해야 하는 어떤 진술이 아니라 그저 있는 그대로의 생각으로만 경험하기 시작한다. 당신은 자기가 사기꾼이라는 생각을 당신의 의지대로 가질 수 있고 파악할 수 있으며 또 원한다면 옆으로 치워놓을 수도 있다. 왜냐하면 당신이 지금 현실에서 당장 맞닥뜨리는 관계에 의미 있는 기여를 하는 것이 더 중요하기 때문이다.

  예를 들어보자. 당신은 오늘 아침에 배우자와 부부 싸움을 했다. 당신은 당신의 배우자가 먼저 화해의 제스처를 취해야 마땅하다는 생각을 가지고 있을 수 있고 또 그런 생각을 합리화하기까지 했지만, 그 생각을 옆으로 치워두고 당신이 먼저 배우자에게 전화를 할 수 있다. 또 크림캐러멜을 간절히 바라는 당신의 마음을 받아들이고 '내가 그것을 간절하게 원한단 말이야!'라는 생각을 인정한 뒤, 크림캐러멜을 집어들지 않을 수 있다. 이것은 불편한 생각들을 병 속으로 집어넣는 병입이 아니다. 왜냐하면 그 생각이나 감정, 욕망을 무시하는 것도 아니고 부정하는 것도 아니고 억누르는 것도 아니기 때문이다. 당신은 호기심을 가지고서 그 생각과 그 생각이 가져다주는 정보를 탐구해서 알아차리지만, 그 생각대로 따르지는 않는다.

  만일 당신이 회사에서 충분히 높은 자리까지 승진한다면 부하 직원을 거느리게 될 것이고 이 부하 직원은 당신에게 보고서를 제출할 것이다. 그러나 의사결정권자인 당신은 어떤 보고서를 채택해서 어떤 행동을 취할 것인지 그리고 어떤 보고서를 무시할 것인지 판단해야 한다. 당신 머리에 떠오르는 생각들과 감정들도 부하 직원이 당신에게 올리는 보고서와 마찬가지다. 이것들은 마치 이기적인 간신배들처럼 언제나 진실만을 말하는 것도 아니고 또 언제든 왔다가 가버린다는 사실을 명심해야 한다. 부하 직원이 당신에게 올리는 보고서는 특정한 행동으로 반드시 이어져야만 하는 명령이 아니라 당신이 평가하기에 따라서 취할 수도 있고 버릴 수도 있는 하나의 방침일 뿐이다. 그리고 이 평가의 내용에 따라서 뒤에 이어지는 행동은 얼마든지 달라진다. 당신이 하는 생각들과 감정들은 정보를 담고 있는 것이지 명령을 담고 있지 않다. 어떤 정보는 중요하게 받아들여서 행동의 토대로 삼고, 또 어떤 정보는 관찰 대상으로 삼으며, 또 어떤 정보는 쓰레기통에 던져버린다.

감정의 민첩성은 어떤 사람이 불편한 생각들과 감정들을 많이 가지고 있음을 인정하면서도 그 생각들과 감정들을 관리함으로써, 자기가 살고 싶은 인생에 가장 유익하게 작용할 행동을 선택한다는 발상이다. 감정에서 한 걸음 비켜남으로써 감정의 덫에 걸리지 않는다는 것을 뜻하는 내용이 바로 이것이다.

또 다른 종류의 '언어적 비켜나기'의 사례가 2010년 여름에 있었다. 농구계의 스타인 르브론 제임스Lebron James는 팬들의 야유를 온몸으로 받는 결정이자 이후에 이틀 내내 이어진 경기 끝에 팀을 우승으로 이끌고 MVP를 거머쥐게 될 결정을 내렸다. 신인 시절부터 몸담았던 클리블랜드 캐벌리어스에 계속 머물러야 할 것인가, 아니면 플로리다의 마이애미 히트로 둥지를 옮길 것인가, 하는 중대한 갈림길에서 그는 플로리다로 가기로 결정했다. 그렇게 팀을 옮긴 직후에 그는 그런 결정을 내린 과정을 이렇게 설명했다.

"내가 하고 싶지 않았던 것은 감정적인 판단을 내리는 것이었다. 나는 르브론 제임스라는 선수에게 가장 좋은 선택, 르브론 제임스를 행복하게 해줄 선택을 하고 싶었을 뿐이다."[17]

여기에서 그가 처음에 '나'라는 1인칭 대명사로 자신을 가리켰지만, 감정적인 판단을 내리고 싶지 않았다는 말을 할 때는 '나' 대신

3인칭 대명사인 '르브론 제임스'를 쓴다는 것을 눈여겨봐야 한다. 당시에 그를 깎아내리던 사람들은 그의 이런 단어 선택은 엄청나게 큰 자존심에서 비롯된 것이라고 생각했다. (유명한 스포츠 스타였으니 자존심이 세다는 판단은 충분히 설득력이 있었다.) 그러나 그 결정을 내린 뒤에 있었던 일련의 일들을 보면 (그가 마이애미 히트에서 크게 성공을 했으며, 나중에 다시 클리블랜드 캐벌리어스로 돌아온 것을 보면) 당시에 그 결정을 내리면서 엄청나게 큰 갈등을 겪었다는 사실을 알 수 있다. 만일 그랬다면 그는 자기감정을 관리하기 위해서 정교한 언어 전략을 구사한 셈이다.

이처럼 3인칭을 동원하는 것은 스트레스(혹은 불안, 좌절, 슬픔)에 대한 자기의 반응을 조절하는 데 도움을 줘서 스트레스를 유발하는 대상으로부터 자기를 떼어놓는 데 매우 효과적인 방법인 것이 입증되기도 했다. 그리고 1인칭 대신 3인칭을 쓰면 미래의 스트레스 상황을 위협이 아니라 도전으로 바라보게 된다는 사실도 확인했다.[18]

감정 비켜나기의 효과적인 기법[19]

1. 과정을 생각하라

자기 자신을 힘들고 긴 전체 과정 안에 그리고 지속적인 성장의 길 위에 서 있는 존재로 바라보아라. '나는 사람들 앞에서 말을 잘 못한다'라거나 '나는 운동은 빵점이다' 따위의 낡은 이야기에서 나온 절대적인 진술들은 그냥 진술일 뿐, 당신의 운명이 그렇다는 말은 아니다.

2. 모순적이 되어라

'한 손으로 손뼉을 치면 무슨 소리가 날까?'와 같은 화두를 놓고 명상을 하는 것은 선불교에서는 흔한 수련 방식이다. 선불교 식의 이런 화두는 당신의 삶에서도 많이 찾아낼 수 있을 것이다. 당신은 당신의 고향을, 당신의 가족을 혹은 당신의 몸을 사랑하면서도 동시에 미워할 수 있다. 소중하게 여기던 인간관계가 깨어졌을 때 당신은 피해자라고 느낄 수도 있고 또한 동시에 가해자라고 느낄 수도 있다. 겉으로 보기에 모순일 수밖에 없는 이런 것들을 끌어안고 수용할 때 불확실성에 대한 당신의 내성은 그만큼 커진다.

3. 웃어라

유머는 새로운 가능성을 바라보게 하므로 비켜나기의 좋은 실천 기법이 될 수 있다. 자기가 겪는 고통을 유머를 사용해서 아무것도 아닌 것처럼 치부하거나 원래 없던 것처럼 덮어버리지 않는 한 (즉, 병입 행동을 하지 않는 한), 자기 자신이나 자기가 처한 환경에 대해서 어떤 재미있는 모습을 찾아내는 일은 자기 안의 불편한 감정을 수용하고 그 감정과 거리를 두는 데 도움이 된다.

4. 관점을 바꾸어라

자기가 안고 있는 문제를 제3자의 관점에서 바라보도록 노력해라. 자주 가는 치과 의사의 관점도 좋고 자녀의 관점도 좋고, 심지어 반려견의 관점도 좋다.

5. 소리를 내어서 그것의 이름을 불러라

자기가 어떤 것에 낚였을 때마다 무슨 생각 때문에 혹은 무슨 감정 때문에 그렇게 되었는지 파악하고 그것의 이름을 불러라. '나는 ~한 생각을 가지고 있다'나, '나는 ~한 감정을 가지고 있다'라고 말을 해라. 자기가 가지고 있는 생각이나 감정의 견해를 반드시 행동으로 옮겨야 할 의무는 말할 것도 없거니와 그 견해를 무조건 받아들일 의무도 없음을 명심해라. (한마디 더 보태자면, 나는 이 기법을 주로 사용해서 감정 비켜나기를 실천한다. 이 방법은 대인관계에서 어려움을 느낄 때 쉽게 실행할 수 있다.)

6. 스스로를 남 대하듯이 대하고 말해라
르브론 제임스의 사례에서 알 수 있듯이 이 전략은 자기중심적인 관점에서 벗어나서 자기 행동을 조절할 수 있도록 해준다.

놓아버리기

모든 것을 받아들이는 개방적이고 넓은 관점을 가지고 있으면, 자기 안의 생각들이나 감정들을 가볍게 대할 수 있고 낡은 생각들에 낚이지 않으며 또 새로운 경험이 나타날 때 그것을 부정적으로 예단하지 않을 수 있다. 즉 자기를 불편하게 옭아매는 것들을 놓아버릴 수 있다.

모니카는 결혼을 했다. 모니카와 남편 데이비드는 서로를 깊이 사랑한다. 그런데 모니카에게는 한 가지 불만이 있다. 데이비드는 퇴근해서 집에 들어오면 외투를 벗어서 바닥에 획 던진다. 지금은 이런 불만이 사소할 수도 있지만, 부부생활을 어느 정도 오래 한 사람이라면 배우자가 치약을 쓰고 난 뒤에 뚜껑을 덮지 않는다거나 커피를 마실 때 호로록 하는 소리를 낼 때 느끼는 사소한 짜증에 감정적으로 낚여서 예측과 부정적인 해석에 집착하는 악순환의 고리 속에 누구든 쉽게 갇혀버릴 수 있음을 잘 안다.

문제는 사람이 무언가에 꽂히고 나면 일차원적이 되어버린다는 사실이다. 다른 사람을 바라보더라도 자기가 그 사람을 인식하는 모습 바깥에 객관적으로 존재하는 사람이 아니라 감정적으로 낚여 있는 자기의 왜곡된 관점으로 보이는 사람으로서만 그 사람을 바라보게 되고, 또 자기가 그 사람에게 원하는 필요성의 관점에서만 그 사람을 바라보게 된다.

모니카는 나에게 이렇게 말했다.

"날마다 나는 이렇게 말해요. '데이비드, 제발 좀 외투를 벗어서 바닥에 던지지 말고 옷걸이에 걸어주면 안 돼?' 그런데도 이 사람은 날마다 똑같아요! 너무 피곤하고 또 내가 너무 보고 싶은 마음에 외투를 옷걸이에 건다는 걸 번번이 잊어먹는다는 거예요."

모니카는 남편이 하는 말을 이해하려고 노력했지만 여전히 짜증을 느꼈고, 남편은 그 버릇을 여전히 고치지 않았다. 그래서 결국 모니카는 외투가 바닥에 놓여 있는 것을 무시하려고 노력했다. 자기가 걸어가는 방향에 외투가 놓여 있으면 일부러 밟고 지나다녔다. 그리고 남편의 외투를 자기가 직접 옷걸이에 걸려고도 노력했다. 남편이 보고 있을 때 일부러 티를 내면서 그렇게 했는데 자기가 그렇게 노력한다는 걸 남편이 깨닫도록 하기 위해서였다. 그러자 바닥에 놓인 외투는 그냥 바닥에 놓인 외투가 아니라 그 이상의 의미를 갖게 되었다. 그것은 모니카가 중요하게 여기는 어떤 문제에 대해서 데이비드가 모니카를 진지하게 대하지 않는다는 상징적인 '사실'이 되어버린 것이었다. 그 외투는 데이비드가 모니카를 무시하고 하찮게 여긴다는 증거였다. 설령 그 외투가 두 사람 사이에 존재하는 그 많은 것들 가운데 사소한 하나일 뿐이긴 해도, 두 사람이 다툴 때마다 그 외투 이야기가 나왔다.

그러던 어느 날, 데이비드의 생일이 멀지 않던 날이었다. 모니카는 그 짜증스러운 게임을 바꿀 수 있는 방법을 발견했다. 그것은 바로 자기 안의 불편한 생각, 즉 '남편이 나를 무시해서 그런 행동을 한다'는 생각을 자기에게서 멀리 떼어놓는 것이었다. 그 단순한 짜증과 거기에 동반되는 깊은 감정들 사이에 공간을 창조한 것이다. 그녀는 (바닥에 던져진 외투에서 연상되는 불편한 감정에 자동적으로 반응하지 않고) 의식적인 판단을 했다. 그 외투가 자신에게 주입한 주관적인 감정들을 놓아버리고 데이비드에게 가지고 있던 좋은 생각만을 하기로 한 것이다. 이렇게 모니카는 데이비드가 외투를 바닥에 휙 던져놓음으로써 했거나 혹은 하지 않았던 어떤 것에 감정적으로 낚이지 않고 남편에게 생일 선물을 준비해서 줬다. 모니카는 외투를 벗어서 바닥에 던지는 것은 자기가 사랑하는 사람인 데이비드의 한 부분임을 인정하고, 또 상처받은 자존심이나 분노의 마음을 느끼지 않은 채 남편의 외투를 집어들어 옷걸이에 걸기로 한 것이다. 줄을 놓아버림으로서 줄다리기를 끝내버린 것이다.

모니카는 나에게 이렇게 말했다.

"어쩔 수 없어서 그렇게 한 게 아닙니다. 내가 싸움에서 졌기 때문에 그렇게 한 것도 아니고요. 기꺼운 마음으로 친절하게 데이비드의 모든 것을 받아들이고 이해하는 마음으로 그렇게 했습니다. 왜냐하면 데이비드를 사랑하니까요. 그리고 우리 둘 사이의 관계를 소중하게 여기니까요. 만일 데이비드에게 무슨 일이 생겨서 내가 무언가를 포기해야 한다면 수만 가지를 다 포기할 겁니다. 그리고 그때도 그 외투는 여전히 내 생활 속의 하나로 남아 있을 겁니다."

오래 알고 지내던 친구인 리처드는 아내 게일과 무려 15년 동안이나 지지고 볶았던 좌절감을 나에게 털어놓았다. 리처드는 집에서 일을 했고 아내는 끔찍하게 많은 시간을 들여서 출퇴근을 했다. 그래서 리처드는 쇼핑이며 음식 준비 등 가정주부의 일을 맡아서 했다. 처음에는 그러려니 했지만 시간이 지나면서 게일은 점점 더 부엌 출입을 하지 않았고 리처드는 꽤 훌륭한 요리 솜씨를 가지게 되었다. 주말이나 손님들을 초대하는 특별한 날에는 아내가 부엌일을 도와주기를 리처드는 바랐다. 무엇보다도 함께 음식을 준비하면 한층 더 즐거울 테기 때문이었다. 그런데 아내는 단 한 번도 그렇게 하지 않았다. 그러자 리처드는 점점 더 화가 나기 시작했다.

'아내가 나를 착취하는 게 아닐까? 왜 아내는 나를 가사도우미 대하듯 대할까? 아내는 나를 도대체 뭐라고 생각하는 걸까?'

그러던 어느 날, 그날도 손님들이 오기로 되어 있었고 리처드는 양고기 타진을 만들다가 문득 이런 생각을 떠올렸다.

'아내는 나를 사랑하며 또 이기적인 사람은 아니지 않은가? 또 아내는 음식 만드는 것을 좋아하지 않지만, 그대신 멋진 그릇을 내놓고 진열하는 것과 식탁을 꽃으로 장식하고 디너파티를 한층 더 멋지게 보이도록 하는 여러 가지 프로그램들을 준비하는 걸 좋아하지 않은가?'

부엌에서 음식 준비를 하는 것에 아내가 비협조적이라는 사실에 대해서 그가 내리는 부정적인 해석은 어디까지나 자기가 선택한 해석이고, 또 아내와의 관계를 개선하는 데 도움이 되지 않는 해석이라는 생각을 리처드가 한 것이다.

그래서 리처드는 그 모든 것이 불공정하다는 생각을 놓아버리겠다는 선택을 했다. 그리고 아내가 채소를 썰어주고 소스를 만들어주면 좋겠다는 기대도 놓아버렸다. 이렇게 하자 리처드는 커다란 위안을 느꼈다. 마음 깊은 곳에서 해방감도 느꼈다. 그리고 아내와의 관계를 따뜻하게 유지할 새로운 힘과 열정도 생겨났다.

사람마다 놓아버려야 할 것들은 다르다. 때로는 과거의 경험일 수 있고, 때로는 어떤 기대나 인간관계일 수 있고, 때로는 다른 사람을 용서하는 것일 수 있고, 또 때로는 자기 자신을 용서하는 것일 수 있다.

희망과 위안을 느끼려면 그저 '놓아버리자'라는 말을 하기만 하면 된다.[20] 그러나 이 말도 아무것도 남지 않을 것이라는 불안감, 절망적인 상황에 자기를 내팽개치는 것이 아닐까 하는 불안감을 불러일으킬 수 있다. 그러나 사실 하나를 놓아버리고 나면 다른 모든 것이 남는다. 넓은 강에서 표류하는 그 작은 감정의 나무토막 하나에 매달릴 때 거대한 우주의 역동성을 느끼지 못하게 된다는 사실을 명심해야 한다.

우주비행사는 넓은 이 시야를 문자 그대로 극단적인 상태에서 확인한다. 우주인이 우주 멀리 여행한 뒤에 모든 사람들과 온갖 문제들을 담고 있는, 어둠 속에 떠 있는 작고 파란 비치볼처럼 보이는 지구를 바라볼 때 자기의 인식이 전환되는 걸 경험한다. 이른바 '조망 효과overview effect'이다. 바로 이런 것이 참신한 관점을 얻기 위한 '한 걸음 비켜나기'이다.

조망 효과와 관련해서 가장 많이 언급되는 우주비행사가 에드가 미첼인데, 그는 달 탐사선 아폴로 14호의 조종사로 1971년에 인류 역사상 여섯 번째로 달에 발을 디딘 인물이다. 미첼은 그때 경험했던 깨달음의 순간을 다음과 같이 묘사했다.

"지구로 돌아오는 길에 내가 떠나왔던 행성과 별들을 24만 마일이라는 우주 공간을 통해서 바라보다가, 갑자기 나는 이 우주를 지적이고 사랑스럽고 조화로운 존재로 경험하게 되었다."

모든 사람이 다 이런 신비한 깨달음을 얻지는 못하겠지만, 모든 사람에게 '놓아버리기'는 적어도 (집착하는 것이 아니라) '가볍게 붙잡기'는 될 수 있다. '놓아버리기'를 할 때 마음은 훨씬 크게 확장된다. '놓아버리기'는 운명에 수동적으로 무릎을 꿇는 것이 아니다. 딱딱하게 굳어버린 마음의 렌즈 때문에 왜곡된 것이 아닌, 실제로 있는 그대로를 대하는 것이다. 그것도 아주 당당하게 말이다.

6장

자기 목적에 맞는
삶을 살아가기

자기가 진정으로 원하는 것

할리우드의 영화감독 톰 새디악은 〈에이스 벤츄라Ace Ventura: Pet Detective〉에서 짐 캐리에게 최초로 주인공 역을 맡겼고, 계속해서 그를 〈라이어 라이어Liar Liar〉와 〈브루스 올마이티Bruce Almighty〉에 출연시켜서 대성공을 거두었다. 그는 또 에디 머피, 로빈 윌리엄스, 모건 프리먼, 그리고 스티브 카렐과 같은 쟁쟁한 배우들과도 작업을 함께 했다.[1]

2000년대 초에 새디악의 영화들은 합계 20억 달러가 넘는 매출을 올렸고, 새디악의 몸값은 5천만 달러가 넘었다. 그는 로스앤젤레스에 1만 제곱미터(약 3천 평)가 넘는 저택에 화려한 차를 여러 대가지고 있었고, 여행을 할 때는 전용 제트기를 타고 다녔다. 대부분의 사람들이 가지고 있는 잣대로 보자면 그는 치열한 경쟁이 펼쳐지던 영화판에서 성공을 거둔 게 분명했다. 그런데 정작 본인의 잣대에 따르면 그렇지 않았다. 그는 이렇게 썼다.

"생활 자체는 멋졌다. 그러나 그것이 내가 느끼는 행복의 수준을 높여주지는 않았다. 모든 게 심드렁했다. 어떤 점들에서 보자면 오히려 더 나빴다. 다른 사람들의 처지를 생각하면, 즉 다른 사람들이 음식이며 약품이며 그 밖에 자기가 생활하는 데 필요한 것들을 사는 데 들어가는 돈을 얼마나 힘들게 마련하는지를 생각하면, 내가 누리는 그 생활이 정당하지 않다는 생각이 들었다. 가만히 있는 사람에게 누가 와서 돈을 거저 주지는 않는다. 돈을 달라고 해야 준다. 그리고 내가 누구에게 돈을 달라고 요구할 때 내가 발휘하는 힘을 보면 나는 다른 사람들보다 가치가 높다. 요리사보다도 높고 수선공보다도 높고 문지기보다도 높다. 그런데 나는 이런 셈법을 믿지 않는다. 내 생각은 경제학 교과서가 우리에게 가르치는 내용과 다른 이야기임을 잘 알지만, 어쨌거나 내 가슴이 나에게 말하는 것은 경제학 교과서의 내용과 다르다."[2]

새디악은 자기 '가치'의 문화적인 인증 외에도 무언가 다른 것이 필요함을 깨달았다. 그래서 그는 그 넓디넓은 저택을 팔았다. 그리고 더 편안함을 느낄 수 있는, 아주 작은 집으로 이사를 갔다. 여행을 할 때는 민간항공사의 이코노미 좌석을 타기 시작했으며 동네 가까운 곳을 다닐 때는 오토바이를 타고 다녔다. 또 영화와 관련해서는 예전보다 훨씬 더 꼼꼼하게 임했으며 자기가 옳다고 믿는 시민단체에 돈을 기부하기 시작했다. 그렇다고 해서 자기가 가지고 있던 물질적인 재산을 포기하지는 않았지만, 여러 형태의 그 재산이 자기 인생에서 적절한 자리를 차지할 때까지 가려내고 정리하는 일은 게을리하지 않았다. 그래서 그는 자기가 중요하다고 여기는 일들에 더 많은 시간과 정력을 쏟을 수 있었다.

새디악은 또한 자기가 하는 선택들이 오로지 자기만을 위한 것이 되도록 철저하게 신경을 썼다. 한 인터뷰에서 그는 이렇게 말했다.

"나는 어떤 누구도 평가하고 판단할 수 없습니다. 내가 가는 길은 다른 사람이 가는 길과 같지 않으니까요. 지금까지 나는 모든 것을 포기하지는 않았습니다. 나는 그저 내 필요성에 따라서 나 자신을 만났을 뿐입니다."[3]

새디악은 자기 인생을 늘 새롭게 재정비할 여러 원칙들을 가지고 있었고, 또 지금도 그렇기 때문에 그의 주변에서 무슨 일이 일어나든 상관없이 그 뒤로도 이 원칙들은 그에게 강력한 삶의 지침으로 작용할 것이다.

"우리는 성공에 관한 한 대단히 외면적이라고 할 수 있는 기준을 가지고 있습니다. 특정한 직위에 올라야 한다든가 어느 정도 수준의 재산을 가져야 한다든가 하는 것들 말입니다. 하지만 진정한 성공은 내면적인 것이라고 생각합니다. 그것은 사랑이고 친절이며 공동체입니다."

그의 몇몇 할리우드 친구들은 그가 제정신이 아니라고 생각했으며 또 실제로도 그런 말을 망설이지 않고 했지만, 그의 판단을 높이 평가하는 사람들도 많았다. 하지만 정작 본인은 다른 사람들이 자기를 어떻게 평가하든 개의치 않았다. 또 다른 인터뷰에서 생활방식을 바꾼 뒤로 더 행복해졌느냐는 질문을 받았을 때 그는 이렇게 대답했다.

"두말할 필요도 없죠."[4]

그는 자기가 자기 자신을 위해서 옳은 일을 한다는 걸 알았다. 그랬기에 다른 사람이 뭐라고 하든 신경 쓰지 않고 용기를 가지고서 꿋꿋하게 자신의 길을 걸어갔다.[5]

요컨대 그는 자기 길, 즉 자기 목적에 맞는 길을 뚜벅뚜벅 걸어갔던 것이다.

'자기 목적에 맞는 길을 걸어가는 것'은 자기가 소중하게 여기는 것들, 즉 언제나 아끼고 좋아하며 자기에게 의미와 만족을 주는 것을 통해 인생을 살아가는 기술이다. 진정으로 자기의 가치라고 할 수 있는 것(다른 사람이 자기에게 억지로 떠맡긴 것이 아니며 또한 당위적인 차원에서 마땅히 해야 한다고 생각하는 것도 아닌, 자기가 진정으로 소중하게 여기는 것)이 무엇인지 찾아내서 이것을 의식해서 행동하는 것은 감정의 민첩성을 강화하는 결정적인 단계이다.

우리의 선택은
전염성이 강하다

자기가 소중하게 여기는 것이 무엇인지 찾아내어 이것에 의존해서 행동하기란 언제나 쉽지 않다. 무엇이 자기에게 중요하고 무엇이 자기를 가치 있게 만드는지 설명하는 온갖 메시지들이 사람들에게 쏟아진다. 이런 메시지를 던지는 주체는 문화, 광고업자, 부모, 종교 기관, 가족, 친구, 동료 등 다양하다. 그런데 일반적인 사람들은 개인용 제트기나 어마어마한 규모의 대저택 등과는 전혀 상관없는 세상에서 살아간다. 하지만 그럼에도 불구하고 우리는 모두 새디악이 받았던 것과 동일한 종류의 문화적 압박을 받는다. 예컨대 옆집 사람이 멋진 신형 자동차를 샀을 수 있고 집에서 인스턴트 커피가 아니라 5달러짜리 스타벅스 커피를 마실 수 있다. 더 멋진 곳으로 휴가를 갈 수도 있고 가사도우미를 더 많이 고용할 수도 있다. 혹은 자기 직업에 더 만족하는 것처럼 보일 수도 있고 결혼생활을 더 행복하게 보내는 것처럼 보일 수도 있으며 더 유능하거나 능숙하게 아이들을 잘 키우는 것처럼 보일 수도 있다.

그러나 내용이 무엇이든 간에 비교를 하는 행위는 마찬가지이다. 새디악이 할리우드에서 자기가 스스로 선택한 길이라고 줄기차게 고집했지만 결국 나중에는 그게 실제로는 자기가 선택한 것이 아님을 깨달았던 것과 마찬가지로, 사람들은 모두 그저 앞만 보고 달려가는 경향이 있다. 그러다가 안내나 지침이 필요할 때는 고개를 돌려 다른 사람들이 무엇을 하는지 살펴보고서 사람들이 일반적으로 인생의 만족이라고 부르는 모든 것들, 예를 들면 대학교에 진학한다거나 집을 사거나 아이를 낳는다거나 하는 것들을 별생각 없이 따라서 한다. 하지만 이런 것들이 모든 사람들에게 다 맞는 것은 아니다. 그럼에도 이렇게 하는 데는 이유가 있다. 자기에게 진정으로 필요한 것을 스스로 찾기보다는 지금 눈앞에 보이는 것을 그대로 따라하는 편이 훨씬 더 빠르고 쉽기 때문이다.

다른 사람들의 행동과 선택이 우리에게 주는 영향은 본인이 생각하는 것보다 모든 영역에서 훨씬 더 크다. 이런 놀라운 현상을 이른바 사회 전염social contagion이라고 한다. 이 용어는 어떤 바이러스가 무작위인 것처럼 보이는 접촉을 통해서 사람들 사이에 퍼져나간다는 이미지를 불러일으키는데, 이 용어가 뜻하는 내용이 바로 그것이다. 연구에 따르면 특정한 사회적 행동은 감기나 독감과 거의 같아서 사람들 사이에서 전염이 된다.[6] 비만인 사람들을 자주 만나면 당신도 비만이 될 가능성이 높아진다. 또 당신은 이혼이 매우 개인적인 차원의 문제라고 생각하겠지만, 당신이 속한 집안에서 다른 부부들이 이혼을 많이 하면 당신 부부가 이혼할 확률도 그만큼 높아진다.

그런데 놀라운 일은 또 있다. 행동의 전염은 사람과 사람 사이에 전염이 되는 전염병과 다르게 전염된다. 즉 당신이 단 한 번도 접촉한 적이 없는 사람의 행동이 당신에게 전염될 수 있다. 어떤 연구에 따르면 부부의 이혼 확률은 이들의 친구 부부가 이혼할 때뿐만 아니라 이들의 친구의 친구 부부가 이혼할 때 더 높아진다는 사실을 확인했다.[7] 그렇다. 우리의 개인적인 삶이 우리가 전혀 알지 못하는 사람들에게 영향을 받을 수 있다는 말이다.

상대적으로 사소한 의사결정을 내리는 데서도 그렇다. 스탠퍼드대학교의 마케팅학 교수가 25만 명이 넘는 비행기 승객을 추적해서 조사한 끝에, 옆자리에 앉은 사람이 비행 중에 기내판매용 상품을 살 때 덩달아서 충동적으로 구매에 나설 확률이 30퍼센트나 높아진다는 사실을 입증했다.⁸ 비행기라는 제한된 공간에 갇혀 있는 상황에서 이 30퍼센트라는 수치가 말하는 것은 온갖 불필요한 영화며 과자들을, 즉 없어도 얼마든지 불편하지 않게 여행을 할 수 있는 상품들을 의식하지 않고 구매한다는 뜻이다.

이런 종류의 선택들은 별생각이 없는 의사결정을 바탕으로 한다. 이런 식의 의사결정 방식에는 충동과 행동 사이에, 즉 생각하는 사람과 생각 사이에 아무런 공간도 없으며 집단의 한 사람이 되어 행동이나 의견을 그 집단의 표준에 맞추고 싶다는 군중심리가 무의식적으로 작동할 뿐이다. 때로는 이런 행동이 나쁘지 않다. 사실 비행기 여행을 하면서 영화 한 편을 더 본다고 해서 죽는 것도 아니니까 말이다. 심지어 어떤 경우에는 유익하기도 하다. 당신 주변 사람들이 모두 정기적으로 운동을 한다면 당신이 소파에서 빈둥거리는 시간은 더 줄어들 테니 말이다.

그러나 별생각이 없는 이런 자동적인 의사결정을 지나치게 많이 하다 보면 결국 자신의 인생이 아닌 다른 누군가의 인생, 즉 당신이 동의하지도 않는 가치관을 바탕으로 구성된 인생을 살게 된다. (당신은 애초에는 비행기 여행을 하면서 과자를 먹고 싶은 마음이 없었지만 어쩌다가 옆자리에 앉은 사람을 따라하다 보니 과자를 많이 먹었고, 또 그 바람에 몸무게가 늘어나기도 하고, 애초에 책을 읽으려고 했지만 책은 한 쪽도 읽지 못한다.) 결국 당신은 미국 록밴드 토킹 헤즈가 부른 노래의 가사처럼 되고 만다.

"아마도 너는 스스로에게 이렇게 묻겠지. '가만 어쩌다가 내가 이렇게 되어버렸을까?'라고."

그냥 '남들 하는 대로 따라하기'는 당신의 일과 생활에서 목적의식을 사라지게 하며, 개인적인 차원의 인간관계와 직업적인 차원의 인간관계를 보잘것없고 불확실하게 만들게 하며, 당신이 어떤 의도를 가지고 인생을 살아가지 못하게끔 만든다. 남들이 하는 대로 따라만 하다가는 자기가 진정으로 성취하고 싶은 것을 성취하지 못할 것이라는 말이다.

자기가 살고 싶은 인생에 걸맞은 의사결정을 내리려면 인생의 표지판으로 활용할 수 있는 중요한 것들과 꾸준하게 접촉해야 한다. 만일 당신이 자신이 가지고 있는 소중한 가치들을 지금까지 한 번도 곰곰이 생각하며 정리해보지 않았다면, 당신은 모든 것을 늘 즉흥적으로 취하면서 소중한 시간을 낭비하며 살고 있는 것이다. 즉 인터넷 서핑을 하고 텔레비전의 리얼리티 프로그램을 멍하게 지켜보면서 소중한 시간을 낭비하면서도 충족된 상태를 느끼지 못한다는 말이다. 목적의식이 있는 명확한 의도가 결여된 이런 모습은 사랑하는 사람과의 관계에서부터 휴가지 선정에 이르기까지 사람들이 하는 선택에서 너무도 쉽게 나타난다.

자기가 소중하게 여기는 가치를 모를 때만 자동적인 의사결정이 이어지는 것은 아니다. 깊이 생각해서 계획적으로 어떤 선택을 하지만 이 선택이 자기에게 도움이 되지 않을 가능성도 얼마든지 있다. 예를 들어서 긴 출퇴근 시간이 당신이 진정으로 소중하다고 믿는 가족끼리의 시간을 크게 잘라먹을 것이 당연한데도, 이것을 인정하지 않은 채로 직장에서 두 시간 거리나 멀리 떨어진 집을 구입하는 선택을 할 수도 있다는 말이다.

사람들은 이런 유형의 비생산적인 의사결정에 많은 에너지를 쓴다. 자신이 설정한 목적을 달성하는 데 쓰이면 훨씬 좋을 에너지를 낭비한다는 말이다.

자기 자신이 소중하게 여기는 가치들을 늘 염두에 두어야 함에도 불구하고, 그렇지 않은 상태에서 결정을 내리거나 인간관계의 여러 가지 일들을 처리하는 것은 많은 희생을 감수해야 하는 과정이다. 날마다 새로운 세상을 맞이하는 혼란스러운 일이기도 하며 자기감정들이 올바른 모습이라고 자기가 판단하는 것과 일치해 보이도록 그 감정들을 새롭게 정비해야 하는 불편하고 성가신 일이기도 하다.

나는 내 인생이 어떻게 보이길 원할까?

심리학 연구자들이 이십대 초반의 피실험자들에게 자기의 현재 자아에 대한 내용으로 미래의 자기 자신에게 편지를 쓰라고 했다.[9] 그런데 실험 진행자는 피실험자들을 두 집단으로 나누어서 한 집단에게는 석 달 뒤의 '가까운 자아'에게 편지를 쓰라고 했고, 다른 한 집단에게는 20년 뒤의 '먼 자아'에게 편지를 쓰라고 했다. 그리고 실험 진행자는 피실험자들에게 이렇게 당부했다.

"당신이 그 시점에 어떤 사람이 되어 있을지 생각해라. (…) 그리고 자기의 현재 모습이 어떤지, 어떤 주제가 당신에게 소중하고 또 중요한

지 그리고 마지막으로 자기 인생을 어떻게 바라보는지 써라."

요컨대 자신에게 중요한 것을 생각해보고 정리하라는 말이었다.
피실험자들이 편지를 다 쓰고 나자 실험 진행자는 이들에게 세 가지의 불법 행위를 제시하면서 어떻게 대응할 것인지 물었다. 그 세 가지 행위는 장물임이 분명한 컴퓨터를 사는 것과 보험사기를 저지르는 것, 그리고 저작권이 있는 동영상을 불법으로 내려받는 것이었다. 피실험자들이 보인 반응의 결과는 먼 자아에게 편지를 보낸 사람들은 가까운 자아에게 편지를 보낸 사람들에 비해서 그 세 가지 불법 행위에 가담하겠다는 의지가 적은 것으로 나타났다.

자기 자신에게 편지를 보내는 아주 단순한 실천이 특정 행위에 대한 태도를 바꾸게 만든다는 사실을 쉽게 이해하기 어렵다. 그런 결과가 나온 것은 자기 자신에게 편지를 쓴 사람들이 이른바 '자아의 연속성continuity of self'을 창조했기 때문이다. 자기의 먼 자아와 자기가 소중하게 여기는 가치들이 연결이 됨으로써, 피실험자들은 자기 자신을 핵심적인 신념과 도덕적인 중심을 가진, 즉 인생에서 다른 요소들이나 상황들이 바뀐다 하더라도 늘 변치 않을 신념과 도덕성을 가진 존재로 받아들였기 때문이다.

이와 달리 석 달 뒤의 자아를 생각했던 피실험자들은 자기의 먼 자아를 추상적이고 낯선 존재로만 인식했다. 그래서 이 피실험자들은 마치 자기가 아닌 다른 사람의 의견을 따르듯이 일련의 선택을 했다. 만일 당신이 20년 뒤의 당신과 현재의 당신이 거의 관계가 없다고 믿는다면, 즉 20년 뒤의 당신이 어떻게 되든 현재의 당신으로서는 상관하지 않겠다면, 지금 당신이 장물을 헐값에 산다거나 보험 사기를 친다거나 혹은 담배를 피우거나 은퇴자금을 써버린다거나 신용카드로 대출을 잔뜩 한다거나 하는 행동을 꺼릴 이유가 없다.

자아의 연속성을 형성하는 것은 나쁜 선택을 예방하고 좋은 선택을 장려하는 데 도움이 된다. 또 다른 실험에서 실험 진행자는 대학생 피실험자들에게 방금 공돈 1,000달러가 생겼다고 상상하라고 했다. 그런 다음에 '특별한 누군가에게 멋진 것을 사준다', '노후자금으로 투자한다', '재미있는 일에 신나게 돈을 쓴다' 그리고 '은행계좌에 넣어둔다'라는 네 개의 범주에 그 돈을 적당하게 할당하라고 했다.[10] 그런데 피실험자들이 그 돈을 각 범주에 할당하기 전에 실험 진행자는 각각의 피실험자를 가상현실 환경에 노출시켰다. 전체 집단을 둘로 나누어서 한 집단에게는 현재 자아의 디지털 아바타를 보게 했고 다른 한 집단에게는 자기가 70세가 되었을 때인 미래 자아의 디지털 아바타를 보게 한 것이다. 이렇게 했을 때 나타난 결과는 충분히 예상한 대로였다. 미래의 자아를 본 피실험자들이 '노후자금으로 투자한다'는 항목에 상대적으로 더 많은 돈을 할당한 것이다. 장기적인 상황을 전제하고 미래에 대한 의견을 가지는 사람일수록 단기적이 아니라 장기적으로 도움이 되는 행동을 더 많이 한다는 말이다.

미국의 작가이자 만화가인 제프 키니 Jeff Kinney는 45개의 언어로 번역되어 1억 5천만 부가 팔린 베스트셀러 그림책인 『윔피 키드 Diary of a Wimpy Kid』의 저자이다. 키니가 비록 이런 성공에 기뻐하며 또 이 성공을 계속 이어나갈 계획을 세우기는 했지만, 그는 이 단 하나의 작품이 자기를 영원히 성공의 자리에 있게 할 수 없음을 알고 있었다. 그는 〈뉴욕타임스〉와의 인터뷰에서 이렇게 말했다.

"만일 내 생애 전체가 '윔피 키드'뿐이라면 나는 매우 만족스럽지 못할 겁니다. 나는 나에게 남은 인생을 위해서 윔피 키드의 베갯잇을 꾸미고만 있는 생활을 포기하겠습니다."[11]

키니는 자신을 미래의 자아와 연결함으로써, 미래의 진로를 자신이 현재 가지고 있는 가치관과 일치하는 방향으로 수정할 동기를 찾았다. 그는 지금 자신의 고향에 서점을 열고 이따금씩 만화 강좌를 열어서 사람들을 가르치며 또 직접 계산대에서 계산을 하거나 카페 홀에서 일을 한다. 그가 생각하기에는 이렇게 하는 것이 자신이 세상으로부터 받은 것을 세상에 다시 돌려주는 것이다. 또 그는 그렇게 하는 게 옳다고 느낀다. 그래서 그는 이렇게 말한다.

"만일 한 아이의 인생이 이 서점 덕분에 조금 더 좋게 바뀔 수만 있다면, 이것만으로도 그 모든 것의 값어치는 충분합니다."

키니와 새디악의 이야기는 훨씬 크고 중요한 진리를 입증한다. **만일 어떤 사람이 자기가 개인적으로 소중하게 여기는 가치들이 무엇인지 알고 이 가치들에 기준해서 살아간다면, 그 사람은 현재 자신의 모습에 만족할 가능성이 높다는 사실이다.** 자기를 다른 사람과 비교할 필요가 없다. 왜냐하면 자신은 자기가 설정한 기준에 따르면 성공한 사람이기 때문이다. 새디악은 성공이란 사랑과 공동체 정신으로 가득한 인생을 살아가는 것이라고 해석하고, 키니는 자기가 받은 것을 되돌려주는 것이라고 해석한다. 이들의 기준에서 바라본다면 두 사람은 모두 크게 성공했다.

자기에게 소중한 것이
무엇인지 파악하는 것

 가치 혹은 가치관이라는 말에서는 주일학교의 잔소리처럼 어쩐지 썩 끌리지 않는 느낌이 묻어난다. 구속하는 느낌이나 처벌하는 느낌, 혹은 도덕적인 판단을 내린다는 느낌이다. 우리는 '올바른' (혹은 잘못된) 가치관에 대해서 많은 걸 듣는다. 그러나 그게 진정으로 의미하는 것이 무엇일까? 그리고 어떤 가치관을 두고서 그것을 '내'가 가지고 있을 가치가 있다 혹은 없다고 결정하는 주체는 누구일까?

 우선 옳고 그름에 대한 유연하지 않은 발상은 우리에게 그다지 큰 도움이 되지 않는다고 나는 생각한다. **나는 가치관을 우리를 지배하는 것으로 설정된 규칙이 아니라 인생의 여러 측면에 우리가 적용해야 하는 목적의식적인 행동의 질이라고 본다.**[12] 가치관은 누구에게나 똑같은 보편적인 것이 아니다. 어떤 사람에게 '올바른' 가치관이라고 하더라도 다른 사람에게는 그렇지 않을 수도 있다는 말이다. 그러나 자기에게 중요한 것, 즉 자기의 가치관이 무엇인지 파악할 때 (그것이 직업적인 성공이든 창의성이든 친밀한 인간관계든 정직성이든 혹은 이타주의든 간에) 이 사람은 연속성의 원천, 값을 매길 수 없는 연속성의 원천에 다가선다. 어떤 사람이 가지고 있는 가치관은 그 사람이 자기 모습을 꾸준하게 지켜나갈 수 있도록 해주는 심리적 등뼈와 같은 역할을 한다.

 그리고 단 하나의 가치에만 머무를 필요도 없다. 동료 교수 한 사람은 가치관을 '다이아몬드가 가지고 있는 여러 면들'이라고 말하면서 다음과 같이 덧붙인다.

"다이아몬드의 한 면이 자기를 정면으로 바라보도록 방향을 꿀 때 다른 면들은 자기를 정면으로 바라보지 않는다. 하지만 그렇다고 해도 그 면들은 여전히 전체 다이아몬드의 한 부분으로서 그 자리에 있으며, 프리즘을 통해서 우리는 그것을 바라볼 수 있다."[13]

가치관의 다른 특징들을 몇 가지 소개하면 다음과 같다.

- 가치관은 누구나 자유롭게 선택할 수 있다. 즉 강제로 부여된 것이 아니다.

- 가치관은 그 자체로 목적이 아니다. 즉 완성형이 아니라 진행형이다.

- 가치관은 사람을 구속하지 않고 그 사람이 나아갈 길을 안내한다.

- 가치관은 정적이지 않고 역동적이다.

- 가치관은 어떤 사람이 자신이 살고 싶어 하는 인생을 살 수 있도록 좀 더 가깝게 그 사람을 데려다준다.

- 가치관은 남들과의 비교로부터 사람을 해방시킨다.

- 가치관은 자아수용을 강화하는데, 자아수용은 정신 건강에 결정적으로 중요하다.

무엇보다도 중요한 점은 어떤 사람이 소중하게 여기는 가치는 그 사람이 사용할 수 있는 기준이 된다는 사실이다. 당신이 당신에게 주어진 인생을 살아갈 때 당신이 소중하게 여기는 가치는 당신의 발이 올바른 방향으로 나아가도록 도와준다.

엘리자베스 길버트Elizabeth Gilbert는 회고록인 『먹고 기도하고 사랑하라Eat, Pray, Love』를 쓰던 중에 자기 자신과 책 그리고 이 책을 만드는 전체 사업을 의심하는 순간들을 숱하게 많이 만났다.

"내 머릿속에서는 '이것은 똥이다!'라는 강력한 소리가 울렸다."[14]

그녀는 괴로워했다. 그리고 작가가 된 것을 두고 우주를 저주했다. 그러다가 마침내 부정적인 자기평가의 끝없는 악순환의 굴레에서 벗어났다. 자기가 가지고 있는 줄도 몰랐던 가치를 지니고 있었기에 가능한 일이었다.

"내가 깨달은 것은 바로, 내가 찬란하고 멋지게 글을 쓸 것이라고 우주에 약속한 적이 없다는 사실이었다. 나는 그저 글을 쓰겠다고만 약속했다. 그래서 나는 잠시 휴식을 취한 뒤에 내가 맹세한 대로 있는 힘을 다했다."

그녀는 자기에게는 성스러운 의무이기도 한 글쓰기를 통해서 창조자가 되겠다는 신념에 충실함으로써 마침내 책을 완성했다. 그리고 그 책은 대성공을 거두었다.

자, 그렇다면 당신의 가치관은 무엇일까? 당신의 가치관이 무엇인지 알아볼 수 있는 몇 가지 질문을 소개하면 다음과 같다.

- 내가 마음 깊이 소중하게 여기는 것은 무엇일까?

- 나는 어떤 인간관계를 맺고 싶어 할까?

- 나는 내 인생이 어떤 모습이길 바랄까?

- 대부분의 시간 동안 내가 느끼는 기분은 무엇일까? 어떤 종류의 상황일 때 내가 가장 생생하게 살아 있다고 느낄까?

- 만일 기적이 일어나서 내 인생의 모든 걱정거리가 한꺼번에 사라진다면 내 인생은 어떤 모습일까? 그리고 내가 새롭게 추구할 일은 무엇일까?

이 질문들에 대답할 때 당신 인생의 안내자가 되어줄 중요한 원칙들이 무엇인지 알 수 있을 것이다. 그리고 그 원칙들 가운데 많은 것들은 이미 당신 안에 내재되어 있을 것이다. 비록 당신이 그것들을 명확하게 인지하지 못했을지라도 말이다. 사람들이 당신에게서 조언을 구하거나 전문성을 찾는 특정한 분야가 있는가? 당신은 어떤 특정한 유형의 활동이나 사업을 할 때 가장 생생하게 살아 있다는 기분을 느끼는가? 당신이 가장 자기답다고 느낄 때는 언제인가?

당신이 물어야 할 것은 어떤 것이 '올바른가' 혹은 '그른가' 하는 것이 아니라 그것이 당신이 자기 인생에서 지향하는 방식과 어떻게 연관되어 있는가 하는 것이다. 당신이 무엇을 신경 써야 할지 알 때 당신은 신경 쓰지 않아도 되는 것에서 해방될 수 있다.

예를 들어서 훌륭한 부모가 되는 것이 당신이 소중하게 여기는 가치라면, 그게 당신에게는 어떤 내용인지 이해하는 것이 '훌륭한 부모'는 이러저러해야 한다는 일반적인 생각에 자신을 맞추려고 노력하는 것보다 훨씬 더 중요하다. 세상에는 온갖 종류의 부모가 있으며 훌륭한 부모가 되기 위한 딱 한 가지의 올바른 길이란 것은 없다. 당신이 사는 도시를 보더라도 그렇고 당신이 사는 동네를 보더라도 그렇다. 심지어 당신이 어울리는 사람들을 봐도 그렇다.

육아와 관련해서 당신이 떠올릴 몇 가지 질문이 있을 수 있다.

"내가 아이와 함께 있는 것을 사람들이 바라볼 때 그 사람들이 과연 어떤 것을 살펴주길 나는 바랄까? 내가 나 자신을 바라볼 때 과연 어떤 것을 살펴볼까? 내가 하는 행동은 늘 이치에 맞게 일관성이 있을까? 내가 하는 행동은 좋은 부모라는 개념과 관련된 나의 신념과 일치할까?"

육아는 물론 하나의 예이다. 그러므로 이것과 똑같은 질문을 일상적인 삶에서 거의 대부분의 경우에 대입할 수 있다. 밤마다 잠자리에 들기 전에 다음 질문에 대답해보자.

"오늘 하루를 돌아볼 때, 내가 한 일이 내가 시간을 들인 만큼 실제로 가치가 있을까?"

어떤 특정한 날에 당신이 하고 싶었던 것이나 하기 싫었던 것이 무엇인지 묻는 질문이 아니라 당신이 소중하다고 깨달았던 것이 무엇인지 묻는 질문이다.

몇 주가 지난 뒤에도 이 질문에 대답할 만한 거리가 별로 마련되지 않는다면 질문을 바꿔보아라. 아침에 일어날 때마다 "만약 오늘이 내 인생의 마지막 날이라면 이 마지막 날을 멋지게 장식하기 위해서 나는 어떻게 행동할까?" 하고 물어라. 예를 들어서 당신은 아내와의 관계를 소중하게 여기지만 아내가 일을 마치고 집에 돌아올 때 진정으로 반갑게 맞이하지 않는 고약한 습관을 가지고 있다면, 아내가 집에 돌아올 시간에는 당신이 하던 일을 중단하고 기다렸다가 아내가 문을 열고 들어올 때 따뜻한 포옹으로 아내를 맞아줘라. 일단 새로운 어떤 것을 하고 나면 당신은 그렇게 새로 시작한 것이 당신이 시간을 들인 만큼 가치가 있는지 판단할 수 있다. 그리고 이런 노력을 기울이게 되면 얼마 지나지 않아서 당신은 자기가 중요하다고 믿는 것과 조화를 이룰 수 있는 행동과 경험의 여러 가지를 목록으로 정리할 수 있게 될 것이다.

가치관에 따른 질적인 삶

우리는 모두 일상을 살아가면서 신용부도스와프(CDS)를 발행할 것인가 말 것인가, 어디에 정착해서 살 것인가, 아이들을 어떻게 교육할 것인가 등과 같은 수많은 선택들과 맞닥뜨린다. 저녁을 집에서 해먹을까 아니면 피자를 주문할까, 걸어갈까 자동차를 몰고 갈까 등과 같은 사소한 선택들까지 포함하면 우리가 해야 하는 선택의 가짓

수는 엄청나게 많아진다. 아주 오래전 고대 그리스의 아리스토텔레스가 친구들에게 말했던 것처럼, '어떤 사람이 습관적으로 행동하는 모습이 바로 그 사람의 본질이다.'

바로 이 점이 자기 가치관을 선명하게 이해하는 것이 변화와 성취를 이루는 데 필수적일 수밖에 없는 이유이다. 단지 가치관이 존재하기 때문에 멋지다는 것이 아니다. 어떤 연구에 따르면 가치관은 실제로 우리가 더 높은 차원의 의지력과 투지를 쏟을 때 도움을 주며 부정적인 사회적 전염으로부터 우리를 지켜준다고 한다. 또한 우리가 어려운 과제에 맞설 때 잠재의식적인 고정관념들이 우리가 의식조차 못하는 상태에서 실질적이고 부정적인 충격으로 우리의 발목을 잡는데, 가치관은 우리를 구속하는 이런 고정관념들로부터도 우리를 보호해준다.

장차 의사가 되겠다는 꿈을 꾸는 대학교 1학년 여학생이 있다고 치자. 또 이 학생은 '여자는 과학 과목에 약하다'는 말을 끊임없이 해대는 문화 속에서 성장했다고 치자. 그런데 이 학생이 1학년 1학기 생물학 첫 시험에서 좋지 않은 점수를 받는다면 어떻게 될까? 수강하던 생물학 강좌를 포기하고 의사가 되겠다는 꿈도 포기할 가능성이 높다.

자기에게 중요한 것이 무엇인지 분명하게 알지 못할 때는 이렇게 되기 십상이다. 어떤 연구자가 중요한 실험 결과를 발표했는데, 자기가 개인적으로 소중하게 여기는 가치가 무엇인지 분명하게 아는 소수 민족 학생들은 자기들보다 상대적으로 더 많은 특권을 부여받은 다른 학생들에 비해서 자기들이 학문적으로 열등하다는 위험한 문화적 메시지에 더 잘 저항한다고 한다.[15] 이 실험에서 연구자들은 아프리카계 미국인과 라틴계 미국인인 중학생들에게 10분이라는 시간을 주고서 각자 자기가 가장 중요하게 여기는 것들을 적으라고 했다. 학생들이 써낸 대답은 춤에서부터 가족과 정치에 이르기까지 다양했다. 그런데 이 단순한 훈련 효과는 놀라웠다. 자기가 자기 주변 사람들 및 자기가 속한 세상과 어떻게 연결되어 있는지 한 차례 초점을 맞추고 나자 이들이 받은 성적이 백인 학생들과의 격차를 단숨에 따라잡을 정도로 개선되었던 것이다. 그리고 많은 경우에 이 효과는 고등학교까지 지속되었는데, 학생들이 자기의 핵심적인 가치관을 아주 잠깐 동안 생각하는 것만으로 이런 효과가 나타났다는 사실은 놀라울 따름이다.

이와 비슷한 일은 물리학 입문 강좌에 등록한 여자 대학생 집단에서도 나타났다.[16] (물리학 강좌와 여자 대학생 집단이라는 설정은 성별과 과학 능력의 상관성을 살피는 고전적인 틀이다.) 이 여학생들 가운데 일부를 무작위로 선정해서 자기 가치를 확인하게 했는데, 이 훈련 과정을 거친 여학생들은 그렇지 않은 여학생들보다 시험에서 높은 점수를 받았다. 그 여학생들은 자기에게 중요한 것이 무엇인지 생각함으로써 잠재력을 더 많이 발휘하면서 여자는 과학에 약하다는 문화적인 편견을 이겨냈던 것이다.

사람이 지구에 머무는 시간은 얼마 되지 않는다. 그러므로 사람은 누구나 이 유한한 시간이 자신에게 의미가 있도록 현명하게 보내야 옳다. 여러 연구 결과에 따르면 자기에게 중요한 것이 무엇인지 분명하게 인식할수록 더 건강하고 원만한 결혼생활을 하며 직업적으로 더 큰 성공을 거둘 뿐만 아니라 더 행복하게 살아간다고 한다. 이런 연구들 가운데 하나에 참가했던 피실험자들은 자기가 소중하게 여기는 핵심적인 가치를 확인한 뒤에는 건강 문제와 관련된 경고를 더 잘 받아들였으며 또 이런 문제를 해결하기 위해서 자기의 의도를 더 강력하게 제시했고 다른 사람들이 가지고 있는 문화적 관점을 더 잘 수용했다.

다른 사람들이 하는 옳다 혹은 그르다는 말에 휘둘리지 않고 자신이 생각하기에 옳다고 생각하는 것에 따라 선택을 하는 사람은 어떤 환경에서든 간에 그 환경이 가져다주는 어려움에 정면으로 맞서서 건설적으로 돌파할 힘을 가진다. 그렇지 않으면서도 그런 척하는 태도나 자신의 신념이나 능력, 태도 등을 타인과 비교하여 자신을 평가하는 사회적 시선에 발목이 잡히는 일 없이 자신감을 가지고서 앞으로 나아가는 것이다.

자기 가치관에 따라서
뚜벅뚜벅 걸어가기

물론 자기가 진정으로 소중하게 여기는 것이 무엇인지 확인하는 것은 자기 길을 걸어가는 과정의 절반밖에 되지 않는다. 자기가 소중하게 여기는 것이 무엇인지 확인한 뒤에는 일단 이것을 시험해봐야 한다. 그러려면 어느 정도의 용기가 필요하다. 하지만 그렇다고 해서 두려움을 우습게 아는 마음을 가져야겠다는 목표를 설정해서는 안 될 뿐만 아니라 그렇게 될 수도 없다. 두려움을 모르는 것이 용기가 아니라 두려움 속으로 걸어 들어가는 것이 용기다. 자기 가치관을 지침으로 삼고서 자기에게 중요한 것을 향해서 자기가 안고 있는 두려움 속으로 정면으로 치고 들어가야 한다.

폴란드에 살던 이레나 센들러Irena Sendler가 일곱 살 때 의사이던 아버지가 그녀에게 이렇게 말했다.

"만일 누가 물에 빠져서 허우적거리면 너는 물에 뛰어들어서 그 사람을 구해야 한다."

2차 세계대전 때 나치는 그녀가 살던 마을을 침공했다. 그녀는 어려움에 처한 사람을 도와야 한다는 가치를 소중하게 품고 있었기에 유대인 이웃들을 숨겨주었다.

전쟁이 점점 심각해지자 바르샤바 시 사회복지국에서 근무하던 그녀는 자기와 같은 마음을 가지고 있던 친구들과 함께, 악명 높던 바르샤바 게토에서 유대인들이 탈출할 때 사용할 위조 여권 및 여행 증명서를 수천 장 만들었다. 그리고 티푸스 전염병이 게토 바깥으로 확산되는 것을 막는다는 핑계로 게토를 들락거리면서 게토 안에 있던 어린이들을 구급차에 실어서 빼내기 시작했다.

무섭고 힘든 일이었지만 그녀는 조금도 흔들리지 않았다. 게슈타포에 체포되었을 때도, 또 사형 선고를 받았을 때도 흔들리지 않았다. 나중에 한 말이지만 그녀는 사형 선고를 받고나자 오히려 안도의 숨을 쉴 수 있었다고 했다. 자기가 선택한 그 용감한 길에 늘 따라다녔던 두려움에서 마침내 놓여날 수 있게 되었다면서 말이다.

그녀는 나중에 다른 사람의 도움을 받아서 탈출에 성공했다. 그 뒤 그녀는 전쟁이 끝날 때까지 잠자코 숨어 있을 수도 있었지만 그렇게 하지 않았다. 자기 가치관을 지키기 위해 엄청난 위험을 감수하면서 유대인 어린이들을 구하는 일을 계속했던 것이다. (이렇게 해서 그녀가 직접 구해낸 어린이의 수는 최소한 2,500명이었다.) 숨어 있거나 도망치는 것이 훨씬 쉽고 안전했음에도 불구하고 그녀는 자기의 길을 꿋꿋하게 걸어갔다. 그녀는 행동하지 않는다면 자기가 소중하게 여기는 가치는 실제 현실에 존재하는 삶의 모습이 아니라 한낱 소망에 지나지 않다는 것을 알았기 때문이다.[17]

자기가 소중하게 여기는 가치에 바탕을 둔 행동을 하는 것이 센들러의 경우처럼 목숨을 걸어야 하는 것일 수도 있고 아니면 '지금이 자야 할 시간인데 잠자리에 들까, 아니면 텔레비전 프로그램을 하나 더 보고 잘까?'와 같은 소소한 일상의 문제일 수도 있지만, 어쨌거나 궁극적으로는 '선택지점'이라고 내가 이름을 붙인 갈림길에 다다르게 된다.[18] 이 지점에서는 무조건 선택을 해야 한다. 그러나 '흰 신발로 할까, 갈색 신발로 할까?' 혹은 '라테로 할까, 카푸치노로 할까?'와 같은 선택이 아니라 각각의 선택지점은 그 앞에 선 사람에게 자기의 길을 걸어갈 중요한 기회를 제공한다. 과연 당신은 당신의 가치관을 지향하며 평소와 같이 당신이 되고자 했던 사람처럼 행동하겠는가, 아니면 그 길을 외면하겠는가? 자기의 가치관을 따르는 선택을 많이 할수록 인생은 더 활기가 넘치고 의미가 충만할 것이다.[19] 그러나 불행하게도 우리는 어렵고 힘든 생각들이나 감정들 그리고 상황들에 감정이 낚일 때 흔히 자기 가치관을 외면하고 회피하는 선택을 하게 된다.

만일 당신이 인간관계를 소중하게 여기고 사랑하는 사람과 결혼하길 희망한다면 당신은 요리 강좌에 등록하거나 등산 동아리 혹은 독서 동아리에 가입해서 관심사를 함께 나눌 사람을 적극적으로 찾아나설 것이다. 그런데 낯을 너무 많이 가린다는 핑계를 대면서 다른 사람을 만나는 것을 외면하고 회피한다면 이것은 자기가 소중하게 여긴다고 말하는 가치와 정반대로 행동하는 것이 된다.

지금보다 더 건강해지고 싶다는 희망을 가지고 있다면 식습관을 바꾸거나 정기적으로 운동을 하거나 혹은 엘리베이터를 타지 않고 계단을 걸어서 오르내리는 일을 지금 당장 시작해야 한다. 자기 희망이나 가치를 말로만 떠들어서는 아무 소용이 없다. 그 말을 실천해야 한다. 자전거 타는 걸 생각해보라. 페달을 밟아서 계속 움직여야만 자전거는 균형을 유지할 수 있다. 자기가 소중하게 여기는 가치 혹은 가치관도 마찬가지다.

서로 부딪치는 목표

당신 앞에 선택지가 두 개 놓여 있다. 그런데 이 두 가지가 모두 마음에 든다. 하지만 두 개의 선택지가 당신을 데려갈 각각의 인생은 완전히 다르다. 이런 선택지 앞에서는 누구나 갈등하게 마련이다. 당신은 이런 경험을 몇 번이나 했는가? 일을 선택할까, 아니면 가족을 선택할까? 나를 먼저 생각할까, 아니면 다른 사람들을 먼저 배려할까? 정신적인 측면의 공부를 할까, 아니면 세속적인 공부를 할까?

이 판단을 앞에 두고 있을 때 핵심적으로 중요한 점은 이런 두 가지 선택지를 '보다 좋은 것'과 '보다 나쁜 것'으로 생각할 게 아니라 '동일하지만 다른 것'으로 바라보아야 한다는 사실이다. 어느 하나가 다른 것보다 더 좋기 때문이 아니라 그저 어떤 판단을 내려야 하기 때문에 선택을 하는 상황에서, 둘 가운데 하나를 선택하는 이유를 찾아내는 것은 선택자의 몫이다. 제대로 된 결정을 내리기 위해서는 자기 자신을 좀 더 잘 알아야 한다.

철학자 루스 창Ruth Chang은 이렇게 말했다.

"선택은 인간의 특별한 조건이며 우리가 찬양받을 기회이다. (…) 우리가 다른 사람들 가운데서 두드러질 수 있는 이유는 창조할 힘을 가지고 있다는 것인데 이는 찬양받아 마땅하다."[20]

흔히 우리가 가치관 갈등value conflict이라고 바라보는 것은 사실 목표 상충goal conflict의 문제이거나(여기서, 가치관은 목표가 아님을 명심해야 한다), 시간 관리의 문제이거나, 어떤 계획 혹은 행동의 어떤 경로에 헌신하기가 어렵다는 문제이다. 또는 우리 인간은 유한한 존재라서 동시에 두 곳의 장소에 있을 수 없다는 문제일 수도 있다. 이 지점에서 많은 사람들이 부닥치는 커다란 문제들 가운데 하나는 일과 가정 사이에서 균형을 잡는 것이다. 나도 마찬가지지만 많은 사람들의 경우에, 일을 하는 것과 가족과 함께 시간을 보내는 것 사이에 끊임없이 줄다리기가 벌어진다.

그런데 만일 그 선택이 일과 가정 가운데 하나를 선택하는 것이 아니라면 어떻게 될까? 우리가 하는 선택이 일과 가정이 서로 상충하는 것이 아니라 이 두 가지에 모두 충실한 것이라면 어떻게 될까?

누가 "나는 자녀에게 따뜻한 사랑을 베푸는 부모가 되는 것을 소중한 가치로 여긴다. 나는 이 사랑을 내 아이들과 소통하는 데 쏟을 것이다"라고 말하고, 또 "나는 직장에서 높은 생산성을 발휘하는 사람이 되는 것을 소중한 가치로 여긴다. 나는 날마다 그 높은 생산성을 내 업무 현장에 쏟을 것이다"라고 말한다고 치자. 하지만 이것은 "나는 자녀에게 따뜻한 사랑을 베푸는 부모가 되는 것을 소중한 가치로 여기므로, 나는 날마다 무조건 다섯시만 되면 퇴근할 것이다"라고 말하는 것과는 매우 다르다. 전자의 접근법을 채택할 때는 목표의 상충, 즉 갈등이 일어나지 않는다. 오히려 인생을 살면서 이룰 수 있는 것의 폭이 한층 더 넓어진다.

가치관은 행동의 양이 아니라 질과 관련이 있으므로 어떤 사람이 가치관을 실천하는 데 들인 시간의 양에 따라서 그 사람이 그것을 소중하게 여기는 정도가 결정되지는 않는다. 사랑하는 사람과 함께 보내는 소중한 순간들이나 직장에서 업무에 들이는 시간도 마찬가지다. 그러므로 직장에서 일에 매달려 하루 열두 시간씩 일을 해야 한다고 하더라도 배우자에게 보내는 짧은 문자 메시지나 SNS 메시지만으로도 얼마든지 배우자에게 사랑스러운 사람으로 남을 수 있다. (심리학에서는 이것을 '사회적 간식social snacking'이라고 부른다.) 예컨대 당신은 출장을 가야 할 때도 있지만 멀리 떨어진 곳에서라도 밤에 잠들기 전 어린 자녀들에게 전화를 걸 수 있고, 또 이 통화를 할 때 아이들에게 얼마든지 진심으로 집중할 수 있다. 이처럼 가정에 소중한 가치를 둘 때는 직장에서 더 열심히 그리고 더 효율적으로 일할 수 있다. 예컨대 아침에 집을 나서는 출근시각도 얼마든지 합리적으로 설정할 수 있다. '3월의 광란'(미국 대학스포츠연맹이 매년 3월에 주최하는 전미 대학농구선수권 토너먼트의 별칭—옮긴이)을 놓고 친구들과 돈을 걸고 즐긴다거나 회사 내의 야구 동호회에서 선수로 뛴다거나 하는 일을 포기해야 할 수도 있지만, 가정생활을 얼마나 소중하게 여기는가 하는 차원에서 이런 활동을 바라보면 이런 희생쯤은 얼마든지 어렵지 않게 할 수 있다.

물론 가정과 일 사이의 균형을 유지하기 위한 판단이 매우 복잡할 때도 더러는 있다. 이를테면 하필 아들의 생일에 출장을 가야 할 수도 있는데, 이럴 때 대부분의 사람들은 아무리 아들과의 인간관계를 소중하게 여긴다 하더라도 아들의 생일파티를 포기하고 상사의 지시대로 출장길에 나설 가능성이 높다. 가정 경제를 책임지고 자녀 양육에 들어가는 돈을 버는 일 역시 중요하기 때문이다. 그러나 좋은 부모가 되는 것을 소중한 가치로 여기는 사람이라면 자기 마음을 아들에게 전할 다른 방책을 얼마든지 마련할 수 있다. 예를 들면 출장을 가기 전에 미리 파티를 연다거나 생일파티에 맞춰서 멋진 선물이 집에 도착하도록 미리 배송 주문을 해둔다거나 혹은 생일파티 중에 동영상 통화를 하는 것이다.

우리는 모두 각자 처한 환경에 따라서 제각기 다른 가치 영역에 시간을 쓴다. 그리고 어느 하나에 시간을 쓴다고 해서 다른 것들을 덜 소중하게 여긴다는 뜻은 아니다.

힘든 선택을 하는 것이 실제로는 우리를 해방시켜주는 것일 수도 있다. 왜냐하면 자기의 진정한 모습을 규정하는 데 도움이 되며 자기 인생의 틀을 잡는 데 반드시 있어야만 하는 힘을 갖게 해주기 때문이다. 다른 길을 포기함으로써 발생하는 고통을 기꺼이 수용할 수만 있다면 우리는 자기가 한 결정을 기꺼이 끌어안고서 선명한 목적의식을 통해 보다 행복한 길로 나아갈 수 있다.

사실 가치관은 무엇을 제약하거나 구속하지 않는다. 오히려 거미줄 같은 연속적인 지원을 해줌으로써, 그렇게 하지 않았더라면 우리가 스스로에게 허용하지 않았을 자유를 우리에게 제공한다. 자기의 가치관을 알면 삶은 더 유연해지고 새로운 경험에 마음을 연다. 우리는 자기의 가치관을 이용해서 더 의도적이며 만족스러운 '지향 toward move'을 할 수 있고, 반면에 안으로 움츠러드는 비생산적인 '외면 away move'은 덜 할 수 있다.

물론 자기의 가치관대로 살 때, 즉 자기 길을 걸어갈 때 고난이 따를 수는 있다. 아무리 신념이 굳건하다고 하더라도 또 아무리 특정한 의사결정에 구애되지 않는다 하더라도 사람은 누구나 진퇴양난의 딜레마와 맞닥뜨린다. 자기 가치관을 지향하는 길이 늘 재미있거나 쉽지는 않다. 적어도 어떤 순간에서는 그렇다. 예를 들어서 당신은 사회성이 부족해서 불안한 마음에 낯가림을 많이 하는 편인데 친밀하게 생각하는 어떤 친구가 당신을 파티에 초대했다고 치자. 이때 당신이 할 수 있는 가장 손쉬운 반응은 거절이다. 그러나 당신이 우정을 진정으로 소중하게 여기고 이 가치가 당신을 이끌도록 허용한다면 당신은 그 가치관을 지향하는 결정, 즉 파티에 기꺼이 참석하겠다고 말할 것이다. 그리고 파티장에 가서는 또 다른 종류의 불편함을 느낄 것이다. 적어도 집에 있을 때보다는 확실히 불편할 것이다. 하지만 이 최초의 불편함은 의미 있는 삶을 누리려면 치를 수밖에 없는 대가이기도 하다.

엘리자베스 길버트가 깨달았듯이 자기 글쓰기에 집중하기 시작한 뒤로도 글쓰기라는 과정은 여전히 힘들었다. 이레나 센들러는 자기 신념을 철저하게 지향한다는 것은 인생이 한층 힘들어질 수도 있다는 것을 감수하고 걸어가는 것임을 알았다.

제인 구달Jane Goodall은 세계적으로도 유명한 동물학자이다. 나는 구달을 만나서 나누었던 깊은 교감을 지금도 생생하게 기억한다. 자연보호와 동물 복지에 헌신하던 자기 인생의 빛나는 시기에 제인 구달은 자주 울면서 살았다고 했다. 그리고 이 이야기를 나중에 어떤 친구에게 하니까 그 친구가 자기더러 왜 그때를 그렇게 슬프게만 생각하는지 물었다고 했다. 그러면서 구달은 이렇게 말했다.

"그래서 그때 나는 나도 깜짝 놀랄 말을 했어요. 전에는 한 번도 해본 적이 없는 생각이었답니다. 내가 이랬어요. '이기적이라고 느낄 권리를 나 스스로 포기하고 있다는 사실을 알았기 때문에 울었던 것 같아.' 이 말이 이상하지 않나요?"[21]

어떤 동료 교수는 이 딜레마를 다음과 같이 묘사했다.

"당신의 마음은 '만일 내가 이 가치 있는 일을 한다면 그 선택을 한 뒤에 기분이 나쁘지 않을 테고 또 갈등을 겪지도 않을 것이라고 생각했습니다'라고 말합니다. 하지만 그럼에도 불구하고 당신은 여전히 선택을 해야만 한다는 것이 엄연한 현실입니다."[22]

선택에는 필연적으로 손해(혹은 상실)의 감정이 뒤따른다. 어떤 길을 포기하고 가지 않았을 때는 반드시 그에 따른 고통과 슬픔 그리고 심지어 후회의 감정이 상실감으로 다가온다. 사람들은 자기가 지금 하고 있는 일을 왜 하게 되었는지 알고 있으며, 또 여전히 거기에 대해서 불안이나 슬픔을 느낀다. 하지만 다른 점이 분명히 있다. 당신은 지금 감정의 민첩함을 가지고서 온갖 불편한 감정들을 돌파해 나가면서 당신에게 도움이 될 실질적인 투자를 하고 있다는 점이다. 설령 당신의 선택이 잘못된 것으로 판명된다 할지라도, 적어도 올바른 대의를 위해서 그 결정을 내렸음을 본인이 알고 있다는 사실에서 당신은 위안을 얻을 수 있다. 당신은 용기와 호기심과 자기연민을 가지고서 자기 자신과 맞닥뜨릴 수 있고, 또 그렇게 해야 한다.

온전한 나 자신이 되는 순간

시한부 생명을 선고받은 어떤 여자 이야기를 들은 적이 있다. 이 여자는 의사에게 물었다.

"희망이 남아 있습니까?"

그러자 의사가 대답했다.

"무엇을 위한 희망 말입니까?"

의사가 이렇게 되물었던 의도는, 사람은 죽어가는 순간일지라도 자기 가치관을 토대로 해서 아직 남아 있는 날들을 어떻게 살아갈 것인지를 두고 여러 가지 선택을 할 수 있다는 뜻이었다.

린다는 나에게 친구이자 동료였다. 그녀가 근위축성 측색 경화증,

즉 루게릭병으로 오래 살지 못한다는 진단을 받았을 때 그 이야기가 문득 떠올랐다. 린다는 자신의 아이들을 무척 사랑했다. 친구들도 사랑했다. 춤을 추는 것도 무척 좋아했다. 병세가 악화되면서 그녀는 무척 고통스러워했다. 하지만 그녀는 SNS에 사랑과 인생을 담은 이야기들을 쉬지 않고 올렸다. 린다는 자신의 '선택지점'에 다다랐을 때 가치관을 지향하는 움직임을 선택했고 다른 사람들과 연결되어 있는 끈을 끝까지 놓지 않았다. 죽음을 준비하는 호스피스 병동으로 들어가기 직전에 그리고 끝내 죽음을 맞이하기 얼마 전에 그녀는 이렇게 썼다.

"나는 나에게 주어진 이 평온한 시간을 그 성스러운 곳으로 가지고 가서 나의 인생과 죽음에 대해서 생각해보려고 해. 그래도 나는 운이 좋은 것 같아. 많은 사람들은 나처럼 자기에게 주어진 과제를 제대로 살펴볼 기회도 없이 갑작스럽게 삶을 마감하니까 말이야. 적어도 나는 그렇지는 않거든. (…) 아무튼, 너도 춤을 출 수 있을 때 춤을 춰둬."

자기가 진정 어떤 사람인지 그리고 자기가 무엇을 나타내는지 알 때 우리는 세상의 그 무엇보다도 강력한 도구인 자기 자신의 온전한 자아를 통해, 자기 인생의 여러 선택을 할 수 있다. 그렇다. 춤을 출 수 있을 때 춤을 추어야 되는 것처럼.

7장

사소한 변화를 통해 나아가기

정서적인 유대감: 교감의 원칙

　부부 사이인 신시아와 데이비드는 돈 문제로 싸우고 있었다. 신시아는 급하게 목돈이 필요한 상황에 대비해서 여러 달 동안 한 푼 두 푼 아끼고 모았다. 그런 일이 언제 생길지는 아무도 모르니까 말이다. 그렇게 돈을 아끼고 모으는 과정에 그녀가 적지 않은 희생을 감수해야 했음은 말할 필요도 없다. 그런데 데이비드는 이렇게 어렵게 모아놓은 돈으로 그랜드캐니언 래프팅 가족 여행을 가고 싶었다. 물론 이것도 나쁜 생각은 아니었다. 모처럼의 휴가를 재미있게 보낼 수 있을 테니까 말이다. 하지만 신시아는 실용적으로 살고자 했다. 그런데 데이비드의 생각은 전혀 달랐다.

"아이들이 언제 다 컸는지 모르게 금방 자랄 거야. 우리도 곧 늙고 병들 거고. 우리 가족 모두가 벌써 여러 해 동안 이런 여행을 하면 좋겠다고 늘 얘기했잖아. 지금 안 가면 도대체 언제 가겠어?"

두 사람 사이의 이런 갑론을박은 자주 있었고, 한바탕 언쟁이 있을 때마다 긴장은 고조되었다. 그러면서 온갖 이야기들이 다 튀어나왔다.

"당신은 어쩌면 그렇게 당신 아버지하고 똑같아?"

"그러는 당신은 당신 어머니하고 다른 줄 알아?"

그런데 신시아가 시선을 아래로 내리깔더니 물었다.

"당신 발이 왜 그래?"

데이비드도 시선을 아래로 내렸다. 양말에 흙이 묻어 있었다. 데이비드는 자기도 그렇게 더러운 발은 처음 본다는 듯 놀라는 시늉을 했다.

"어젯밤에 너구리가 마당에 나타났기에 그 놈을 쫓아내느라고 한바탕 난리를 쳤더니… 너무 급해서 신발을 신고 나갈 여유가 없었거든."

두 사람은 서로를 바라보다가 동시에 웃음을 터트렸다. 두 사람 사이에 조금 전까지만 해도 팽팽하게 감돌던 긴장은 어느새 흔적도 없이 사라졌다.[1]

전 세계 어디에서든 가족끼리 늘 돈 문제를 놓고 싸운다. 신시아와 데이비드 두 사람 사이의 언쟁에서 딱 한 가지 특이한 점은 심리학자들이 이들의 언쟁을 영상으로 녹화했다는 점이다. 사실 연구자들은 부부의 모습을 실제 이들이 자기 집에서 생활하는 모습 그대로 관찰해보길 원했다. 그런데 연구자들이 실제로 부부의 집에 들어가서 관찰을 한다면 이런 상황이 부부에게는 당연히 어색할 수밖에 없고, 따라서 평소와 같은 자연스러운 행동이나 말이 나올 수 없다. 그래서 연구자들이 차선책으로 생각해낸 것이 영화나 드라마의 스튜디오 촬영장처럼 집을 짓고 거기에서 부부가 생활하는 모습을 관찰하는 것이었다. 심리학 실험실인 이 임시 주택은 시애틀의 워싱턴대학교에 있으며 방 하나에 부엌이 딸려 있고 가구 몇 점과 텔레비전, 그리고 오디오 시스템도 갖추어져 있다. 피실험자 부부는 24시간 동안 이들의 생활이 관찰될 것이라는 데 동의를 하고 실험에 임한다. (한 번에 부부 한 쌍이 피실험자가 된다.) 관찰 시간은 보통 일요일 아침부터이다. 그리고 연구자들은 피실험자 부부에게 식료품을 준비해오라고 요구하고, 이것 외에 부부가 통상적으로 주말을 보내는 데 필요한 것이면 뭐든 (영화며 책이며 심지어 일거리까지) 가져올 수 있다고 일러준다. 그리고 녹화는 24시간 가운데 12시간 동안만 이루어진다. 이 12시간은 보통 오전 아홉시부터 오후 아홉시까지이다.

그런데 연구자들이 가장 놀라는 것 가운데 하나는 데이비드의 더러운 양말에 대해서 신시아가 던지는 질문처럼 피실험자들이 상대방에게 '정서적인 유대감'을 요청하고 또 여기에 반응하는 방식이다. 연구자들은 피실험자들이 상대방에게 하는 이런 말들을 각각의 말에 얼마나 많은 감정이 실려 있는지를 기준으로 분류하고 정리했다. 감정이 실려 있는 정도가 낮은 것에서 높은 것 순으로 예를 들어서 나열하면 다음과 같다.

- 상대방의 주의를 끌기 위한 단순한 것 : "배(boat)가 참 예쁘네."

- 상대방의 관심을 끌기 위한 것 : "당신 아버지가 저런 배를 몰지 않으셨어?"

- 열정적인 참여를 위한 것 : "여보, 저런 배가 있으면 우리도 세계 일주를 할 수 있겠는데."

- 확장된 대화를 위한 것 : "당신, 최근에 처남에게 전화한 적 있어? 처남이 자기 배를 다 고쳐놓았는지 모르겠네?"

- 놀이를 위한 것 : 신문을 돌돌 말아서 상대방의 머리를 톡톡 치면서 말한다. "근데, 내가 오늘 하루 종일 생각한 건데 말이야."

- 유머를 위한 것 : "랍비와 신부와 심리학자가 함께 배를 타고 나갔어."

- 애정을 위한 것 : "나 좀 안아주면 좋겠는데." 혹은 이와 비슷한 것이지만 대개 말로는 표현되지 않는다.

- 감정적인 지지를 위한 것 : "내가 승진에 탈락한 이유를 나는 아직

도 모르겠어."

- 자기노출을 위한 것 : "당신이 어릴 때 아버지와 함께 배를 타고 나갈 때 기분이 어땠어?"

연구자들은 이 각각의 말을 들은 상대방이 다음 세 가지 방식으로 반응한다는 사실을 확인했다. 첫째, 툴툴대면서 인정하는 것에서부터 전적으로 동의하는 것에 이르는 다양한 수준의 형태로 상대방에게 동의한다. 둘째, 보통 그 말을 단순히 무시함으로써 상대방을 외면한다. 셋째, 등을 돌린다.(예를 들면, '나 지금 책 읽고 있잖아!')

부부가 상대방의 감정적인 제안에 반응하는 방식을 보면 이 부부의 미래가 어떻게 전개될지 많은 것을 알 수 있었다. 그 작은 행동들은 비록 표면적으로는 중요하지 않아 보였지만 두 사람이 장차 얼마나 사이좋게 잘 지낼 수 있을지 가장 잘 드러내는 신호였다. 이 관찰이 있은 지 6년 뒤에 추가 관찰을 통해서 확인한 사실은 상대방이 열 번 말했을 때 세 번밖에 대꾸하지 않을 정도의 낮은 친밀성을 가지고 있던 부부는 이미 이혼을 했지만, 아홉 번이나 대꾸를 할 정도로 높은 친밀성을 가지고 있던 부부는 여전히 결혼생활을 유지하고 있었다.[2]

부부생활에서 나타나는 친밀성과 무시의 이런 미묘한 순간들이, 부부가 함께 행복할 수도 있고 아니면 서로 시들해질 수 있게도 만든다. 그 작은 행동들은 비록 겉으로 보기에 아무리 사소하게 보인다고 하더라도, 사람과 사람 사이의 모든 교감이 이전에 축적된 교감

위에 차곡차곡 쌓여가는 것과 마찬가지로 자기 자신에게 돌아가서 쌓이게 되는 것이다. 각 개인이 느끼는 애정과 분노, 관대함과 사랑스러움의 순간들은 인간관계 전체를 한층 더 위태롭게 만들거나 혹은 한층 더 행복하게 만들어주는 피드백의 선순환 고리를 형성한다.

사소한 것들이 많은 뜻을 담고 있다

1950년대 초반에 키티 칼렌Kitty Kallen이라는 가수가 '사소한 것들이 많은 뜻을 담고 있다Little Things Mean a Lot'는 감상적인 블루스곡으로 히트를 쳤다. 그렇다. 자기에게 진정으로 중요한 것을 보다 긴밀하게 지켜나가도록 자기 행동을 조정할 때, 아주 작은 수정을 가하는 것만으로도 엄청난 효과를 누릴 수 있다.

자연은 혁명의 편을 들지 않고 진화의 편을 든다. 여러 가지 다른 학문 분야에서 이루어진 연구들에서 아무리 작은 변화들이라고 하더라도 시간이 흐른 뒤에는 사람이 성공할 수 있는 능력을 획기적으로 높여준다는 사실을 확인했다. 그러므로 자기의 인생을 가장 효과적으로 바꾸는 방법은 직장을 그만둔다거나 암자로 들어가는 것이 아니라, (테디 루즈벨트의 말을 약간 바꾸어서 표현하자면) 자기가 지금 있는 곳에서 현재 가지고 있는 것으로 스스로 할 수 있는 것을 하는 것이다. 각각의 작고 사소한 변화는 그 자체로는 대단하게 보이지 않겠지만 이 각각의 변화를 영화에서의 한 프레임이라고 생각해보라. 각각의 프레임을 한 번에 하나씩 바꾸고 나중에 이것을 하나로 합치면 줄거리가 전혀 다른 영화가 되어 있을 것이다.

혹은 앞에서 예로 들었던 배 이야기를 계속하자면 배를 몰아서 바다로 나가본 적이 있는 사람이라면, 키를 오른쪽으로든 왼쪽으로든 간에 1도나 2도만 바꾸어도 배가 최종적으로 도착하는 방향은 엄청나게 달라진다는 것을 잘 알 것이다. 대서양이나 태평양과 같은 대양을 건넌다고 생각하면 1도 혹은 2도의 차이가 얼마나 커다란 결과의 차이를 가져올지 충분히 상상할 수 있다.

문제에 접근하는 우리의 방식이 지나칠 정도로 포괄적이면(예컨대 '나는 새 차를 사고 싶다!') 좌절감에 빠지기 쉽다. 그러나 작은 변화를 목표로 하면(예컨대 '나는 한 주에 한 번씩은 내가 모르는 분야를 잘 아는 사람과 대화를 하려고 한다') 실패에 뒤따르는 비용은 한층 줄어든다.[3] 자기가 잃을 게 별로 없음을 알 때는 스트레스가 줄어들고 자신감이 높아진다. '이것쯤은 잘할 수 있어!'라는 마음이 들고 이런 마음 덕분에 우리는 한층 더 몰입하고 창의적으로 행동할 수 있다. 또한 더 중요하게는 의미 있는 목적을 향해 한 걸음씩 앞으로 나아가는 데 필수적이고도 인간적인 필요성에 가깝게 다가갈 수 있다.

우리는 이런 작은 변화들을 이루어낼 수 있는 적절한 대상을 어디에서 찾아야 할까? 세 개의 넓은 기회 영역이 있다. 우선 믿음, 즉 심리학자들이 마음가짐이라고 부르는 것을 사소하게 수정할 수 있고, 두 번째로는 동기를 사소하게 수정할 수 있고, 마지막 세 번째로는 습관을 사소하게 수정할 수 있다. 이 세 개의 영역에서 작은 변화를 이루어내는 방법을 배울 때, 삶의 전체 과정에서 심오하고도 오랫

동안 지속되는 변화를 이끌어낼 수 있다.

시작, 마음가짐을 사소하게 수정하기

앨리아 크럼Alia Crum이라는 심리학 교수가 호텔의 여자 미화원 84명의 마음가짐을 사소하게 수정하는 실험을 했다. 이 미화원들의 하루 노동 시간은 매우 길었다. 게다가 일을 마치고 퇴근해서는 집안일도 맡아서 해야 했기에 헬스장에 가서 따로 운동할 시간도 없었다. 그리고 이들이 섭취하는 카페인과 설탕의 양은 표준적인 미국인이 섭취하는 양보다도 많았다. 그래서 대부분 과체중이거나 비만이었다.

크럼이 했던 발상은 매우 단순했다.

'이 미화원들에게 자기가 하는 일에 대해서 가지는 생각을 조금만 바꾸라고 말하면 어떻게 될까? 규칙적으로 운동을 하지 못한다는 사실에 죄의식을 가질 게 아니라, 하루 종일 힘들게 하는 노동을 운동이라고 생각하면 어떤 변화가 일어날까?'

정말 동화에서처럼 행복하게 사는 사람이 아니라면 집을 구석구석까지 깨끗하게 청소하는 게 얼마나 힘든 일인지 잘 알 것이다. (사실 그렇기 때문에 집을 그렇게나 깨끗하게 청소하고 사는 사람은 많지 않다.) 날마다 대략 열다섯 개의 객실 및 화장실을 청소한다면(허리를 굽히고 물건을 들어서 제자리에 두고 먼지를 털고 진공청소기를 돌리는 등등의 일을 한다면) 얼마나 힘들지 상상해보자. 호텔 미화원들은 자기가 하는 일을 운동이라고 생각하지 않았는데, 그 이유는 헬스장에서 땀을 흘리거나 수영장에서 레인을 돌지 않기 때문이었다. 그러나 실제로는 이들이 하루 동안에 하는 운동량은 미국 연방의무감 U.S. Surgeon General이 건강한 생활을 위해서 권장하는 하루 운동량보다 훨씬 많았다.

크럼은 미화원들을 두 집단으로 나누었다. 그리고 두 집단에게 모두 운동을 하면 몸에 어떻게 좋은지 설명해주었다. 그런데 이 가운데 한 집단에게만 그들이 사실은 미국 연방의무감이 추천하는 운동량을 소화하고 있다는 사실을 가르쳐주었다.

크럼을 비롯한 실험 진행자들이 개입한 내용은 딱 그것뿐이었다.

그리고 4주가 지났다. 미화원들의 노동 환경에 다른 변화라고는 아무것도 없었지만, 자신들이 사실은 미국 연방의무감이 권장하는 운동량을 소화하고 있다는 말을 들었던 집단은 그렇지 않았던 집단에 비해서 혈압이 낮아졌고 몸무게가 줄어들었으며 체지방 수치 및 허리·엉덩이둘레 비율WHR이 낮아졌다. 마음가짐의 작은 변화가 그처럼 커다란 변화를 이끌어냈던 것이다.[4]

마음을 조금 달리 먹어보니

임상심리학 교육을 처음 받을 때 나는 호주 멜버른의 한 대학 병원에서 학생 치료사로 일했다. 그리고 대략 한 주에 한 번씩 나를 지도하는 교수이자 선임 동료인 마이크와 만나서 내가 맡았던 힘든 환자들에 대해 상의를 했다.

처음에는 환자들이 안고 있는 문제가 너무도 복잡해 보이고 이런 문제들을 해결하기에는 내가 여러 가지로 너무 부족했던 터라 나는 완전히 녹다운 상태였다. 환자들 가운데 몇 명은 여러 해 동안 매주 병원을 찾아왔지만 증세가 호전되지 않았다. 적어도 눈에 띄는 호전 양상은 없었다. 솔직히 말해서 일을 시작하고 몇 주가 지난 뒤에는 환자들이 나에게 원하는 그 모든 것이 쓸모없다는 생각이 들었다. 나는 환자를 도울 수 없다고 생각했다. 그러던 차에 카를로스를 만났다. 나는 내가 카를로스에게 도움을 줄 가능성은 전혀 없다고 확신했다!

카를로스는 서른일곱 살이었고 실직한 지 9년이 되었으며 이혼한 지는 8년이었다. 첫 번째 상담 때 그가 숨을 쉴 때마다 술 냄새가 났다.

"나는 지금까지, 내가 기억하는 한 계속 우울하게 살고 있습니다."

카를로스는 이렇게 말했다. 그는 자기 안에서 무언가가 잘못되었다고 믿었다. 그리고 술로써 자가 치료를 했고, 그 바람에 문제는 더 심각한 상태로 나아가고 있었다.

그날 저녁 나는 마이크에게 이렇게 말했다.

"나는 이 사람을 도저히 도울 수 없을 것 같아요. 평생 우울함 속에 갇혀서 산 사람입니다. 주변에서 도와주는 사람도 없고요. 치료를 받으러 꾸준하게 올 것 같지도 않아요. 그리고 설령 계속 온다고 하더라도 술을 끊으려고 하지 않을 거예요. 이 사람이 바뀔 수 있으리라고는 도저히 상상할 수 없어요."

그러자 마이크가 빙그레 웃더니 내가 카를로스가 안고 있는 문제들에 대해서 '고정된 마음가짐'을 가지고 접근하고 있다고 말했다.

스탠퍼드대학교의 심리학 교수 캐롤 드웩Carol Dweck과 그녀의 책 『성공의 새로운 심리학Mindset』 덕분에 많은 사람들이 '고정된 마음가짐fixed mindset'과 '성장하는 마음가짐growth mindset'이라는 개념을 알고 있다. 고정된 마음가짐을 가진 사람은 지능과 개성과 같은 중요한 특성들이 바뀌지 않는 고정된 것이라고 믿는, 이른바 '자아 불변 이론'을 신봉한다. 이에 비해서 성장하는 마음가짐을 가진 사람은 이런 기본적인 특성들도 학습과 노력을 통해서 얼마든지 개선될 수 있다고 믿는다.[5] 그런데 이런 마음가짐은 문제에 따라서 달라지기도 한다. 예를 들어서 수학 실력에 관해서는 고정된 마음가짐('나는 숫자에는 완전 깡통이야')을 가지면서도 사회성에 관해서는 성장하는 마음가짐('새로운 동료들에 대해서 더 많은 것을 알아야겠어')을 가질 수 있다는 말이다.

그런데 여러 연구에 따르면, 변화에 대한 이런 믿음들은 행동에 중대한 영향을 미칠 수 있다.[6] 지능이 고정불변이라고 믿는 학생은 열심히 공부하면 지능이 얼마든지 좋아질 수 있다고 믿는 학생에 비해서 성적이 낮다. 변화에 개방적이며 자기가 지금보다 더 잘할 수 있고 노력 여하에 따라서 얼마든지 달라질 수 있다고 믿는 학생은 자신의 성적에 대해서 선택 의지sense of agency, 즉 자기가 기록하는 성적은 자기가 실천한 결과라는 인식을 가지고서 시련에 적극적으로 대처한다. 그래서 반발에 부닥치거나 실패를 경험하더라도 굴복하지 않는다. 좌절을 겪고서도 꿋꿋하게 다시 일어나는 것이다.

우리는 사람의 마음가짐이 좋은 방향으로 발전할 수 있으며 또 바뀔 수도 있음을 알고 있다.[7] "네가 공부를 열심히 했으니 당연한 결과지!"라는 말로 과정을 중심으로 아이가 받은 성적을 칭찬하는 부모는 성장하는 마음가짐을 더욱 불어넣어준다. 이에 비해서 "이렇게나 높은 점수를 받다니 넌 천재야!"라고 말하는 부모는 고정된 마음가짐을 촉진시킨다. 만약 어떤 아이가 성공은 타고난 지능에 따라서 좌우되며 또 지능은 고정불변이라고 믿는다면, 이 아이는 힘든 문제에 부딪칠 때 혹은 제2외국어나 미적분 예비 과정을 공부하다가 막히면 자기가 할 수 있는 것은 아무것도 없다고 생각하기 십상이다.

그러나 드웩은 성장하는 마음가짐을 단순히 열심히 노력하는 것과 혼동해서는 안 된다는 점을 강조한다.[8] 어떤 아이가 공부를 정말 열심히 했는데도 성적이 오르지 않거나 이해 수준이 개선되지 않는다면 다른 방법을 고려해야 한다. 만일 당신의 딸이 역사 시험에서 과락 점수를 받았고 당신은 딸에게 "열심히 노력해라!"라고 말해준다고 치자. 이때 딸은 그 말을 듣고 기분이 조금은 좋아질지 모르지만, 그것으로는 그 아이의 성적이 나아진다고 보장할 수 없다. 여기에 대해서 드웩은 "네가 노력한 내용에 대해서 얘기를 해보자, 그리고 이제 앞으로는 어떤 노력을 해야 할지 찾아보자"라고 말해야만 딸의 다음 번 역사 시험 성적이 오를 가능성이 높아진다고 말한다.

최근의 어떤 연구에서 연구자들은 아직 고등학교 기초 수학 과정을 배우지 않은 커뮤니티칼리지 학생 200명의 대학교 진학률을 높일 수 있을지 궁금했다.[9] 당연한 얘기지만 수학 실력이 일정한 수준에 미치지 못하는 커뮤니티칼리지 학생들이 높은 수준으로 진행되는 진도를 따라잡으려면 엄청나게 많은 장애물을 넘어야 했다. 특히 4년제 대학교에 진학하고자 하는 학생들은 더욱 더 그랬다. 그런데 수학 보충수업을 듣는 반에 배치되어 있다는 사실만으로도 그 반 학생들은 내 실력은 차라리 포기하는 게 낫다는 생각에 사로잡힐 수 있었다.

이 연구에서 연구자들은 그 학생들 가운데 절반에게 사람의 뇌는 (심지어 성인의 뇌조차도) 훈련을 제대로 하기만 하면 얼마든지 성장하고 발전할 수 있다는 내용의 신문 기사를 제시한 다음 이 기사의 내용을 요약하라고 했다. 그리고 다른 절반에게는 전혀 다른 기사를 제시하고 요약하라고 했다. 그랬더니 전자 집단은 후자 집단에 비해서 과락률이 절반밖에 되지 않았고 평균 점수도 더 높았다. 그 모든 게 마음가짐의 작은 변화 덕분이었다.

사소하게 바꾸어본다

환자 카를로스에 대한 나의 마음가짐은 고정되어 있었다. 나는 내가 그를 맡아서 도와줄 수 있으며 그가 끝까지 잘 해낼 것임을 처음부터 믿지 않았다. 그런데 지도교수이던 마이크는 전혀 다르게 보았던 것이다. 그는 내가 카를로스를 상담하는 일을 쓸데없는 헛수고가 아니라 하나의 기회로 바라볼 수 있도록 마음가짐을 살짝 바꾸는데 도움을 주었다. 그리고 정말 중요한 것은 내가 결과, 즉 카를

로스의 '완치'를 돕는 데 성공하는 것에 집중하는 게 아니라, 그 과정에서 내가 디뎌야 하는 작은 발걸음들(예를 들면, 치료의 여러 가지 다양한 국면에서 나에게 필요한 기술들이나 카를로스와 진정으로 신뢰하는 인간관계를 개발하는 방법 등)에 집중하도록 나를 도왔다는 점이다. 마이크의 이런 도움 덕분에 나는 틀에 갇힌 내 생각을 자유롭게 풀어주었고, 내가 가진 지식과 열정의 물꼬를 긍정적인 방향으로 바꿔놓을 수 있었다. 변화라는 것은 신년 결심을 한 뒤의 변화처럼 흔히 일회용으로 비춰지지만, 사실 변화는 일회용 사건이 아니라 지속적으로 이어지는 하나의 과정이다. 이처럼 과정이라는 개념에 집중하면 도중에 실수를 할 수도 있지만 그런 실수들에서 교훈을 얻으며 장기적으로 꾸준하게 개선이 이루어질 것이라는 깨달음이 생긴다.

비록 마음가짐에 대한 여러 이론들이 대부분 지능이나 학업 성적과 연관을 시키지만 마음가짐을 적용할 수 있는 영역은 매우 넓다. 마음가짐은 우리가 세상 속에서 자기 위치를 어디에 둘 것인가 하는 문제의 핵심이다. 마음가짐은 심지어 삶과 죽음의 차이까지도 담고 있다.

다음 질문에 당신은 어떻게 대답하겠는가?

진실일까, 아니면 거짓일까?[10]

1. 노인은 무력하다.
2. 내가 나이를 점점 먹을수록 내 인생은 힘들어질 것이다.
3. 올해 나는 작년에 비해서 생기가 없었다.

예일대학교 공중보건대학의 베카 레비Becca Levy 교수는 이런 종류의 질문에 피실험자들이 어떻게 대답하는지 물어보고, 그 뒤로 수십 년 동안 그 응답자들을 추적하면서 건강 상태를 확인했다. 위 질문에 '진실'이라고 대답한 사람들, 즉 노화를 피할 수 없는 쇠락과 장애로 받아들인 사람들은 '거짓'이라고 대답한 사람들에 비해서 호흡기 질환에서부터 청각 상실에 이르는 질병에 더 많이 걸렸고, 또 요절한 사람도 더 많았다.

레비가 했던 어떤 연구에서 노화에 대한 견해를 질문받은 지 거의 40년이 지난 뒤에, 과거에 노화를 부정적으로 바라본 사람들은 긍정적으로 대답한 사람들에 비해서 뇌졸중이나 심장발작을 경험한 비율이 두 배나 되었다. 그런데 이게 다가 아니었다. 이 극적인 차이는 레비가 나이, 몸무게, 혈압, 만성적인 건강 상태, 콜레스테롤, 가족력 그리고 흡연력 등과 같이 이미 알려져 있는 위험 인자들을 동일한 조건으로 설정하고 비교했을 때조차도 여전히 유지되었던 것이다. 그러니까 응답자들의 장기적인 건강을 결정적으로 좌우하는 것은 그런 신체적인 표시가 아니라, 자기 미래의 건강에 대해서 응답자가 가지고 있던 부정적인 마음가짐이라는 심리적인 표시였다.[11] 레비는 또 다른 분석을 통해서 노화에 대해서 부정적인 견해를 가진 사람은 그렇지 않은 사람에 비해서 약 7.5년 일찍 죽는다는 사실을 확인했다.[12]

물론 노화에 대한 부정적인 견해가 실제 현실과 다르다는 말은 아니다. 허리가 뻣뻣하고 무릎이 삐그덕거리며 손이며 얼굴에 검버섯이 피는 상태는 별로 유쾌하지 않다. 그러나 정신, 즉 어려움을 극복하는 능력에 관한 한, 노쇠에 대해서 우리가 가지고 있는 인식의 많은 부분은 우리가 가지고 있는 편견이나 가정과 단단하게 연결되어 있다. 스물네 살의 팔팔한 나이에는 자동차 열쇠를 어디다 두었는지 기억나지 않을 때는 '어젯밤에 너무 늦게 들어와서 그런가 봐'라거나 심지어 '머릿속에 들어 있는 정보가 너무 많아서 그런가 봐'라고 생각한다. 그러나 쉰 살이 넘어서는 이런 상황에서 '늙으니까 건망증이 점점 더 심해지는군'이라고 생각한다. 쉰 살인 사람의 머리에도 많은 정보가 들어 있고 여든 살인 사람도 마찬가지다. 여러 연구 결과에 따르면 평균적으로 나이가 많은 사람은 나이가 적은 사람에 비해서 삶의 만족도가 높고 업무에서 실수도 적게 한다. 사실 사고와 기억의 여러 다양한 측면들은 나이가 들면서 오히려 좋아진다.[13] 그럼에도 불구하고 나이에 대해서 고정된 부정적인 가정에 사로잡혀 있을 때는 이런 사실들을 전혀 고려하지 않는 경향이 있다.

사람의 뇌는 그 사람이 믿는 것에 매우 큰 관심을 가지고, 그것을 지지한다. 사람이 하나의 자발적인 움직임을 하기 1,000분의 몇 초 전에 이 사람의 뇌는 준비 차원에서 전기 파장을 발산한다. 이렇게 한 다음에야 비로소 필요한 근육들에 활성화 신호를 보낸다. 행동을 준비하는 이런 과정을 '준비 전위readiness potential'라고 부르는데, 이것은 사람의 의식 바깥에서 이루어지지만, 사람의 의도에 의해서 활성화된다. 어떤 사람이 가지고 있는 자발적인 주체적 의식이나 자신감이 줄어들어 있을 때는 이 사람 뇌에서 '준비 전위'가 취약해진다.[14]

자아가 바뀔 수 있다는 발상은 감정의 민첩성 개념의 초석이다. 성장하는 마음가짐을 가지고 있는 사람, 그리고 스스로를 자기 삶의 주인이라고 생각하는 사람들은 새로운 경험에 보다 개방적이고 위험을 더 기꺼이 감수하며 자기가 하는 일에 더 끈질기게 매달리고, 또 실패를 하더라도 더 빠르게 회복한다.[15] 다른 사람들이 가지고 있는 바람이나 가치관이 지시하는 대로 별생각 없이 행동하는 경향이 적으며, 보다 더 창의적이며 더 강인한 기업가 정신을 가진다.[16] 그리고 이 모든 것들로 인해 업계에서든 학계에서든 혹은 유격훈련에서든 인간관계에서든 간에 보다 나은 성취, 보다 높은 성취를 이룬다.

자아의식을 활성화하는 작고 사소한 변화는 문법에 적용할 때도 큰 효과를 발휘한다. 어떤 연구에서 연구자들이 중요한 선거를 하루 앞두고 글자를 읽을 줄 아는 유권자들을 대상으로 해서 동사형으로 묻는 질문('내일 선거에서 당신이 투표를 하는 것이 얼마나 중요합니까?')과 명사형으로 묻는 질문('내일 선거에서 당신이 투표자가 되는 것이 얼마나 중요합니까?')을 던졌다. 동사형 질문의 경우에는 응답자들이 투표 행위를 바쁜 하루 일과 속에서 처리해야 할 그저 하나의 일로만 받아들였다. 그러나 명사형 질문의 경우에는 투표 행위를 무언가 중요한 사람, 즉 '투표자'가 될 수 있는 기회로 여겼다. '투표를 할 것인가?'와 '투표자가 될 것인가?'라는 작은 문구 변화가 공식 유권자의 투표율을 10퍼센트 이상 높인 것이다.[17]

사람은 누구나 바뀌길 바라는 자기만의 개인적인 특성을 가지고 있다. 그러나 변화를 시도하고 그 바람에 어려움에 처할 때면 자기 운명이라고 스스로 규정하는 것에 지나치게 초점을 많이 맞추곤 한다. 예를 들어서 이렇게 말한다.

"나는 뚱뚱해. 지금까지 늘 뚱뚱했지. 그리고 앞으로도 계속 뚱뚱할 거야."

"나는 창조적인 것과 거리가 멀어."

심지어 이런 말도 한다.

"나는 어릴 때부터 늘 커서는 의사나 회계사가 될 것이라고 생각했지."

마음가짐을 아주 조금 바꾸는 것은 자기 안에 돌처럼 딱딱하게 굳은 채로 박혀 있는 자기 자신이나 세상에 대한 경직된 생각들, 자기에게 진정으로 중요한 것을 가로막는 이런 생각들에 의문을 던진 다음에, 성장과 변화를 향해서 나아갈 수 있는 적극적인 선택을 하나씩 해나가는 것에서부터 시작된다.

동기부여를 아주 조금 바꾸기

나의 어머니는 억척스런 분이셨다. 내가 자라는 동안 어머니는 세대를 거쳐 내려오는 전형적인 여자로서의 지혜를 우리 자매에게 전수해주시지 않았다. 예컨대 '여자는 모름지기 도도하게 굴어야 한다' 같은 말은 한 번도 하지 않으셨다. 대신 늘 이렇게 말씀하셨다.

"수전, 늘 돈을 잘 챙기고 또 챙기고 또 챙겨야 한다, 알았니?"

아버지가 돌아가신 뒤에 어머니는 혼자 우리 삼남매를 키우셔야 했다. 그리고 오랜 세월을 정말 힘들게 버티셔야 했다. 어머니는 기업을 상대로 문구점을 하는 자영업자셨다. 끔찍하게 싫어하시던 일이었지만 어쩔 수 없었다. 아침 다섯시면 일어나셨고, 볼펜과 연필 및 그 밖의 잡다한 물건들을 묶음으로 포장해서 요하네스버그로 배송하셨고 주문서를 정리하고 회계일도 하셨으며, 그렇게 바쁜 하루를 보낸 뒤에는 녹초가 되다시피 해서 자정이 되어서야 잠자리에 드셨다. 평생의 연인이던 아버지를 잃은 슬픔 속에서도 언니와 오빠와 내가 아버지의 부재를 극복하고 잘 먹고 잘 입고 또 제대로 된 교육을 받으며 성장하도록 뒷바라지하시면서 그 힘든 일을 하셨던 것이다.

어머니는 사람이 자기가 바라는 것이 아니라 꼭 해야만 하는 것을 기준으로 모든 결정을 내려야 하는 불행한 환경의 덫에 걸려 있는 게 얼마나 끔찍한 기분인지 누구보다 잘 아셨고, 우리가 이런 운명에 빠지지 않게 지켜주려고 하셨다. 그래서 늘 이렇게 말씀하셨다.

"사람은 언제나 돈을 충분하게 가지고 있어야 해, 돈을 챙겨야 한단 말이야."

자기가 하고 싶은 일을 할 수 있는 재정적인 자원을 가지고 있지 못해서 자기가 싫어하는 직업이나 자기에게 보탬이 되지 않는 인간관계에 발이 묶여 있어서는 안 된다는 뜻이었다.

어머니가 나더러 내가 무엇을 하든 자유롭게 운신할 수 있는 돈을 모아야 한다고 강조하신 것은 단지 내가 건전한 경제관념을 가지게 하기 위한 뜻은 아니었다. 어머니가 이렇게 하셨던 것은 외부적인 요인 때문에 등 떠밀려 어쩔 수 없이 하게 되는 것이 아니라 자기의 자유로운 의지에 따라서 어떤 일이든 할 수 있는 동기부여의 힘이 가지는 근본적인 중요성을 강조하기 위한 것이기도 했다. 요컨대 '해야 한다'의 힘이 아니라 '하고 싶다'의 힘인 자율성을 발휘하는 것이야말로 자신이 지금 걸어가는 길을 조금 바꿈으로써 의미 있는 변화를 이끌어낼 수 있는 두 번째 전제조건이다.

해야 한다 VS. 하고 싶다

런던에 사는 테드라는 상담 환자가 있는데, 테드와 나는 상담 환자와 심리치료사라는 관계로 만났지만 지금은 좋은 친구로 지내고 있다. 그는 정상 체중에서 약 20킬로그램이나 더 나가는 과체중이었는데, 업무상 출장이 워낙 많다 보니까 건강한 생활 시간표를 지키기 어려웠다. 그는 장시간 비행을 한 뒤에 지치고 허기가 진 채 가족을 그리워하는 허전한 마음으로 출장지의 호텔에 들어서곤 했다. 그는 이 모든 결핍을 치즈버거와 맥주로 달랬다. 그리고 텔레비전을 보는 동안에도 지루함을 달래려고 군것질을 했다. 그의 아내와 의사는 늘 운동을 하고 몸무게를 줄이라고 얘기했다. 그러나 '해야만 하는' 그 일을 해야 한다는 걸 본인도 잘 알았지만 어쩐 일인지 그는 실제 행동으로는 단 한 번도 옮기지 못했다.

테드는 결혼을 늦게 했으며 테드와 그의 아내는 아이를 낳을 수 없었다. 그래서 그들은 루마니아에서 남자아이를 입양했다. 아이의 이름은 알렉스였다. 알렉스는 어린 나이에 고아가 되었고, 그 뒤로 몇 년 동안 정말 힘든 시절을 보냈다. 늘 유아 침대에만 있었고, 누가 안아주거나 말을 걸어주는 사람도 거의 없었다. 게다가 영양실조까지 그를 덮쳤다. 그리고 이 모든 것들이 원인이 되어 학습 장애까지 생겼다.

하지만 알렉스는 미술에 특출한 재능을 가지고 있어서 자기 내면의 풍경을 놀라울 정도로 생생하게 표현했다. 알렉스는 열 살이던 어느 날에 혼자 있는 자기 모습을 그림으로 그렸다. 버림받은 아이, 너무도 절망적인 아이의 모습이었다. 알렉스는 이 그림의 제목을 '고아'라고 붙였다. 하지만 테드는 그 그림이 암시하는 주제에 놀라지 않았다. 아이는 그 이전에도 그런 그림을 자주 그렸기 때문이다. 그런데 이번에 아이가 그린 그림 속에는 유아나 어린아이가 아니라 다 큰 청년이 있었다. 그래서 테드가 어째서 다 큰 청년이 저렇게 외로운 모습으로 절망하고 있는지 아이에게 물었다. 그러자 아이는 울기 시작했다. 그리고 목이 메어 흐느끼면서 테드의 나쁜 건강 습관 때문에 테드는 1~2년 안에 죽을 것이고, 그렇게 되면 자기가 또다시 아버지 없는 아이가 될 것이기 때문이라고 말했다.

그 순간 테드의 마음은 건강 습관을 '고쳐야 한다'는 것에서 '고치고 싶다'는 것으로 바뀌었다. 건강해져야겠다는 마음이 갑자기 절실하게 들었는데, 그것은 순전히 아이에 대한 사랑과 이 아이가 건강하게 성장하는 모습을 바라보고 싶다는 바람에서 비롯된 것이었다. 그래서 그때부터 테드는 여러 가지 습관들을 조금씩 바꾸기 시작했다. 튀김보다는 샐러드를 주문했고 출장을 다닐 때는 호텔 객실의 미니바의 사탕과 과자를 눈에 띄지 않는 곳으로 치웠으며 출장지에서는 될 수 있으면 택시를 타지 않고 걸어서 다녔다. 시간이 지나는 동안 이런 작은 변화들이 차곡차곡 늘어났다. 이런 노력 덕분에 테드는 몸무게를 많이 줄였고 또 그런 건강한 상태를 유지했다. 그리고 지금도 출장지에서뿐만 아니라 늘 건강한 습관을 유지하고 있다. 자기 자신이 그렇게 하고 싶었기 때문이다.

많은 사람들이 운동을 해야 한다는 생각에 싫지만 억지로 헬스장에 간다. 하지만 이렇게 해서 시작한 운동으로 얼마나 큰 효과를 볼 수 있을까? 또 이렇게 시작한 운동을 얼마나 오래 계속 할 수 있을까? 자신과 가까운 친척에게 전화를 할 때도 그렇다. 이 통화를 하면서 진심에서 우러나오는 의미 있는 대화를 나누는 비율이 과연 얼마나 될까? 이런 식으로 접근할 때, 즉 기꺼운 마음이 아니라 마지못한 마음으로 억지로 어떤 것을 할 때는, 설령 최종적인 목표들이 자기가 소중하게 여기는 가치들과 일치할지라도 결국에는 좋은 의도와 제대로 되지 않은 실천 사이에서 방향을 잃고 만다.

2,500년 전에 플라톤은 이 내면의 갈등을 서로 정반대인 두 마리의 말이 끄는 마차에 비유했다. 한 마리는 열정, 즉 내면의 온갖 충동과 열망이고, 다른 한 마리는 지성, 즉 이성적이고 도덕적인 마음이라고 했다. 사람들은 자기가 하고 싶은 것과 자기가 마땅히 해야 한다고 생각하는 것이 각각 지향하는 정반대 방향 사이에서 끊임없이 갈등한다는 뜻이었다. 이런 상황에서 우리 인간이 마차를 모는 마부로서 자기가 가고자 하는 방향으로 가려면 이 두 마리의 말을 잘 길들이고 인도해야 한다고 플라톤은 바라보았다.

플라톤의 이런 지적이 올바르다는 사실을 현대 의학과 심리학이 확인했다. 현대적인 신경촬영법(컴퓨터단층촬영이나 자기공명촬영처럼 뇌의 구조와 뇌 손상 혹은 활성화 부위를 파악하는 데 사용되는 기법을 지칭하는 일반적 용어 — 옮긴이)을 통해 보니, 사람의 뇌에서 충동적이고 보상을 추구하는 체계(열정)와 이성적이고 장기적인 목표(지성)가 갈등을 일으킬 때마다 뇌는 '두 마리 말의 고삐'를 잡아채서 제어하려고 했다. 예를 들어서 당신이 건강한 식품을 먹으려고 노력한다고 치자. 당신이 어떤 식당으로 들어갔는데, 디저트 접시에 맛있어 보이는 초콜릿무스 케이크가 담겨 있는 게 눈에 보인다. 그러면 이 시각 정보는 쾌락을 담당하는 뇌 부위인 측위 신경핵nucleus accumbens의 활동을 자극한다. '그래, 너는 저 초콜릿무스 케이크를 원하는구나. 그렇지만 안 된다는 걸 그새 잊어버렸니? 그걸 먹을 순 없어.' 당신이 용기를 내어서 그 앞을 그냥 지나갈 때, 자제력을 담당하는 뇌 부위의 한 부분인 하전두회inferior frontal gyrus가 작동한다.[18] 이 두 개의 영역이 동시에 활성화됨으로써, 그 디저트를 먹을 것인가 말 것인가를 두고 우리의 뇌는 문자 그대로 자기 자신과 격렬히 싸운다.

그런데 여기에서 그치는 게 아니라 상황은 한층 더 복잡해지는데, 더 원초적인 본능이 고개를 들고 나서는 것이다. 뇌 영상 연구에 따르면 사람이 전형적인 어떤 선택에 맞닥뜨릴 때 미각과 같은 본능적인, 즉 동물적인 속성들이 건강한 속성들에 비해서 평균 약 0.195초 빨리 작동하고 처리된다.[19] 뇌는 의지력이 작동하기도 전에 벌써 특정한 선택을 하도록 우리를 강요한다는 말이다. 어떤 심리학 실험이 보여주듯이 피실험자의 74퍼센트가 '언젠가 미래의 어느 날에' 초콜릿보다는 과일을 선택할 것이라고 대답을 했지만, 당장 초콜릿과 과일이 눈앞에 주어졌을 때 초콜릿을 집어드는 피실험자의 비율이 70

퍼센트인 이유도 바로 이런 까닭에서이다.[20] 사람의 뇌는 원시적인 충동이 심사숙고한 판단보다 앞서는 방식으로 작동하기 때문에, 마지못한 마음에 휘둘리는 우리 내면의 엄격한 선생이 우리가 바라는 지점으로 우리를 데려다줄 가능성은 매우 희박하다.

그런데 다행스럽게도 우리는 작은 변화를 취함으로써 두 마리의 말 사이에 벌어지는 경쟁에서 한 발 비켜날 수 있다. 테드가 그랬던 것처럼 우리는 우리가 가지고 있는 목표를 '마땅히 해야 하는 어떤 것'이 아니라 '하고 싶은 어떤 것'으로 설정할 수 있다. 이런 식으로 동기를 아주 조금씩만 수정해도 우리는 열정과 지성 가운데 어떤 것이 우리를 지배할 것인지를 놓고 굳이 걱정하지 않아도 된다. 우리의 전체 자아는 조화롭게 작동하기 때문이다.

'하고 싶다'의 힘

'하고 싶은' 목표는 어떤 개인의 진정한 관심과 가치, 즉 그 목표를 추구해야 하는 이유를 반영한다. 우리가 이런 목표를 추구하는 것은 개인적인 기쁨(내재적인 관심) 때문이거나 그 목표가 가지고 있는 본질적인 중요성(확인된 관심) 때문이거나 혹은 그 목표가 핵심적인 정체성(통합된 관심)으로 녹아들어갔기 때문이다.[21] 그러나 가장 중요한 것은 이런 목표들을 우리가 자유롭게 선택한다는 사실이다.

이에 비해서 '해야 하는' 목표는 흔히 옆에서 잔소리를 하는 친구나 가족 때문에 설정되거나('너는 살을 좀 빼야 해!'), 혹은 흔히 타인의 시선으로 인한 심리와 연관되어서 외부에서 주어지는 논리나 목표에서 촉발해 자기 스스로 느끼는 의무감 때문에 설정된다.('맙소사! 얼마나 뚱뚱한지 굿이어 비행선이 따로 없잖아! 이래가지곤 친구 결혼식장에 못 가겠어!')

자기 외모에 대한 공포나 부끄러움이나 불안 때문에 건강한 식품을 선택할 수도 있고, 또는 건강이 인생을 즐겁게 누리는 데 도움이 되는 중요한 요소라고 생각하기 때문에 건강한 식습관을 선택할 수도 있다. 이 두 가지 이유 사이의 핵심적인 차이는, 비록 '해야 한다'는 동기부여가 처음 얼마 동안에는 긍정적인 변화를 가져올 수 있을지는 몰라도 오래 지속되지는 못한다는 점이다. 충동은 의도를 늘 0.195초나 앞서기 때문이다.

예를 들어서 어떤 연구자들은, 몸무게 5파운드(약 2.3킬로그램)를 줄이겠다는 동일한 목표를 가진 두 사람이라고 할지라도 각자 가지고 있는 동기부여의 특성에 따라서 자기 앞에 놓여 있는 초콜릿무스 케이크를 다르게 바라본다는 사실을 확인했다.[22] 즉, '하고 싶다'는 동기를 가진 사람은 그 케이크를 덜 유혹적으로 받아들이고('이 디저트가 맛있어 보이긴 하지만 나는 딱히 흥미를 느끼지 않는다') 애초의 목적을 고수하는 과정에서 상대적으로 어려움을 덜 느낀다.('이것 말고도 맛있고 건강한 음식은 얼마든지 있는걸 뭐') 이처럼 동기부여의 성격을 아주 조금만 바꾸어도, 저항할 수 없는 힘을 상대로 투쟁한다는 느낌에 더는 시달리지 않아도 된다.

'하고 싶다'는 동기부여는 자극에 대해서 자동적으로 이끌리는 충동을 줄여주고, 반대로 목표를 달성하는 데 실제로 도움이 되는 행동으로 이끌리도록 만들어준다. 이에 비해서 '해야 한다'는 동기부여는 구속감과 박탈감을 주기 때문에 실제로는 오히려 유혹을 증가시킨다. '해야 한다'는 이유만으로 어떤 목적을 추구할 때는 결국 자제력이 조금씩 사라지고, 결국 자기가 하고 싶지 않은 것을 억지로 해야 하는 게 점점 더 힘겹게 느껴진다.

여섯 살짜리 아이를 돌본 적이 있는 사람이라면 누구나, 잠자리에 드는 일이든 양치질을 하는 일이든 혹은 이웃집의 '롤라 아주머니'에게 인사를 하는 일이든 간에 아무리 시켜도 이 아이들이 얼마나 뺀질거리면서 말을 잘 듣지 않는지 알 것이다. 어느 날 저녁에 나의 아들 노아는 수학 숙제를 해야 한다면서 투덜댔다. 수학을 매우 좋아하는 녀석임에도 그랬다. 나로서는 이것이 훈육을 하기에 딱 좋은 기회였고, 나는 이렇게 물었다.

"너는 수학을 해야 해서 하니, 아니면 하고 싶어서 하니?"

그러자 아이가 씨익 웃었다.

"하고 싶어서요!"

그렇게 말하고서 녀석은 잽싸게 달려가서 책상 앞에 앉았다.

인생은 일련의 작은 순간들이 이어진 것이고, 개별적인 순간인 하나하나는 비록 사소한 것일지라도 이 순간들이 하나로 합쳐지면 엄청나게 큰 변화를 가져올 수 있다. 작고 사소한 변화를 통해 '해야 하는' 것 속에 숨어 있는 '하고 싶은' 것을 찾아냄으로써 우리가 얼마나 많은 것을 얻을 수 있을지 상상해보라. 바로 이것이야말로 우리가 진정으로 소중하게 여기는 게 무엇인지 아는 것이 얼마나 중요한지를 일깨워주는 부분이다. 장기적인 차원에서 우리가 바라는 것이 무엇인지 알 때, 우리가 그렇지 않았더라면 의무밖에 보지 못했을 환경 안에서 자기가 바라는 것을 한결 쉽게 찾을 수 있다.

예를 들어서 나는 이 책의 원고 집필을 조금이라도 빨리 끝내기 위해서는 날씨 좋은 일요일에도 글을 써야 한다. 그런 생각을 하면서 집 근처 도서관으로 갈 때 나는 아이들과 기분 좋은 햇살 아래에서 보낼 수 있는 시간을 포기해야 한다는 생각에 억울한 마음이 들 수 있다. 또 설령 그렇게 일을 한다고 하더라도 일에 완전하게 몰두하지는 못할 것이다. 그러나 내가 그 누구도 나에게 이 책을 쓰라고 강요한 적이 없다는 사실을 상기하고, 또 '감정'이라는 중요한 메시지를 사람들에게 알릴 수 있다는 사실을 상기함으로써 원고 집필 작업을 '하고 싶은' 일로 설정한다면, 내가 느끼는 기쁨과 활력은 한층 더 활성화될 것이다. 아울러 내가 미처 하지 못했던 새로운 발상들을 마음을 열고 받아들일 것이며 편집자가 해주는 이런저런 말들을 비판이나 지시가 아니라 협력으로 해석할 것이다. 그리고 일을 마친 뒤에는 비록 짧은 시간이라고 할지라도 가족과 함께 하는 저녁 시간을 즐기며 재충전할 수 있을 것이다.

사람들은 누구나 '나는 오늘 아빠로서의 의무를 다해야 해'나 '나는 오늘 또 한 건의 지루한 회의에 참석해야 해'라는 말이나 생각을 한다. 그리고 그런 말이나 생각의 미묘한 함정에 빠지곤 한다. 하지만 이럴 때 우리는 자기가 처한 환경이 과거에 자기가 소중하게 여기는 것들에 대해서 자기가 내렸던 선택들('나는 아버지 노릇을 하고 싶다'거나 '나는 내가 하는 일을 사랑하며 적어도 내가 하는 일에 관한 한 두각을 드러내고 싶다')의 결과임을 자주 망각한다.

보다 분명하게 하기 위해서 덧붙이자면, 나는 지금 무조건 '긍정적으로 생각해야' 하며 현실에 엄연히 존재하는 근본적인 걱정거리들까지 무시해야 한다고 주장하는 게 아니다. 만일 자기 삶의 특정한 부분에서 '하고 싶은' 것을 찾을 수 없다면, 이것은 삶의 변화가 순서대로 이미 예정되어 있다는 신호일 수도 있다. 만일 당신이 애초에 사회에 긍정적인 영향력을 전하고 싶어서 현재의 직장에 들어갔는데 지금 당신의 회사는 오로지 수익 창출에만 관심을 가지고 있다면, 직장을 바꿔야 할 시기일지도 모른다. 또 만일 당신이 정말 특별하고 중요한 사람을 만나고 싶어서 지금 당신 곁에 있는 사람을 만났지만, 알고 보니 그 사람이 당신이 기대했던 사람이 아니라면 지금 당장 새로운 사람을 찾아야 할지도 모른다. '하고 싶은' 일을 찾는다는 것은 특정한 선택을 강요하는 것이 아니다. 자기가 원하는 인생으로 이어지는 것들을 더 쉽게 선택하기 위한 행동임을 기억하자.

이제 습관을 조금 바꾸기

설령 성장하는 마음가짐을 가지고 있고 '하고 싶다'는 동기부여에 충실했다 하더라도, 딱 두 번밖에 사용하지 않은 첨단 유행의 실내 운동용 자전거나 비싼 믹서기처럼 우리는 어떤 것에 처음에만 열중하다가 금방 시들해질 수도 있다. 우리가 이끌어낸 변화가 오래 지속될 수 있도록 보장하는 유일한 방법은, 의식적으로 선택했던 의도적인 행동을 지속적으로 유지해서 습관으로 바꾸는 것이다.

이 책을 시작하면서 나는 자동화라는 제1시스템의 반응, 즉 인생을 의도적으로 살지 않고 자동적인 행동을 하면서 사는 삶이 초래하는 함정에 대해서 많은 경고를 했다. 하지만 우리는 또한 습관을 깨는 것이 얼마나 어려운지 확인함으로써 습관이라는 것이 매우 강력한 힘을 발휘한다는 사실을 인정했다. 그러므로 우리가 자기 가치관에 부응하는 방향으로 자기 행동을 이끌고자 한다면(감정의 민첩성 최고 수준에 도달하고자 한다면), 의도적인 행동들이 의식에 깊이 각인되어서 굳이 '의도적'일 필요가 없을 정도로 그 행동들을 습관화해야 한다.

자신의 가치관과 일치하며 '하고 싶다'는 동기부여와 연결되는 의도적으로 키워진 습관은, 좋은 날이든 나쁜 날이든 간에 그리고 자기가 진정으로 주의를 기울이든 기울이지 않든 간에 따로 노력을 거의 들이지 않고서도 지속될 수 있다. 예컨대 아침에 아무리 정신이 없어도 양치질을 잊어버리지 않으며 자동차에 타서는 안전벨트 매는 것을 잊어버리지 않는다. 가치관과 연결된 습관을 만드는 능력은 그 사람이 가진 좋은 의도가 오래 지속될 수 있도록 해줄 뿐만 아니라 그 사람이 자기의 정신적인 자원을 다른 일에 넉넉하게 쓸 수 있도록 해준다. 경제학자인 리처드 탈러Richard H. Thaler와 법학자인 캐스 선스타인Cass R. Sunstein은 베스트셀러 저서인 『넛지Nudge』에서 정교하게 의도된 선택들을 통해서(저자들의 표현을 빌리자면 '선택 설계choice architecture'를 통해서) 다른 사람들의 행동에 영향을 미치는 방법을 보여준다.[23] 예를 들어서 모든 사람들을 강제적으로 장기 기증자로 만들 수는 없고 또 굳이 그럴 필요도 없다. 그저 어떤 사람이 쉽게 장기 기증자가 될 수 있도록 해주는 선택들을 설정하기만 하면 된다. 독일에서는 장기 기증을 하려면 정해진 서류 양식에 여러 가지 사항들을 기입하는 복잡한 절차를 거쳐야 한다. 그래서 독일의 장기 기증자 비율은 12퍼센트이다. 그런데 이웃 국가인 오스트리아에서는 장기 기증을 하지 않겠다는 의사를 따로 밝히지 않으면 자동적으로 장기 기증자가 된다. 오스트리아의 장기 기증자 비율은 100퍼센트에 가깝다.

어떤 서류 양식에 이런저런 내용을 기입하는 것만으로 자기가 습관적으로 하는 행동을 쉽게 바꿀 수 없을지 모른다. 그러나 선택 설계라는 개념을 자기의 생활에 적용할 수는 있다. 이렇게 함으로써 우리는 자기가 설정한 목표에 조금 더 가깝게 다가갈 수 있도록 해주는 좋은 습관을 더 쉽게 들일 수 있다.

습관은 우리가 자주 맞닥뜨리는 상황에서 무의식적으로 촉발되는 자동적인 반응이다.[24] 우리는 날마다 이런 상황을 수백 번까지는 아니라고 하더라도 적어도 수십 번은 맞이하면서 대개는 자동적이고 무의식적으로 대응한다. 그러나 이런 상황에서도 자기 가치관과 일치하는 행동을 할 기회를 찾는다면 더 나은 습관을 들일 수 있다.

그럼 여기에서 가치관에 토대가 된 의도들과 그 가치관을 따를 수도 있고 따르지 않을 수도 있는 상황들 그리고 당신이 가할 수 있는 작은 변화들을 살펴보자.

의도 : 출장을 갔을 때 시간을 보다 잘 활용하고 싶다.

상황 : 호텔 방에 있다.

선택지점 : 방에 들어서자마자 텔레비전을 켠다? 아니다, 켜지 않는다?

의도 : 늘 애정이 넘치는 부부생활을 하고 싶다.

상황 : 저녁 시간의 집이다.

선택지점 : 배우자가 현관문을 열고 들어올 때 어서 오라는 인사말을 웅얼거리면서 한 다음에 하고 있던 일을 계속 한다? 아니다, 자리에서 일어나서 반가운 마음을 표시한다?

의도 : 아이와 함께 있는 제한된 시간을 최대한 만끽하고 싶다.

상황 : 아침 시간의 집이다.

선택지점 : 우선 이메일을 확인한다? 아니다, 잠옷을 입고 있는 동안은 아이와 함께 장난을 치면서 보낸다?

위의 설문에서 만일 당신이 텔레비전을 켜거나 인사말을 웅얼거리면서 하거나 아침에 일어나자마자 이메일부터 확인한다고 응답했다면, 당신이 이런 행동들을 바꾸는 데는 처음에 많은 노력이 필요할 것이다. 그러나 곧 새로운 선택들이 당신의 머리에 각인될 것이고 이렇게 되면 당신의 무의식적인 뇌는 당신이 필요한 행동을 지시해줄 것이다.

9,000명이 넘는 통근자들을 대상으로 일련의 연구를 진행한 연구자들은 기차역에서 두 가지 다른 표지판을 세웠다. 하나에는 사람

들의 자율성에 호소하는 '하고 싶다'는 관점으로 쓴 글인 '계단을 걸어서 오르겠습니까?'를 적었고, 다른 하나에는 사람들에게 명령하는 '해야 한다'는 관점으로 쓴 글인 '계단을 이용하시오'를 적었다.[25]

그런데 이 두 개의 표지판을 계단과 엘리베이터 둘 가운데 하나를 결정해야 하는 지점에서 조금 떨어진 곳에 설치해서 사람들에게 선택할 시간을 충분히 주었을 때는 사람들이 '계단을 걸어서 오르겠습니까?' 표지판에 영향을 더 많이 받았다. 이 표지판을 읽은 사람들은 심지어 표지판이 전혀 없는 다음 선택지점에서도 계단을 선택했다. 자율성을 촉진하는 메시지가 보다 지속적인 행동을 낳은 것이다.

그런데 이 두 개의 표지판을 계단과 엘리베이터를 선택해야 하는 바로 직전 지점에 놓았을 때 사람들은 '계단을 이용하시오'라는 명령형 표지판에 더 많은 영향을 받았다. 효과적인 변화를 이끌어내는 데는 '하고 싶다'는 동기부여와 연결하는 것이 핵심적으로 중요하긴 하지만, 시간에 쫓길 때 혹은 피곤하거나 짜증이 나거나 배가 고플 때는 자기에게 필요한 것이 무엇인지 정확하게 아는 것, 즉 여러 개의 선택지 가운데서 능동적인 선택을 하는 것이 엄청나게 도움이 된다. 여기에서 우리는 다시 한 번 자동적인 반응, 즉 습관의 힘이 작동하는 것을 볼 수 있다.[26]

기능적 자기공명영상fMRI 장치는 사람이 보상(맛있는 음식, 돈, 섹스, 흡연자에게 보여주는 담배, 마약 중독자에게 보여주는 약을 싸는 반투명 종이 봉지 등)과 연관을 짓는 여러 단서들에 노출될 때, 사람으로 하여금 손쉬운 쾌감을 추구하도록 만드는 보상과 관련된 뇌 부위 및 이것의 구조들과 체계들이 활성화된다는 사실을 보여준다.[27]

그런데 그 노출을 제한해서 그 유혹을 차단하면 삶은 한층 더 쉬워진다. 인지를 담당하는 부분과 감정을 담당하는 부분을 통합하는 '집행두뇌executive brain'가 적절한 행동을 찾아내는 일이 그만큼 쉬워지기 때문이다.

탈러와 선스타인이 제시한 방식대로 선택의 설계를 아주 조금 바꿀 수 있는 몇 가지 방법이 있다.

1. 머리를 쓰지 않는다
: 배가 고프거나 피곤하거나 스트레스를 많이 받았거나 혹은 급할 때 자기가 소중하게 여기는 것과 가장 일치하는 선택이 가장 쉬운 선택이기도 하다.

당신이 살을 좀 빼려고 한다고 치자. 연구 결과에 따르면 사람들은 접시 크기와 상관없이 접시에 담은 음식의 90퍼센트에서 97퍼센트를 먹는 경향이 있다고 한다.²⁸ 그러므로 살을 빼려면 작은 접시를 사용하는 게 좋다. 크기가 10퍼센트 작은 접시를 사용하면 섭취하는 음식의 양도 10퍼센트 줄어들 테기 때문이다.

앞에서 사람들이 과일과 초콜릿 가운데 무엇을 선택하는지 살펴보는 실험을 설명했는데, 이 실험을 기억하는가? 나중에 뭘 먹을 건지 물어보면 건강에 좋은 과일을 선택하는 경향이 있지만, 두 개를 사람들 눈앞에 놓고 지금 당장 뭘 먹을 건지 물어보면 초콜릿을 선택한다고 했다. 그러므로 당신은 다음에 식료품점에 갈 때는 건강한 식품만 사고 그렇지 않은 식품은 거들떠보지도 않는 방식으로 미래의 당신에게 좋은 일을 해라. 이렇게 했을 때 당신은 나중에 집에서 과자를 먹고 싶은 유혹이 들어도 이미 건강한 선택을 할 수밖에 없는 환경, 즉 과자가 전혀 없는 환경을 마련했으므로 그 유혹에 빠질 일이 없다. 이렇게 몇 차례 하고 나면 견과류나 과일로도 당신이 필요로 하는 모든 만족을 얻을 수 있음을 깨달을 것이며 이제 더는 예전처럼 지방과 설탕으로 범벅이 된 음식을 찾지 않게 될 것이다.

식물은 말할 것도 없고 동물도 자기 주변 환경에 매어 있는 경향이 높다. 그러나 두뇌의 용량이 큰 인간은 환경에 지배를 받을 뿐만 아니라 환경을 적극적으로 활용한다. 그러므로 사람은 자기가 살고자 하는 삶을 살기 위해서 충동과 행동 사이에 시간적인 완충 공간을 형성할 수 있다. 만약 당신이 어떤 행동이나 습관을 바꾸고자 한다면, 당신이 하고자 하는 것을 가로막는 게 무엇인지 생각해 봐라. 그러면 그 문제를 해결하기 위해서 당신이 할 수 있는 작은 변화가 분명 눈에 들어올 것이다.

2. 업혀가기

: 기존의 습관에 새로운 행동을 덧붙여라.

여러 연구에 따르면, 피실험자들에게 기존에 가지고 있던 습관에 특정한 새로운 행동을 덧붙일 때(예를 들면 날마다 그래놀라를 먹는 습관을 가지고 있는데, 여기에 과일을 곁들여서 먹는 습관을 덧붙인다) 이 새로운 행동이 습관으로 자리를 잡을 가능성이 상당히 높았다.

자, 이런 설정을 해보자. 당신은 어린 자녀들과 함께 보내는 시간을 소중하게 여긴다고 치자. 그런데 아이들과 함께 있을 때면 자기도 모르게 아이들에게 집중하지 않고 스마트폰 화면을 휙휙 넘기고 있다. 문득 자신의 이런 모습을 깨달을 때마다 다시는 그러지 말아야지 하면서도 스마트폰이 눈에 보이면 '딱 한 번만, 잠깐만 봐야지' 하는 충동을 이기지 못한다.

만약 당신이 집에 들어서자마자 현관문 열쇠를 서랍이나 그릇에 담아두는 습관을 가지고 있다면, 이런 습관에 스마트폰을 두는 행동을 덧붙여라. 집으로 들어가서 열쇠를 두는 곳에 스마트폰을 함께 두라는 말이다. 그리고 이때 스마트폰을 꺼버려라.

또 직장 동료들과 얼굴을 마주할 기회를 더 많이 만들고 싶다면, 혼자 즐기던 오후의 커피 시간을 동료들과 함께 하는 자리로 만들어서 의사소통의 질을 높이는 시간으로 활용하면 된다.

어떤 행동을 기존의 습관에 업혀가도록 하면 새로운 습관이 몸에 배는 일이 한결 쉬워진다. 이미 짜여진 기존의 생활 패턴을 굳이 크게 바꾸지 않아도 되기 때문이다.

3. 사전 대비

: 장애 요인들을 미리 예상하고 여기에 대해서 '만일 그럴 경우에는 이렇게 대응한다(if-then)'는 전략을 미리 준비한다.[29]

예를 들어서 이렇게 가정해보자. 당신은 남자친구와 다퉜는데 화해를 하고 싶다. 당신은 두 사람 다 상황이 빡빡해지거나 날카로워지면 쉽게 흥분하는 경향이 있음을 잘 안다. 그러나 상대방에게 소리를 질러대고 나면 두 사람 다 나중에 비참한 마음이 든다는 것도 알고 있다. 그러면서도 나중에 가슴을 치며 후회할 온갖 말들을 마구 해버린다. 당신은 이 문제를 바로잡고 싶다. 이런 모습으로 계속 살아가고 싶지는 않다.

사람들은 이와 같은 불쾌한 상황이나 반응을 예상할 수 있을 때조차도 결국에는 그런 것들에 자기가 감정의 덫에 걸릴 수밖에 없도록 스스로를 방치하는 경우가 허다하다. 그리고 어떤 변화를 원한다고 하더라도 정작 그런 감정적인 자극에 맞닥뜨려서는 변화를 실행하지 못한다. 그러나 감정의 민첩성은 당신이 이런 자극에 즉각적으로 반응해서 휘둘리지 않고 한 걸음 비켜나서 자신이 소중하게 여기는 가치에 맞는 행동에 집중할 수 있도록 도와준다. 당신이 남자친구와 대화를 시작하기도 전에 당신은, 만약 남자친구가 폭발하기 매우 쉬운 화제를 입에 올린다고 하더라도 마음을 열고 이야기를 끝까지 다 듣겠다는 다짐을 할 수 있다.

비슷한 예를 하나 더 들어보자. 당신은 오전 다섯시에 알람이 울릴 때 곧바로 일어나지 않고 조금만 더 누워 있고 싶다는 유혹 때문에 연장 버튼을 누를 수도 있음을 잘 안다. 그러므로 잠자리에 들기 전에 만약 다음날 아침에 늦잠을 자고 싶은 유혹이 든다 하더라도, 그리고 아무리 피곤하더라도 알람이 울리면 침대에서 무조건 일어나겠다고 스스로에게 말하고 다짐해라. 이렇게 해야 하는 이유는 누구나 다 잘 알고 있다. 힘들게 일어나면 비록 몇 분 동안은 기분이 고약하겠지만 일어나서 간단한 운동을 하고 하루를 시작할 경우, 한 시간만 지나도 잠을 조금 더 자는 것보다 천 배는 더 기분이 좋을 테기 때문이다. 오전 다섯시에 알람이 울릴 때, 아무리 잠이 덜 깨서 몽롱한 상태라고 하더라도 당신이 어젯밤에 '만일 그럴 경우에는 이렇게 대응하겠다'고 다짐했던 일을 기억할 것이다. 그리고 이렇게 알람이 울릴 때 한 번에 일어나는 게 비록 처음에는 쉽지 않겠지만 계속 하게 되면 점점 더 쉬워질 것이고 마침내 습관으로 굳어질 것이다.

4. 장애물 코스
: 긍정적인 전망을 잠재적인 도전이라는 생각으로 주의를 기울여라.

앞에서 우리는 긍정적인 생각이 감정의 민첩성을 방해할 수도 있다는 내용을 살펴보았다. 습관을 바꾸는 게 딱 그렇다.

연구자들이 다이어트 프로그램에 참가한 여자들을 두 집단으로 나누어서, 한 집단에게는 이 프로그램을 성공적으로 마쳐서 원하는 만큼 살을 뺀 상황을 상상하라고 했고 다른 한 집단에게는 다이어트 프로그램을 하는 도중에 정해진 식단 이외의 음식을 먹고 싶다는 유혹을 느끼는 상황을 상상하라고 했다. 1년 뒤에 이 두 집단 사이에 어떤 차이가 나타났을까? 과연 어떤 집단이 살을 더 많이 뺐을까? 결과는 현실적으로 생각한 후자 집단이 장밋빛 꿈에 부풀었던 전자 집단보다 살을 더 많이 뺐다.

많은 나라에서 비슷한 연구들이 다양한 목표를 가진 사람들을 대상으로 진행되었다. 예를 들면 데이트를 하고 싶은 대학생들, 예전처럼 다시 자기 두 발로 걷고 싶은 고관절 교체 수술 환자들, 취업을 바라는 대학원 학생들, 좋은 점수를 받고 싶어 하는 초등학생들 등이 그런 대상이었다. 자기가 설정한 목표를 아무런 어려움 없이 쉽게 달성하는 꿈을 꾸는 것은 도움이 되지 않는다. 사실은 자기가 이미 그 목표를 달성했다는 식으로 뇌가 믿어버리기 때문에 오히려 방해가 될 수도 있다. 이런 긍정적인 환상들은 목표를 향하는 동기부여에서 김이 빠지게 만들어버려서 집중해야 할 힘을 흐트러뜨린다.

최상의 결과를 얻은 사람들은 낙관주의와 현실주의를 적절한 비율로 함께 가지고 있었다. 자기는 반드시 목표를 달성할 것이라는 믿음도 중요하지만 거기까지 가는 과정에 나타날 가능성이 높은 이런저런 장애물들에 주의를 기울이는 것도 필요하다. 이것이 바로 '정신적 대비mental contrasting'[30]이다.

건강한 식습관과 운동을 주제로 한 최근의 어떤 연구는 이 정신적 대비를 실천한 사람들이 통제집단에 비해서 운동시간이 두 배나 되고 채소도 훨씬 더 많이 먹는다는 사실을 확인했다. 정신적 대비는 만성 요통에 시달리는 환자들이 더 빨리 회복하고 인간관계에서 더 많은 만족을 느끼며, 더 좋은 점수를 받고 또한 업무 스트레스를 보다 잘 해소하도록 도왔다.

현실의 어려움을 냉정하게 바라보는 동시에 장밋빛 미래를 상상함으로써 이 둘을 하나로 이을 수 있다. 이렇게 할 때 장애물 및 이 장애물을 극복할 계획들을 모두 아우르는 정신적 경로가 생성된다. 이 경로는 당신이 지금 서 있는 자리에서 당신이 장차 가 있고자 하는 자리까지 이어진다. 이 경로는 또한 변화로 나아가는 길이기도 하다.

성장과 변화를 포용하는 열린 마음은 가치관과 목표가 생명을 얻고 현실화되는 중심체이다. 자신을 자기 인생의 주인으로 생각할 때, 즉 자기 계발, 경력, 창의성, 일 그리고 인간관계 등을 온전하게 자기 스스로 해나갈 때 엄청난 힘이 발휘된다.

자기 자신의 마음가짐과 동기부여와 습관을 아주 조금씩 바꾸는 것은, 지금 있는 자리에서 두 다리가 마치 식물처럼 뿌리를 내리고 서 있는 게 아니라 자기 마음을 변화무쌍한 세상을 향해서 활짝 열어두는 것이다. 호기심과 실험정신, 온갖 가능성이 생활 속에서 즐겁고 유쾌하게 뛰어놀도록 만드는 것이다. '나중에 내가 어떻게 될까?' 하는 결과와 목표 등에 관한 온갖 걱정과 우려들을 옆으로 치워두고서 거기까지 가는 과정에 자유롭게 몰두하는 것이다. 그렇게 인생을 매순간 충실하게 살며 좋은 습관을 한 번에 하나씩 조정하며 앞으로 나아가는 것이 우리 삶을 놀라울 정도로 변화시킨다.

8장

균형을 통해 전진하기

지나칠 정도로 능숙해져버린

조지라는 친구가 있다. 물론 가명이다. 어느 날 네 살짜리 아들이 화장실에 들어간 지 한참이 지났는데도 나오지 않자 이상한 생각이 들었다. 서부영화의 대사를 빌리자면 '조용해도 너무 조용했기' 때문이었다.

그래서 조지는 문을 노크한 뒤에 화장실을 열어보았다. 아들은 스툴에 올라서서 세면대 거울을 바라보고 있었다. 조지는 나중에 내게 말할 때, 그때 화장실에서 벌어진 상황을 파악하기까지의 시간은 마치 달팽이처럼 느리게 진행되었다고 했다. 먼저 흰색 면도용 거품이 눈에 들어왔다. 이 거품이 묻어 있지 않은 데가 없을 정도로 모든 곳에 다 묻어 있었다. 변기, 거울, 바닥 그리고 아들의 얼굴 전체에… 그다음에 붉은색 액체가 눈에 들어왔다. 흰색 거품보다는 덜했지만 그래도 많은 곳에 묻어 있었다. 세면대, 거울, 아들의 턱까지. 입술 바로 아래에 난 상처에서는 피가 계속 흐르고 있었다.

아버지 흉내를 내고 싶었던 아들은 면도를 하려고 했고, 비록 상대적으로 덜 위험한 안전 면도기이긴 했어도 면도기를 수직 방향이 아니라 수평 방향으로 민 바람에 연약한 피부가 면도날에 베이고 말았던 것이다. 다행히 상처는 심하지 않았다. 그러나 아이에게 지속적으로 영향은 미쳤다. 그 영향은 아이가 고통스럽고 무섭게 얻은 소중한 교훈이었다.

이 이야기는 사람은 무언가를 배우고 성장하고 싶은 타고난 욕망을 가지고 있어서 천성적으로 호기심이 많을 수밖에 없음을 새삼스럽게 일깨워준다. 조지의 아들처럼 사람은 모두 능숙해지길 바라고, 물론 자기 역량을 넘어서는 일을 시도해서 낭패를 보기도 하지만 또 새로운 것들을 시도함으로써 숙련도를 높여나간다. 이상적으로 보자면, 우리가 하는 온갖 도전들 그리고 우리가 힘들게 갈고닦은 역량은 자기가 진정으로 원하는 삶에 조금 더 가깝게 다가가는 데 도움이 된다.

미취학 아동 시기에 우리는 신발을 신는 기술을 남의 도움을 받지 않고 익히려고 애를 쓴다. 그리고 이 기술을 마침내 익혔을 때는 아이와 부모 모두 짜릿한 전율을 느낀다. 하지만 그로부터 얼마 지나지 않아서 능숙함은 곧 현 상태의 안주로 이어진다. 자기 운동화의 신발 끈을 혼자 힘으로 맬 수 있게 되면 아침마다 무언가를 축하할 일은 별로 없다.

앞서 살펴보았듯이 이런 종류의 일상과 관련된 능숙함은 반드시 나쁜 것만은 아니다. 한때 까다롭기 짝이 없던 과제를 습관적으로 할 수 있게 되면 정신적인 에너지를 그만큼 절약할 수 있고, 이제 집 바깥의 세상 속으로 들어가서 훨씬 더 높은 산에 오를 수 있게 된다. 앞에서 살펴보았듯이 자기가 의식적으로 선택했으며 자기가 소중하게 여기는 가치와 연결된 행동들을 습관으로 만드는 것은 감정의 민첩성을 강화하는 핵심적인 측면이다. 그러나 인생의 특정한 지점들에서는 '지나칠 정도로 능숙해져버린' 일들이 있게 마련이다. 사람이 어떤 일을 능숙하게 잘할 때는 어느 순간엔가 자동비행 모드로 들어가서 융통성 없는 행동을 강화할 뿐만 아니라 집중력 상실과 성장 포기 그리고 지루함까지 심화된다. 더는 발전이 없는 침체 상태에 머물게 되는 것이다.

과도한 능숙함

사람은 어떤 식으로든 간에 모두 이런 종류의 '과도한 능숙함over-competence'을 경험한다. 어떤 사람이 자기가 직업적으로 하는 일을 눈을 감고도 척척 해낼 수 있을 때, 그날 하루의 결과가 어떻게 나올지 아침에 이미 알 수 있을 때, 혹은 숙련도의 발전이나 또 다른 가능성을 더는 경험하거나 기대하지 않을 때, 이 사람을 두고서 자기 일에 과도하게 능숙한 상태라고 할 수 있다. 만일 당신이 어떤 영화에 대해서 당신의 배우자가 어떤 견해를 가지고 있을지 물어보지 않고도 정확하게 안다면, 혹은 부부가 함께 식당에 갔을 때 당신의 배우자가 무슨 음식을 주문할지 알고 있으므로 굳이 물어보지 않고서 배우자 대신 그의 음식을 주문한다면, 당신은 결혼생활에 과도하게 능숙하다고 말할 수 있다. 과도한 능숙함은 대가족이 모인 자리에서도 나타날 수 있다. 추수감사절에 온 가족이 모인 자리에서 루 아저씨가 정치 이야기를 하고, 뒤이어서 할머니가 "제발 너희 삼촌 입 좀 다물게 해라"라고 말을 하는 식으로 대화가 전개될 것을 정확하게 예측한다면 말이다. 당신이 스마트폰에서 시선을 떼지 않은 채로 십대 아들에게 "오늘 학교에서 어땠어?"라고 물을 때 당신의 아들 역시 스마트폰에서 시선을 떼지 않은 채 "재밌었죠"라고 대답하는 것으로 가정생활에서도 과도한 능숙함은 나타난다. 이런 상태에서는 어떤 도전도 없고 기쁨도, 발견도 없다. 모든 것이 판에 박힌 듯이 똑같이 돌아가고 삶의 모든 것이 한 치의 오차도 없이 모두 정해져 있어서 모든 게 예측 가능하고 무미건조할 때 새로운 도전이나 기쁨, 발견은 있을 수가 없다는 말이다.

마찬가지 이유에서 과도한 능숙함의 정반대 개념인 '과도한 도전 overchallenge' 역시 멋지지 않기는 마찬가지이다. 복잡하기 짝이 없는 것들을 한꺼번에 너무도 많이 다루고 있어서 모두 슈퍼맨이나 원더우먼이 되어 함께 달려든다고 해도 도저히 감당할 수 없을 때, 혹은 살얼음판을 걷는 것처럼 아슬아슬한 인간관계 속에서 살아갈 때 사람들은 스트레스를 너무 많이 받아서 창의성을 발휘할 수도 없고 다른 사람의 행동에 적절하게 대응할 수도 없으며 성공할 수도 없다.

감정의 민첩성을 유지하려면 과도한 능숙함과 과도한 도전 사이에서 균형점을 찾아야 한다. 이것이 바로 시소의 원리이다.

놀이터에서는 시소가 최고다. 당신이 시소의 한쪽 끝에 앉아 있을 때 어떤 저항이 다른 쪽 끝에 함께 앉아 있어야 당신은 쿠당탕 소리를 내면서(그리고 고통스럽게!) 엉덩방아를 찧지 않는다. 또, 다른 쪽에 너무 무거운 것이 놓여 있으면 당신은 허공에 불안하게 붕 떠 있어야 한다.

인생에서 시소의 원리는 주고받기이다. 시소는 낯익은 것이 가져다주는 능숙함과 편안함, 미지의 것이 가져다주는 흥분, 심지어 스트레스까지 함께 창조적인 긴장 속에서 공존하는 공간이다. 우리는 매우 특별한 방식으로 그 최적 발전optimal development의 영역에 들어선다.[1] '자기가 가지고 있는 능력의 최대치'를 발휘하면서 살아갈 때, 즉 과도하게 능숙하지 않을 뿐만 아니라 너무도 무거운 짐에 짓눌려서 숨도 쉬지 못할 정도가 아닌 영역에 놓여 있을 때 최적 발전의 영역에 들어설 수 있다.

우리는 자신이 가진 능숙함과 편안함의 수준을 넘어서는 영역으로 자신을 점진적으로 밀어올릴 때 현재 가진 능력에서 최대치로 이동할 수 있다. 이상적으로 보자면, 이 전진은 앞서 논의했던 작고 사소한 점진적인 변화와 같은 것이다.

인간관계, 창의적인 삶, 개인의 발전, 그리고 일 등에서 우리는 이 전진을 두 가지 방법으로 추진할 수 있다. 하나는 자기의 '폭'(우리가 행하는 그 무엇이 무엇인가 : 우리가 획득하는 기술들, 우리가 얘기하는 화제들, 우리가 답사하는 거리들)을 확장하는 것이고 또 하나는 자기의 '깊이'(우리가 행하는 것을 우리가 얼마나 잘 행하는가 : 우리가 듣는 내용의 질, 우리가 세상 속에 참여하는 수준)를 심화하는 것이다. 요트의 키잡이는 맞바람을 거슬러 항해하면서도 맞바람이 치는 방향으로 뱃머리를 돌리는 일이 없이 항해를 최대한 빠르고 매끄럽게 진행하고자 하고, 테니스 선수도 자기보다 실력이 조금 더 나은 선수를 상대하는 것이 늘 더 흥미진진하고 뒤따르는 보상도 더 크다.

그러나 우리는 폭과 깊이를 확장하는 방식, 그리고 그렇게 해야만 하는 이유에 유념할 필요가 있다. 자기 자신에게 진정으로 중요한 것과 일치하도록 폭과 깊이를 선택해야지 가장 똑똑하거나 가장 멋진 존재가 되어야 한다는 압박감을 느낀다거나 혹은 그런 압박감을 느낀다는 이유만으로 임의로 폭을 늘리고 깊이를 심화해서는 안 된다는 말이다. 자기가 바라는 인생을 만들어나가는 것이 중요한 것이지, 바쁘기 위해서 바쁜 일을 만든다거나 '당연히 해야 하는 책임'을 더 많이 만들어 책임감에 짓눌려서는 안 된다.

편안함의 위험

자기만의 최적화 영역대에 다다른다는 발상은 상당히 매력적으로 들린다. 이것은 마치 인생 코치이자 리더십 심리학 전문가인 토니 로빈스Tony Robbins가 숯불 위를 걷기 전에 하는 말(오프라 윈프리 쇼에서 했던 "우리 안의 힘을 경험한다. 중요한 것은 숯불 위를 걷는 그 자체가 아니다.")이나 영화 〈사운드 오브 뮤직〉에 나온 노래로 고등학교 졸업식 때 흔히 불리는 '모든 산을 올라라Climb Every Mountain' 와도 같다. 이것이 우리 내면에 있는 네 살짜리 아이의 충동, 즉 배우고 성장하고 싶다는 충동을 자극하는 것은 분명하다. 그렇다면 우리는 왜 그렇게 자주 무기력할까? 한편으로는 기분이 좋아서 펄쩍펄쩍 뛰고, 다른 한편으로는 진흙탕에 발이 빠져서 허우적거리면서 말이다.

가장 큰 이유는 공포이다. 사람은 천성적으로 미지의 대상을 탐구하도록 만들어져 있지만 다른 한편으로는 스스로를 안전하게 보호하도록 만들어져 있으며, 또 사람의 뇌는 우리를 낚을 수도 있는 바로 그 편안함을 안전함과 혼동한다. 만약 어떤 사람이 (익숙하고 쉽게 접근할 수 있고 또 평소와 다름이 없는 환경에 놓여 있을 때처럼) 어떤 것을 편안하게 느낄 때, 이 사람의 뇌는 지금 현재의 자기 상태가 만족스럽고 좋다는 신호를 보낸다. 그러나 어쩐지 어렵고 불편하다거나 처음 대한다거나 혹은 평소와 다르다고 느낄 때 공포가 슬금슬금 자리를 잡는다. 그리고 이 공포는 온갖 형태와 크기로 형성된다. 때로 이 공포는 꾸물거림, 완벽주의, 외부와의 차단, 내성적인 모습 혹은 변명 등으로 위장하는데, 이때 뇌는 딱 한마디밖에 하지 않는다. 그것은 "노no"이다. 그래서 이 사람은 이렇게 말하게 된다.

"아냐, 나는 결국 망쳐버릴 거야."

"아냐, 저기 있는 사람들 가운데 내가 아는 사람은 아무도 없을 거야."

"싫어, 저 옷은 나에게 정말 어울리지 않아."

"아뇨, 됐어요, 저는 그냥 여기 앉을게요."

이 "노no"의 뿌리는 진화의 역사에 닿아 있다. 공포로 얼어붙는 어떤 순간에서의 동물적 행동은 기본적으로 '접근'과 '회피'라는 두 개의 선택지로 구성되어 있다.² 수백만 년 전에 우리 인간의 조상이 음식이나 짝짓기 기회로 보이는 어떤 것을 보았을 때는 그 대상에 다가갔을 것이고, 반대로 끔찍한 어떤 것을 보았을 때는 도망쳐서 숨었을 것이다.

이렇게 해서 진화는 선先호모 사피엔스pre-Homo sapiens의 특정 종에게, 즉 정상적이고 건강한 발전 과정을 거치는 커다란 뇌 덕분에 모든 종류의 새로운 경험을 그저 재미삼아서 하게 되는 종에게 유리하게 작용했다. 면도기에 얼굴을 베었던 조지의 아들과 마찬가지로 이 종의 어린 개체들은 공포를 느끼지 않았을 수도 있다. 물론 스트레스를 받을 때는 얘기가 달라져서 접근이 아니라 회피 행동이 발동했을 것이다. 아무리 호기심이 많다고 해도 낯선 존재는 피하려 했을 테기 때문이다. 어쩌면 자기 할머니조차도, 적어도 이 할머니가 해를 끼치지 않고 자기 곁에 머물고 있기 전까지, 혹은 맛있는 것을 나누어주고 먹여주기 전까지는 회피의 대상이었을 것이다.

이런 모습은 심지어 현대에도 남아 있다. 어린이는 불편함이나 공포를 느낄 때는 자기와 오랫동안 함께 해서 친한 인형, 그 낡고 냄새나는 인형을 자기도 모르게 끌어안는다. 어린이뿐만 아니라 성인의 행동도 크게 다르지 않다. 사람들은 거의 대부분 자기가 특별히 좋아하는 낡은 옷이 있고, 또 울적하거나 슬프거나 힘들 때면 즐겨 찾는 자기만의 장소가 있다. 예를 들어 당신이 즐겨 찾는 그 장소가 술집이라면, 그곳에 있는 사람들은 모두 당신의 이름 정도는 알고 있을 것이다.

여러 연구 결과에 따르면, 사람이 자기에게 닥친 위험과 관련해서 판단을 내릴 때는 익숙한 것 쪽으로 치우치는 편견을 드러낸다.[3] 예를 들어서 사람들은 어떤 기술이나 투자, 혹은 여가 활동에 대해서 많이 알면 알수록, 실제로는 전혀 그렇지 않음에도 불구하고 그 기술이나 투자, 또는 여가 활동이 덜 위험하거나 덜 어렵다고 여긴다. 통계적으로 보자면 자동차 사고 사망률이 비행기 사고 사망률보다 훨씬 높음에도 불구하고 사람들이 비행기가 자동차보다 더 위험하다고 여기는 것도 바로 이런 까닭에서이다. 대부분의 사람들에게 자동차 운전은 낯익은 일상 활동이지만 비행기 여행은 상대적으로 덜 일상적이고 낯설기 때문이다.

대상을 얼마나 쉽게 이해할 수 있는지 따지는 개념인 접근성은 안전이나 편안함의 또 다른 대리자이다. 어떤 심리학 실험에서 연구자는 피실험자들을 두 집단으로 나누고 동일한 몇 가지 지시사항을 적은 종이를 보여주었다. 그런데 한 집단에게는 읽기 쉬운 크기와 서체로 적은 종이를 제시했고, 또 한 집단에게는 약간의 노력을 들여야만 읽을 수 있는 크기와 서체로 적은 종이를 제시했다. 그리고 두 집단에게 종이에 적은 사항을 모두 이행하는 데 시간이 얼마나 걸릴 것인지 추정하라고 했다. 그랬더니 읽기 쉬운 크기와 서체의 글자로 적힌 지시사항을 읽은 집단은 평균적으로 약 8분 걸릴 것이라고 추정한 데 비해서, 덜 우호적이고 낯선 접근성이 낮은 글자의 지시사항을 읽은 집단은 전자 집단의 두 배 가까운 시간이 걸릴 것이라고 추정했다.[4]

익숙하고 쉽게 접근할 수 있는 것을 선호하는 우리 인간의 편견은 우리가 진리라고 받아들이는 것에까지 영향을 미쳐서 많은 사람들이 가지고 있는 것으로 판단하는 견해를 더 많이 신뢰한다.[5] 그런데 우리는 우리가 어떤 내용을 얼마나 자주 듣는지 혹은 그 내용을 누구에게 듣는지 추적하는 데는 서툴다는 점이 문제이다. 그래서 단순한 (그리고 쉽게 접근할 수 있는) 이야기를 충분히 반복해서 들으면 나중에는 그 이야기를 쉽게 사실로 받아들인다. 설령 누가 봐도 정상이라고 할 수 없는 모습으로 똑같은 말을 앵무새처럼 반복해대는 광신자 혹은 (칭찬은 하지 않고) 늘 비판하고 다그치기만 하는 부모가 하는 말이라도 말이다.

익숙하고 쉽게 접근할 수 있는 것은 사람에게 편안한 느낌을 가져다준다. 그러나 이 편안함은 우리에게 저주일 수 있다. 만일 편안함의 저주가 우리를 이끄는 장소가 기껏해야 슈퍼마켓에서 자기가 좋아하는 식품의 진열대라면 이 저주는 별로 문제가 되지 않을 것이다. 하지만 실제로는 그렇지 않다. 이 저주의 충격은 훨씬 더 은밀하고 점진적이며 또 멀고 깊은 곳까지 미친다. 이 저주 때문에 우리는 실수를 저질러서 소중한 시간을 낭비하고 또 이것에 발목을 잡혀서 결국에는 우리가 가고 싶은 곳에 가지 못할 수 있다. 비유적으로뿐만 아니라 실제적으로도 말이다.

자, 이런 상상을 한 번 해보자. 당신은 지금 중요한 약속이 있어서 자동차를 운전해서 약속장소로 가고 있는데, 늦을 것 같다. 교통정체도 평소와는 다르게 지독하게 심하다. 그런데 당신은 약속장소로 갈 수 있는 지름길을 알고 있다. 그런데 이 길은 골목길 여러 개를 지나고 또 숲을 관통해야 한다. 게다가 한두 번밖에 가보지 않은 낯선 길이다. 자, 당신은 어떤 길을 택하겠는가? 어떤 연구자는 정시에 어떤 지점까지 가야 한다는 압박을 받고 있을 때 사람들은 비록 정체가 심하다고 하더라도 낯선 지름길 대신 낯익은 간선도로를 고수할 가능성, 즉 늦을 가능성이 명백한 쪽을 선택할 확률이 높음을 확인했다.[6] 마찬가지로 의사가 당신에게 몸무게를 줄이고 콜레스테롤 수치를 낮추고 운동을 더 많이 해야겠다는 말을 들을 때의 스트레스가 오히려 열량 높은 크리스피 도넛에 당신의 손이 가게 될 확률을 높일 수 있다.

신경 촬영법 덕분에 우리는 불확실성이라는 불편함에 사람들이 반응하는 여러 가지 방식을 확인할 수 있게 되었다. 이미 알고 있던 위험(예컨대 승률을 계산할 수 있는 도박)에 맞닥뜨릴 때는 보상 관련 사항을 관장하는 뇌 부위, 특히 선조체striatum가 활성화된다. 그러나 승률을 전혀 계산할 수 없는 도박을 해야 할 때는 공포를 관장하는 뇌 부위인 편도체amygdala가 활성화된다.[7]

어떤 심리학 실험에서는 불확실성이 아주 적었음에도 불구하고 피실험자들은 사소한 수준의 도박조차도 하길 꺼렸다. 이상하게도 이때 피실험자들이 부담해야 했던 위험은 딸 것인가 잃을 것인가 하는 문제가 아니라 과연 얼마나 딸 것인가 하는 문제였다. 즉 모두가 다 따는 상황이었음에도 불구하고 불확실성이 존재한다는 이유만으로 피실험자 가운데 무려 40퍼센트 가까운 사람들이 도박에 돈을 걸지 않았던 것이다.[8] 불확실성, 지식이 미치지 못하는 부분에는 언제나 공포가 스며들게 마련이고, 이 공포는 사람들로 하여금 결과를 지나치게 비관적으로 바라보게 만든다.

나쁜 결정들 속의 일관성

불안정성과 고립감이 개입할수록 공포 요인은 한층 더 미묘해지고 복잡해진다. 인간은 생존을 위해서는 가족이나 무리의 한 부분으로 존재해야 하는 사회적인 동물로 진화했기 때문이다.[9] 그렇기 때문에 자기 집단으로부터 따돌림을 당하는 상황은 당사자로서는 삶과 죽음을 좌우할 정도로 무서운 공포이다.

사람의 뇌가 크고 정교해지는 방향으로 진화한 것은 기본적으로, 비록 특별히 내세울 것도 없는 유인원의 한 종류였지만 규모가 크고 관계가 복잡한 사회구조를 관리하면서부터였다. 뇌의 힘, 즉 지적 능력 덕분에 인간은 친족을 넘어서는 범위에서 발생하는 신뢰를 더 잘 판단할 수 있었고, 그랬기에 서로에게 이득이 되는 협력과 연대를 만들고 유지하는 일을 더 잘하게 되었으며, 이렇게 해서 말라빠졌지만 똑똑한 (그래서 결국 인간으로 이어지는) 종이 크긴 해도 멍청하며 협력과 연대를 상대적으로 덜 하는 (그래서 결국 침팬지나 고릴라로 이어지는) 종들과의 경쟁에서 이길 수 있었다.[10]

그리고 나중에는, 사회적 환경을 '파악하는' 이 기관은 매우 정교해졌으며 사회적 환경뿐만 아니라 모든 것을 파악하려고 노력하기 시작했다. 뇌가 큰 유인원은 시간의 흐름과 자기 삶의 궤적을 인지하는 능력을 개발했으며 사회 속에서뿐만 아니라 우주에서 자기가 차지한 자리를 설명하려 했다. 그래서 자의식을 가지게 되었고 또 양심이라는 것을 가지게 되었는데, 양심과 함께 자유의지, 공감, 도덕의식, 심지어 종교적인 경외심까지 가지게 되었다.

그리고 이 모든 것을 의식하려면 인간의 큰 뇌는 한층 더 중요한 과제를 수행해야 했다. 그 과제란 바로, 여러 감각기관들 및 새롭게 개발된 인지의 미묘함을 통해서 물밀듯이 쏟아져 들어오는 온갖 혼란스러운 정보들에 대한 일관된 그림을 제공하는 것이었다.

사회적인 연결성을 관리하는 것은 인간이 생존하는 데는 필수적이다. 보다 나은 삶을 살려면 가족, 친척, 친구, 사랑하는 사람에게 의존해야 하기 때문이다. 그런데 정말 이상하게도 다른 대안이 없을 때는 일관성이 가장 중요한 정신적·감정적 우선순위가 되어버린다.

내가 어제의 나와 동일한 존재라는 사실, 언젠가는 내가 죽는다는 사실, 그리고 죽는 순간까지는 내가 성장할 것이므로 그때를 대비해서 계획을 세우고 또 나에게 남아 있는 시간을 최대한 활용하는 게 현명하다는 사실을 환기하려면 인지력을 가진 나의 뇌가 나에게 일관성을 제공해야 한다. 정신적인 일관성은 옆방에서 나는 갑작스런 아기 울음소리는 중요한 사항이며 주의를 기울일 필요가 있지만 냉장고에서 나는 불편한 소음은 무시해도 된다는 점을 이해하는 데 도움을 준다. 일관성이 없다면 주변에서 일어나는 온갖 자극들을 걸러낼 수 없어서 중요하지 않거나 실제 현실과 일치하지도 않는 인지 내용에까지 일일이 반응할 수도 있다.

사람들이 어릴 때 바라보았던 자기 자신의 모습을 토대로 해서 그 뒤로도 계속 자기 자신을 바라보도록 이끄는 동력은 바로 사람들이 익숙함과 일관성에서 찾는 편안함이다. 사람은 어른이 되어서도 어릴 때 받았던 대우에 비추어서 자기를 바라본다. 어릴 때 다른 사람들이 자기를 바라보았던 모습 그대로 사람들이 자기를 바라보고 대할 것이라고 생각한다는 말이다. 또한 사람들이 자기를 그렇게 바라보고 대하는 것이 마땅하다고까지 생각한다. 심지어 자기를 경멸하고 능력을 제한하는 것일지라도 그렇게 생각한다. 마찬가지 이유에서 이런 익숙하고 '일관성이 있는' 견해에 도전하는 정보는 위험하거나 혼란스러운 것으로 여긴다. 심지어 그 불편함이 새롭고 긍정적인 빛을 비출 때조차도 그렇다.

'지금 이 순간의 편안함'을 조심하라

성공하지 못할 것이라는 두려움 혹은 심지어 '별다른 문제가 없이 괜찮음'이 유지되지 못할 것이라는 공포는 성적 부진이나 태만 혹은 건강하게 유지될 수 있었을 인간관계의 파탄 등을 포함한 여러 가지 형태의 자기파괴로 이어질 수도 있다. 장래성이 없는 직업을 계속 붙잡고 있거나 텔레비전 드라마에 중독되어 있을 때 혹은 극단적인 경우겠지만 학대하는 배우자 곁을 떠나지 않고 계속 남아 있을 때 우리는 일관성에 발목이 잡혀서 자기 자신을 해치게 된다.

일관성이 가져다주는 편안함을 추구하는 것이 그다지 크게 해가 되지 않긴 하지만 때로는 이런 태도 때문에 이른바 '지금 이 순간의 편안함comfort now'이라고 일컬어지는 '즉각적인 만족immediate gratification'이라는 한층 더 근본적인 문제에 닿일 수도 있다.

이런 상상을 한 번 해보자. 대학교를 갓 졸업한 스콧은 어릴 때부터 지금까지 자타가 공인하는 촌철살인 풍자의 대가여서 늘 '말을 재미있게 잘하는 친구'로 통했으며 또 그 덕분에 사람들로부터 관심을 많이 받았다. 스콧은 졸업 후에 연고가 전혀 없는 도시에서 일자리를 얻었다. 그로서는 여러 가지 점에서 시련의 시기라고 할 수 있었다. 그래서 그는 평소의 장기를 살려서 기회가 있을 때마다 오락반장 역할을 하며 재미있는 말로 동료들을 웃겼다. 그러자 그를 재미있다고 생각하는 사람도 있었지만 많은 사람들은 그가 해대는 풍자에 얼굴을 찡그리며 고개를 저었다. 그가 사람들 사이로 섞여들려고 쏟았던 노력이 오히려 역작용을 일으킨 셈이었다. 그제야 그는 사태를 파악하고 다른 접근법을 구사해야 함을 깨달았다. 그러나 혼자 고립된 환경에서는 그나마 자기가 하는 말에 웃어주는 몇몇 사람들이 자기에게 보여주는 인정(혹은 관심)을 포기하기 어려웠다. 그 사람들이 웃는 웃음 가운데 많은 부분이 기가 막혀서 웃는 웃음이라고 할지라도 어쨌든 웃음은 웃음이니까…. 요컨대 스콧은 그 소수의 사람들이 대꾸해주는 웃음에 중독된 것이다.

즉각적인 만족은 '즉각적인'이라는 말이 뜻하듯이 실제로 우리를 보다 높은 지점으로 올려다놓을 수 있는 사소한 변화나 정직하고 꾸준한 노력보다 훨씬 더 빨리 우리를 기분 좋게 만들어준다. 지렛대 두 개가 설치된 공간이 있고, 이 지렛대를 누르면 먹이와 코카인이 각각 나오게 되어 있다. 이 공간에 생쥐를 넣어두면 어떻게 될까? 이 생쥐는 굶어서 죽을 때까지 코카인이 나오는 지렛대만 계속 누른다.[11] 여기에는 생쥐뿐만 아니라 우리 인간도 새겨들어야 할 교훈이 담겨 있다. 값싼 황홀감과 안락한 편안함에는 높은 대가가 뒤따른다는 교훈이다.

사료 대신 코카인을 선택하고 과일 대신 초콜릿을 덮은 아이스크림을 먹는 자기파괴적인 반응들은 우리가 일부러 선택해서 하는 것이 아니다. 그저 조건반사적으로 할 뿐이다. 익숙한 것으로의 도피라는 감정의 낚임 상태에서 벗어나지 않는 한 이런 일은 계속 이어진다. 감정의 낚임에서 벗어나려면 자동적인 반응을 중단하고 감정과 마주하고 감정에서 한 걸음 비켜나고 자기의 삶을 스스로 책임져야만 한다. 그럴 때 우리는 우리를 풍요와 성공의 길로 올려다놓을 도전들을 지속적으로 포용할 수 있다.

많은 사람들이 스트레스를 받을 때 쉽게 빠져드는 익숙하고 편안한 것의 정체는 아주 오래전부터 이어져오던 것이다. 미국 가수 브루스 스프링스틴Bruce Springsteen이 부른 노래 '글로리 데이즈Glory Days'에 나오는 고등학교 때의 스타 야구 선수와 모든 남학생에게 선망의 대상이던 미의 여신이 완벽한 사례일 것 같다(이 노래는 고등학교 시절에 야구선수로 잘 나가던 친구를 나중에 술집에서 만났는데 이 친구는 '그때가 좋았지'라면서 푸념하고, 또 고등학교 시절 미의 여신으로 통하던 여자를 만났는데, 결혼해서 아이들을 낳고 이혼한 이 여자 역시 '그때가 좋았지'라고 푸념한다는 내용의 가사를 담고 있다—옮긴이). 그러나 감정적으로 민첩해지려면 '낡아빠진 구닥다리' 열망들을 놓아버려야 하고, '지금 여기'에 걸맞은 성숙한 가치관을 구체화시키는 행동의 의미를 강화하기 위한 노력을 해야 한다. 세 아이를 모두 대학교에 입학

시켰을 나이가 되었으면 이제 잘나가던 옛날의 이야기는 다락에 처박아두고 새로운 무언가를 찾아 나서야 한다.

도전 과제 선택하기

베스트셀러인 『좋은 기업을 넘어 위대한 기업으로Good to Great』에서 저자 짐 콜린스Jim Collins는 "좋은 것은 위대한 것의 적이다"라고 말한다. 하지만 내 생각은 좀 다르다. 나는 회피야말로 위대한 것의 적이라고 생각한다. 회피, 특히 불편함을 회피하는 행동은 좋은 것의 적이기도 하다. 이것은 번성 속의 성공으로 나아가는 성장과 변화의 적이다.

우리가 보통 "나는 시험에 떨어지고 싶지 않아", "나 자신을 실망시키고 싶지 않아" 혹은 "나는 상처받고 싶지 않아"라고 말할 때 우리는 내가 '죽은 사람의 목표'라고 이름붙인 것을 드러내는 셈이다. 내가 이런 이름을 붙인 이유가 있다. 바보 같은 짓을 했을 때도 결코 불편함을 느끼지 않는 사람은 죽은 사람뿐이기 때문이다.[12] 변화하지 않거나 성숙하지 않은 사람도 죽은 사람이나 마찬가지다. 내가 알기로는, 어떤 도전을 하거나 시련을 거치면서도 절대로 상처를 받지 않고 미치지 않으며 불안하지 않고 우울하지 않으며 스트레스를 받지 않거나, 그 밖의 어떤 불편한 감정에도 휩싸이지 않는 사람은 살아 있는 사람이 아니다. 죽은 사람은 자기 가족이나 동료를 괴롭히지 않는다. 문제를 일으키지도 않는다. 하지 말아야 할 말을 하지도 않는다. 어떤가? 당신은 죽은 사람을 롤모델로 삼고 싶은가?

자기가 이미 했던 것을 하는 사람은 자기가 이미 얻은 것을 얻을 뿐이라는 말이 있다.[13] 하지만 이 말도 사실은 지나치게 낙관적이다. 같은 회사에서 중간 간부로 20년 동안 있으면서 한 주에 80시간씩 일을 하던 사람이 구조조정에 따른 해고를 당한 뒤에 자기 나이의 절반밖에 되지 않는 사람들과 새로운 일자리를 놓고 경쟁해야 하는 상황을 상상해보자. 혹은 오랜 세월 단조로운 결혼생활을 하는 동안 헌신적으로 배우자에게 봉사했던 사람이 어느 날 집에 돌아와 보니 배우자는 짐을 싸서 집을 나가고 없고 베개 위에 메모지만 한 장 달랑 놓여 있는 상황을 상상해보자.

진정으로 살아 있으려면 편안함이 아니라 용기를 선택할 필요가 있다. 그래야만 계속 성장하고, 올라가고 또 자기를 새로운 도전의 길에 올려놓을 수 있다. 이것은 또한 겨우 산중턱까지만 올라가고서 정상에 올랐다고 생각하는 어리석음을 저지르지 않는 방법이기도 하다. 그러나 시소의 원리에 따르면 우리가 실현 불가능한 목표를 설정하거나 단 한 차례 바짝 힘을 쏟는 것만으로 얼마든지 정상에 오를 수 있다고 잘못 생각함으로써 그 불가능의 무게에 압도당할 수 있다.

자기 능력을 최대한 발휘하면서, 비록 시련을 겪지만 압도당하지 않고 사는 것을 가장 정확하게 묘사하는 단어는 그냥 '당하는whelmed' 것, 극복할 수 있는 한도 내에서 힘껏 버티는 것이다. 이렇게 하려면 우선 도전 과제를 선별적으로 고른 다음에 집중해야 한다. 즉 진정으로 자기에게 중요하고 자기 내면 깊은 곳에 간직하고 있는 소중한 가치들에서 비롯되는 것을 선택해서 도전해야 한다.

페르마의 마지막 정리

1637년의 어느 겨울날이었다. 피에르 페르마Pierre de Fermat는 고대 그리스의 수학책 『아리스메티카Arithmetica』를 읽다가 책 한 모서리에 다음과 같이 메모를 했다.

"n이 3 이상의 정수일 때, $X^n + Y^n = Z^n$을 만족하는 양의 정수 X, Y, Z는 존재하지 않는다. 이 과정을 설명할 진정으로 놀라운 방법을 발견했지만 이곳에 여백이 없으므로 적을 수가 없다."[14]

아, 눈물나게 고마운 페르마 선생이다. 이런 난감한 방법으로 사람들을 골탕 먹이다니!

이 이상한 정리의 증명에 대한 이야기는 세상에 퍼져나갔고 19세기까지 수많은 연구소와 부유한 호사가들이 상금을 내걸고 증명 방법을 찾았지만, 그 누구도 이 '페르마의 정리'를 증명하는 사람은 나타나지 않았다. 전 세계의 내로라하는 수학 천재들이 도전했지만 모두 실패했다. 이렇게 페르마의 마지막 정리는 풀리지 않은 채로 남아 있었다.

그런데 1963년에 앤드류 와일즈Andrew Wiles라는 영국의 열 살 소년이 자기 동네 도서관에서 이 문제를 붙잡고 씨름한 끝에 마침내 문제를 풀었다고 주장했다. 그리고 30년 뒤인 1993년에 와일즈는 자기가 페르마의 정리를 증명했다고 선언했다. 그러나 어떤 사람이 그의 계산에서 미묘한 흠을 찾아냈고 와일즈는 다시 1년 동안 매달려서 증명 과정을 새로 정리했다. 마침내 완벽한 증명이 이루어진 것이다. 페르마가 『아리스메티카』의 여백에 메모를 남긴 지 거의 400년 만에 수학의 위대한 수수께끼가 풀린 것이다.[15]

추상적인 심리게임에 지나지 않는 문제 하나를 풀겠다고 '당신'을 포함해서 그렇게나 많은 사람들이 엄청난 노력을 기울인 이유가 무엇이라고 생각하느냐는 질문을 받고 와일즈는 이렇게 대답했다.

"순수한 수학자는 풀리지 않은 문제를 풀려고 시도하는 것을 그냥 좋아할 뿐이다. 이들은 도전을 사랑한다."

즉 와일즈를 자극했던 것은 성공이나 영광에 대한 기대가 아니라 수학의 아름다움에 대한 깊은 지적 호기심이었던 것이다.

인류의 고대 조상이 우기의 밀림을 떠나서 초지를 탐험하고 농사법을 발명했으며, 도시를 건설하고 나중에는 대륙에서 대륙으로 이주를 하도록 만들었던 것도 바로 이런 종류의 호기심이었다. 인간과 유전적으로 사촌 관계인 침팬지가 지금도 여전히 막대기로 땅을 파서 흰개미를 잡아먹고 있을 때 인간이 화성에 탐사선을 착륙시킨 것 역시 호기심 덕분이다.

물론 올바른 도전과 끈기와 성공으로 이어지는 호기심은 사람마다 다를 것이다. 내가 머리카락을 쥐어뜯으면서도 끝까지 매달리고 싶은 과제이지만 당신은 눈길 한 번 주지 않을 수도 있다. 또 와일즈와 같은 사람을 매료시킨 수학 문제가 나에게는 지루하기 짝이 없다. 그리고 당신 옆자리의 동료는 중간관리자 직위에 만족하지만 당신은 그렇지 않을 수 있다. 어쩌면 당신은 맨해튼의 여러 구역을 통째로 소유하고 있어야만 성공이라고 여기고 만족할지 모른다. 어떤 사람은 땀을 비 오듯이 흘릴 만큼 달려야 운동을 했다고 생각하겠지만 어떤 사람은 느린 걸음으로 슬슬 동네 한 바퀴 도는 것이 현재로서는 가장 적절한 수준의 도전일 수도 있다.

우리가 무엇을 선택해서 도전하든 간에 극복할 수 있는 한도 내에서 힘껏 버티는 것, 즉 도전 과제와 자기 역량 사이의 균형을 올바르게 잡는 것이 중요하다.

극복할 수 있는 한도 내에서 힘껏 버티기

모스 부호가 전성기를 누리던 1880년대에 인디애나대학교의 두 연구자인 윌리엄 로우 브라이언William Lowe Bryan과 노블 하터Noble Harter는 무엇이 평균적인 숙련도를 가진 전신기사를 뛰어난 전신기사로 만들어주는지 알고 싶었다.[16]

두 사람은 한 해 동안 전신기사의 속도를 관찰한 다음, 이 자료를 바탕으로 해서 그래프 하나를 만들었다. 전신기사가 연습을 많이 하면 할수록 더 빠른 속도로 작업을 할 수 있다는 사실을 발견한 것이다.

그런데 여기까지는 전혀 놀라울 게 없다.

나는 워크숍을 진행할 때 이따금씩은 참가자들에게 연습량이 숙련도에 미치는 영향이라는 비슷한 개념을 그래프로 그려보라고 시키기도 한다. 그러면 사람들은 대개 브라이언과 하터가 도출했던 것과 비슷한 그래프를 그리는데, 이 그래프는 다음과 같다.

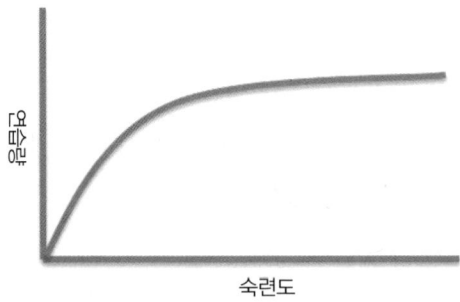

대부분의 사람들은 일정 수준이 넘어서면 연습량이 아무리 늘어도 숙련되는 특정 수준에서 더는 향상되지 않는다고 믿는다. 그러나 이것은 평범한 사람들의 경우일 뿐이고 최고의 전신기사 경우는 다르다는 사실을 브라이언과 하터가 발견했다. 최고의 전신기사가 보이는 연습량과 숙련도는 다음과 같았다.

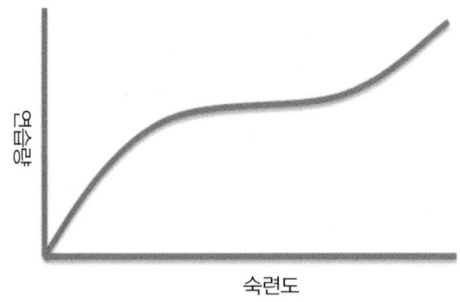

전체 전신기사의 압도적인 다수인 75퍼센트는 스스로 자기가 도달할 수 있는 최고 수준에 도달했다고 생각한 다음에는 진지한 연

습을 더는 하지 않았다. 그 수준에 만족하고 안주한 것이다. 그러나 25퍼센트는 그 정체 수준을 돌파해서 숙련도를 더욱 더 높일 수 있었다. 이렇게 다시 또 개선의 길로 들어선 사람과 그렇지 않은 사람의 차이는 무엇이었을까?

정체기를 극복한 사람은 도전을 선택했다. 그들은 새로운 목표를 세우고 새로운 기록을 수립하려고 노력했다. 이런 노력의 동기는 어린이가 신발끈을 매는 방법을 배우려 하거나 페르마의 정리를 증명하려 할 때와 똑같은 것이었다. 그것은 바로 개인적인 성장 속에서 느끼는 기쁨이었다.

노력의 질을 높이는 법

말콤 글래드웰은 저서 『아웃라이어 Outliers』에서 어떤 기술을 연습할 때 이 기술의 숙련도가 정체 수준을 돌파해서 진정한 기술에 통달하기까지는 1만 시간 분량의 노력이 필요하다고 했다. 이른바 '1만 시간의 법칙'이다.[17] 그러나 숙달은 연습에 들이는 시간의 양이 중요한 게 아니라 연습의 질이 중요하다는 것이 심리학자들과 학습 전문가들이 대체적으로 동의하는 견해이다.[18] 연습의 질이 높은 수준으로 이루어지려면 '노력하는 학습 effortful learning'이 필요하다. 이것은 자기 능력보다 조금 높은 수준의 과제에 끊임없이 도전하게 만드는 정신을 집중하는 연습의 한 형태이다.[19]

이 증거는 뇌의 회백질에 있다. 지난 수십 년 동안 연구자들은 신경가소성neuroplasticity이라는 개념을 다듬고 확산시켜 왔는데, 뇌는 어린 시절의 어떤 시점에 '고정'되는 것이 아니라 지속적으로 새로운 세포를 만들어낸다는, 즉 신체의 각 부분에 할당된 뇌 영역은 쓰면 쓸수록 발달한다는 발상이다. 그런데 연구자들이 발견한 미묘한 사실은 또 있다. 그렇게 대체된 세포들이 대부분 그냥 죽어버린다는 것이다. 새로 생성된 세포를 죽지 않게(새로 형성된 뉴런을 시냅스와 연결시키고 뇌의 구성과 잠재력으로 통합하게) 하는 것은 '노력하는 학습 경험'이다. 사람의 뇌는 기타로 어떤 노래를 1만 시간 연습한다고 해서 성장하지 않는다. 또 초보 의사가 충분히 검증된 담당 수술의 여러 단계들을 단순히 반복한다고 해도 그 사람의 뇌는 성장하지 않는다. '노력하는 학습'은 자기가 가지고 있는 지식과 경험의 세련된 수준을 한층 더 높이며 자기 역량의 한계치를 조금이라도 더 확장하도록 정신을 집중해서 전념하는 것을 의미한다.

대부분의 사람들은 처음 접하는 일을 할 때 노력하는 학습의 자세로 전념한다. 그러나 어느 정도 인정받을 수 있는 수준에 도달하고 나면, 즉 함께 다니는 골프 친구들과 대충 어깨를 겨룰 만하거나 학교 밴드부에서 만만한 노래 하나를 연주할 수 있는 수준이 되면 대부분 마음이 풀어져서 더는 노력을 기울이지 않고 자동적인 반응에 몸을 맡기고 정체 상태의 평온함과 편안함에 안주한다.

자동차 운전을 배울 때를 떠올려보자. 처음 운전석에 앉았을 때는 자기가 알지 못한다는 사실조차도 알지 못하는 무의식적인 비숙련unconsciously unskilled 단계였다. 그러다가 운전을 배워야겠다고 마음을 먹고 운전교습학원에 등록을 하고 나면, 그제야 앞으로 배워야 할 게 얼마나 많은지 깨닫는다. 이 단계는 의식적인 비숙련consciously unskilled 단계이다.

'노력하는 학습'이 작동하는 것은 새로운 경험을 민감하게 수용할 때부터이다. 운전자가 갖추어야 할 기초상식을 익히고 안전벨트를 매고 좌석을 조정하고 거울 위치를 조정하고 기어를 넣고 자동차를 출발시킨다. 특히 처음 고속도로에 올라설 때는 당황해서 어쩔 줄 모르지만 곧 익숙해진다. 이것이 바로 약간의 의식적인 노력만 있어도 어떤 일을 수행할 수 있는 의식적인 숙련consciously skilled 단계이다.

그러나 아마도 당신은 운전면허증을 따고 얼마 지나지 않아서 무의식적인 숙련unconsciously skilled 단계로 넘어갔을 것이다. 자동차에 타고 나면 당신이 하는 운전 행동은 자동적으로 진행된다. 어떤 때는 집까지 어떻게 왔는지도 모를 지경이다. 당신의 숙련도가 더는 발전하지 않고 정체 상태에 머물 때 당신은 이 자동운행 단계에 들어서 있는 것이다.

의식적으로 비숙련 상태이거나 의식적으로 숙련 상태일 때 당신은 최적 발전의 영역, 즉 최적 지대zone of optimization 안에 있다. 보다 많은 지식을 받아들이려고 마음을 열어놓고 있기 때문이다. 당신은 초보자일 수 있으며 따라서 조금은 어설플 수 있다. 그러나 적어도 당신은 초심자의 마음을 가지고 있다. 초심자의 마음에는 더 많은 것을 배워서 숙련도를 높이겠다는 열망도 포함된다.

당신은 또한 어느 정도 스트레스를 받을 수도 있다. 하지만 이것은 나쁜 게 아니다. 스트레스는 한 사람의 행복을 해치는 심리적으로 가장 중요한 적이므로 어떤 대가를 치르더라도 제거해야 한다고 우리는 수십 년 동안 배웠다. 스트레스가 부정적인 효과를 준다는 것은 그 누구도 부인할 수 없는 사실이다. 생화학적으로 말하자면, 만성적인 스트레스는 심장병, 암, 면역체계 약화 및 그에 따른 감염 등으로 악화되는 염증을 유발함으로써 신체의 여러 계통을 무자비할 정도로 망가뜨릴 수 있다.[20]

그러나 적정한 양의(사람을 압도할 정도가 아니라 사람이 충분히 버틸 수 있는 정도로만 강력한) 스트레스는 좋은 동기부여가 될 수 있다. 비록 스트레스는 때로 우리에게 불편한 감정을 가져다주지만 우리가 전진하도록 등을 떠밀기도 한다. 선수들이 경기장 안에서 경기를 하면서 지고 있는 점수판을 바라보는 느낌은 결코 편하지 않다. 하지만 바로(감당하지 못할 정도로까지 압도적이고 절망적이지는 않은) 이런 스트레스에 자극을 받아서 선수들은 마지막 2분을 남겨두고 대역전극을 펼칠 수도 있다. 마감시한이라는 스트레스도 어떤 일을 완성하는 데 필요한 창의성과 동기부여의 연료가 된다.

스트레스는 또한 소파에 가만히 누워서 텔레비전 리모컨이나 만지작거리는 것 이상의 의미 있는 일을 하려면 피할 수 없이 받아들여야 하는 것이다. 많은 노력을 기울이고 여러 가지 위험을 감수하지 않고서는 에베레스트 산에 오를 수 없다. 아이를 바르게 키우는 것이나 결혼생활을 40년 동안이나 행복하게 이끄는 것, 기업을 잘 운영하는 것이나 혹은 마라톤을 완주하는 것도 마찬가지다. 스트레스와 불편함을 감수하지 않고서는 소중한 것은 아무것도 얻을 수 없다.

정체 상태에서 벗어나려면

자, 그렇다면 정체 상태에서 벗어나려면 방금 배운 것을 어떻게 적용해야 할까?

편안함이 아니라 용기를 선택한다

안전한 것을 익숙한 것이나 접근가능한 것 혹은 일관성이 있는 것과 혼동할 때 우리가 취할 수 있는 선택지의 가짓수는 제한된다. (당신이 어떤 문을 통해서 현재의 어떤 공간으로 들어왔다. 그렇기 때문에 당신은 그 문을 알고 있다. 하지만 그렇게 해서 당신이 알고 있는 그 문이 긴급상황에서 반드시 가장 안전한 문이라고 할 수는 없다.) 계속 성장하려면 낯설고 익숙하지 않은 것, 그리고 심지어 불편한 것에도 마음을 열어야 한다. 불편한 감정들을 받아들일 때 비로소 당신은 그 감정들에서 무언가를 배울 수 있다.

문제를 해결할 수 있는 행동을 선택한다[21]

정체 상태에서 벗어난다는 것은 인생의 모든 가능성을 열어두고 거기에 필요한 최대한의 역량을 개발한다는 뜻이다. 어떤 행동을 판단하는 궁극적인 기준은 '이 행동이 과연 내가 진정으로 지향하는 존재에 조금이라도 더 가깝게 다가가는 데 도움이 될까?' 하는 것이어야 한다. 하지만 이와 동시에 상식을 발휘하면서 다음날 그리고 다음 주를 보내야 한다.

문제를 해결할 수 있는 선택은 단기적으로 맞닥뜨리는 제약들에 적절한 것일 뿐만 아니라 장기적으로 자신이 살고자 하는 삶에 조금 더 가깝게 데려다주는 것이기도 하다. 예컨대 결혼생활에 문제가 있다고 이 결혼생활을 무조건 포기하는 것이 능사는 아니다. 그렇다고 해서 입술을 깨물면서 불편하고 어려운 대화를 회피하는 것 역시 바람직하지 않다. 용기 있는 해결책은 문제 해결 능력이 가장 높은 해결책이기도 하다. 그러니 불편한 대화라고 하더라도 계속 해나가면서 현실의 실체를 붙잡아라.

계속 나아가고, 계속 성장한다

성공한다는 것은 자기가 하는 일의 영역을 확장하는 것이며 이때 구사하는 기술과 파고드는 깊이를 심화시킨다는 것을 뜻한다. 영역 확장과 관련해서는 자기 자신에게 다음과 같은 질문을 던져라.

"최근에 내가 한 일 가운데서 두려움을 느꼈던 것은 무엇일까? 가장 최근에 내가 무언가 새로운 것을 시도해서 실패한 게 언제일까?"

이 질문에 딱히 대답할 만한 게 없다면 당신은 지나치게 안전 위주로 살아왔다.

깊이와 관련해서는 이런 질문을 던져라.

"직업적인 업무나 인간관계와 관련해서, 내가 가진 모든 열정을 다 쏟고 또 내가 가지고 있는 생각을 상대방에게 분명하게 밝혔다가 상처를 받은 적이 가장 최근에는 언제일까? 나는 과연 내 주변에 있는 사람들을 진정으로 알고 있을까? 나는 사소한 이야기에 사로잡혀서 깊이가 있고 현실적인 다른 것을 받아들이지 못한 것은 아닐까?"

투지grit냐 중단quit이냐

설령 편안함이 아니라 용기를 선택하고 또 자기가 가지고 있는 역량의 최대치를 동원해서 있는 힘을 다해 인생을 산다고 하더라도 감정의 민첩성이 모든 것을 해결해줄 수는 없다. 어떤 대가를 치르더라도 자기가 설정한 목표를 향해서 돌파하는 일이 언제나 가능하지는 않다는 말이다. 자기 가치관과 진정으로 일치하는 방향으로 어떤 선택을 한다고 하더라도 "더 이상은 안 되겠어"라고 말하는 게 현명할 수밖에 없는 순간은 올 수 있다.

입술을 꽉 깨문다는 표현은 동서양을 막론하고 있다. 1939년 2차 세계대전이 발발하기 몇 개월 전에 대규모 공중 폭격이 예고된 가운데 영국 정부가 시민의 사기를 북돋우기 위해 제작한 포스터의 문구인 "평정심을 유지하고 하던 일을 계속하라Keep Calm and Carry On"는 요즘에 관광객이 입고 있는 티셔츠에도 등장하는데, 이것은 '상황이 힘들어지면 강한 사람들은 더 강해진다'는 말을 세련되게 표현한 것이다.

미국인은 개척자 정신의 투지를 통해서 이런 감정을 표현하는 경향이 있다. 심지어 사람들이 입고 다니는 티셔츠에서 흔히 보는 문구인 '아메리칸 드림'은 한 눈으로는 목표를 바라보고 다른 한 눈으로는 결과를 바라보면서, 어깨에 쟁기를 걸머지고 '코는 숫돌에 대고'(쉬지 않고 열심히 일을 한다는 영어식 표현—옮긴이) 묵묵하게 노력하기만 하면 무엇이든 다 얻을 수 있음을 암시한다.

투지는 끈기와 야망, 자제력을 뜻한다. (하지만 이런 것들과 정확하게 동의어는 아니다.) 펜실베이니아대학교 심리학과 교수인 앤절라 더크워스Angela Duckworth는 투지grit를 보상이나 인정에는 특별히 관심을 가지지 않은 채 장기간에 걸쳐서 어떤 목적을 달성하려고 노력하는 '열정passion'이자 지속적인 '끈기persistence'라고 정의한다.[22] 끈기는 역경을 극복하는 것과 관련된 개념이고, 야망은 부, 명성, 혹은 권력을 향한 열망을 뜻하고, 자제력은 유혹을 뿌리치는 데 도움을 줄 수 있지만 자제력을 가지고 있다고 해서 반드시 장기적인 목적을 끈질기게 추구한다는 뜻은 아니다.

더크워스가 수행했던 연구에 따르면 투지는 장기적인 차원의 성공을 가늠할 수 있는 중요한 예측변수이다. 끈기를 가진 교사는 그렇지 않은 교사에 비해서 더 오래 더 효과적으로 교사 신분을 유지한다. 끈기가 있는 학생은 과락을 면하고 졸업할 가능성이 더 높다. 그리고 끈기가 있는 남자는 그렇지 않은 남자에 비해서 결혼생활을 더 오래 유지한다. (그런데 흥미롭게도 끈기가 있는 여자와 그렇지 않은 여자의 결혼생활 유지 기간은 차이가 없었다.)

감정의 민첩성은 투지를 키우는 데 도움이 될 수 있다. 힘들고 어려운 감정이나 생각에 낚이지 않게 해주며, 역경을 잘 헤치고 나갈 수 있게 해주고 또 자기가 소중하게 여기는 가치들이 무엇인지 파악하게 해서 장기적으로 꾸준하게 어떤 목표를 향해 나아갈 수 있도록 해주기 때문이다. 하지만 투지는 동시에, 그 목표가 소용이 없어지는 순간 그 목표를 놓아버리게 만들기도 한다.

투지와 감정의 민첩성의
결정적 차이

앞에서 우리는 어떤 사람이 무언가 감정의 덫에 걸려 있다는 신호는 감정에 휩싸인 나머지 자기가 소중하게 여기는 가치와 어긋나는 방향으로 나아가는 모습임을 확인했다. 투지의 열정 부분이 중요하긴 하지만 열정이 사람을 제어하는 게 아니라 사람이 열정을 제어할 때에 한해서만 이 열정은 건강하게 작용한다. 열정이 지나쳐서 인생의 다른 중요한 활동들을 모호하게 만들어버릴 정도가 되면 이건 집착이고, 이런 과도한 열정은 사람이 넓고 깊게 성공하는 데 전혀 도움이 되지 않는다.[23]

사람은 누구나 인내심을 가지고 버틸 수 있다. 소처럼 일하면서 거기에서 어떤 성취감을 느낄 수도 있겠지만, 이 모든 노력과 헌신이 자기 삶의 목표들에 부합하지 않는다면 그 사람에게도 도움이 되지 않는 것이다.

더크워스의 연구는 어떤 사람이 발휘하는 투지는 그 사람이 가지고 있는 가치관과 일치하는 방향으로 설정되는 것이 중요하다고 설명하지만, 통상적으로 사람들은 투지를 불굴의 태도나 정신과 동일한 뜻으로 사용한다. 그래서 허약하다거나 게으르다거나 혹은 겁쟁이라거나 하는 딱지가 붙은 것이면 무엇이든 모두 부정하고 거부한다. 그러나 감정의 민첩성은 다르다. 이것은 어떤 사람이 자기에게 더는 도움이 되지 않는 어떤 것을 그만두겠다는 판단을 심사숙고해서 결정할 수 있는 여지를 보장한다. 이것은 매우 훌륭한 미덕이다. 이런 점이 감정의 민첩성과 투지가 다른 점이다.

아버지가 걸어갔던 길과 아버지가 꾸었던 꿈이 아버지의 대를 잇는 아들들에게는 실제로 아무런 매력이 없음에도 불구하고, 얼마나 많은 효자들이 그 길을 끈질기게 따라가고 또 그 꿈을 추구함으로써 자기 삶을 무의미하게 낭비해버렸는지 모른다. 그리고 이 세상에서 얼마나 많은 딸들이, 단지 투지를 발휘해서 인내해야 한다는 이유 하나만으로 가정을 깨지 않으려고 자기 안의 꿈과 소망을 억누르면서 케케묵은 가르침의 노래를 편안한 것으로 받아들여야 했는지 모른다. 또 얼마나 많은 정치적 결정들이 빗나간 투지에서 비롯되었는지 모른다. 베트남전쟁 때 존슨 대통령은 '패전하는 최초의 미국 대통령'이 되지 않겠다면서 카우보이식 투지를 드러냈다. 그리고 이 투지 때문에 그는 1965년에 이미 전쟁에서 이길 수 없음을 개인적으로는 인정했음에도 불구하고 전쟁을 계속 밀어붙였다. 2015년에 미국 사우스캐롤라이나 주 아프리칸 감리교 감독교회에서 총기를 난사해서 아홉 명을 살해한 범인인 딜런 루프는, 사람을 죽이겠다는 결심을 실행하기 직전에 그 사람들이 너무도 훌륭한 사람들이라서 계획을 포기할 생각을 했고 또 거의 그렇게 할 뻔했지만 결국 그 끔찍한 행동을 실행하고 말았는데, 본인의 표현을 빌리자면 '임무를 수행해야만 했기' 때문이었다.[24] 빗나간 '투지'의 터무니없이 황당하고도 슬픈 사례이다.

비현실적이거나 해로운 목표에 매달리는 일은 흔히 검증되지 않은 감정들의 충동으로 일어나는데, 이런 것은 최악의 경직성이며 온갖 종류의 불행과 잘못된 기회로 이어진다. 많은 사람들이 만족을 주지 않거나 비현실적인 일을 추구하느라 오랜 세월을 보낸다. 자기가 실수를 저질렀다는 사실 혹은 자기 가치관이 그사이에 바뀌었다는 사실을 인정하는 게 두렵기 때문이다. 그러다가 막다른 골목까지 몰려가 어쩔 수 없이 진로를 바꿔야 하지만, 이때는 이미 다른 기회들이 모두 사라지고 없다. 그러니까 오랜 기간 공을 들인 소설이라고 하더라도 지금 시점에서는 별 의미가 없으므로 아깝지만 그만 포기하고 다른 소재나 내용으로 새로 시작해야 할 수도 있다. 자기가 다니던 고등학교에서 아무리 음악적인 재능이 뛰어난 걸로 유명했다고 하더라도 아직까지는 브로드웨이 무대에 설 수 있는 재목이 아님을 인정해야 할 수도 있다. 혹은 그동안 이성과 잘못된 만남을 이어왔음을 깨닫지만 그 만남에 쏟아넣은 수많은 시간이 아까워서 선뜻 그 관계를 끊지 못하는 사람도 있을 것이다.

어쩌면 야망 자체는 비현실적이지 않았을 수도 있다. 당신은 매우 힘들고 어려운 일을 선택했을 수 있다. 당신은 유명한 발레단에 무사히 입단했을 수도 있고, 평소에 늘 원하던 투자은행에 입사해서 멋진 직무를 맡았을 수도 있다. 그러나 짜릿하던 전율은 금방 사라져버리고, 그 뒤에 당신이 살아가는 삶이 정말 잔혹할 정도로 힘들었을 수 있다. 그러나 뼈아픈 진실을 있는 그대로 받아들이기는 너무 늦어버렸고, 그러다 보니 결국 다른 기회들까지도 모두 차례로 날아가버렸다. 이럴 때는 조금이라도 빨리 "이제 더는 이 일을 나 자신에게 강요하지 못하겠다"고 말해야 한다. 때로는 이런 말을 하는 것이 진정으로 용기 있는 행동이다.

우리는 투지를 가져야 한다. 맞는 말이다. 그러나 어리석은 똥고집을 부리지는 말아야 한다. 설정한 목표가 달성할 수 없는 것임을 알았을 때 여기에 대한 가장 민첩하고 적응성이 높은 대응은 목표를 조정하는 것, 달성할 수 없는 목표를 포기하고 대안의 목표를 세우는 것이다.

하지만 이것은 말처럼 쉽지 않다. 무섭고 겁이 나는 결정이다. 투지야말로 다른 어떤 것들보다 소중한 미덕이라는 생각에 감정적으로 낚여 있을 경우에는, 중도에 포기하는 자신을 한심하게 느끼게 마련이다. 그러나 논리적이고 진심을 담은 선택을 하는 데는 부끄러움 같은 건 없다. 부끄러움이 아니라 긍지를 가져야 한다. 이런 전환을 포기나 항복으로 바라볼 게 아니라 또 다른 전진으로 바라보아야 한다. 환경에 맞추어서 성공 가능성이 높은 새로운 경로를 선택함으로써 끊임없이 진화하고 성장한다고 생각해야 한다. 이런 결정이야말로 부끄러움과는 거리가 먼 고귀하고 존엄한 것이다.

투지와 중단,
그럼 언제 판단해야 하는가

그렇다면 언제 투지를 발휘해야 하고 또 언제 그만둬야 할지 어떻게 알 수 있을까? 어떻게 하면 고귀하고 존엄하게 행동하는 것일까?

스포츠계나 모델계와 같은 몇몇 직업 분야에서는 이 질문에 대한 대답은 명확하다. 젊음이라는 요소가 가장 중요한 변수이기 때문이다. 그러나 행사장에서 공연을 하는 연주자이지만 생계를 꾸려나가기 어려운 사람은 어떻게 해야 할까? 혹은 시간강사로 힘들게 생계를 꾸려야 하는 연구자는 어떻게 해야 할까? 꿈에 그리던 직업을 가지긴 했지만 그 분야가 사양산업이라서 아무리 둘러봐도 잘 될 가망이 없을 때 이 사람은 어떻게 해야 할까? 두 번의 실패를 딛고 세 번째로 창업을 했지만 이번에도 실패의 시련을 겪은 사람은? 직업이 아니라 인간관계에 대해서도 마찬가지로 말할 수 있다. 예를 들어서, 여태까지 소중하게 여기며 공을 들여왔던 우정에 금이 가서 우울한 상태에 놓여 있는 사람이 내려야 할 '투지냐 중단이냐'의 선택이 그렇다.

어떤 종류의 난관이든 간에 난관에 봉착했다가 마침내 그것을 돌파한 사람들의 성공담은 많이 있지만, 자기가 고집하던 길을 끝까지 밀고나가서 막다른 골목에서 오도 가도 못하게 된 사람들의 이야기는 훨씬 더 많다. 그렇다면 목표를 조정해서 다른 길을 가야 할지 아니면 가던 길을 한 번 더 시도해야 할지 어떻게 알 수 있을까?

'투지냐 중단이냐'라는 방정식에서 균형을 잡기 위해서 경제학자인 스티븐 더브너Stephen J. Dubner는 매몰비용과 기회비용을 비교한다.[25] 매몰비용은 돈이든 시간이든 정력이든 간에 어떤 대상에 이미 투입한 비용인데, 사람들은 보통 이 매몰비용이 아까워서 선뜻 그 일에서 손을 떼지 못한다. 기회비용은 자기가 어떤 선택을 함으로써 포기하게 되는 비용이다. 어떤 사람이 어떤 일이나 인간관계에 1센트의 돈이나 1분의 시간을 쏟는다면, 이 돈과 시간은 다른 더 큰 만족을 가져다줄 일이나 인간관계에는 쏟을 수 없다. 그런데 만일 한 걸음 물러나서 매몰비용 때문에 더는 애를 태우지 않는다면, 한층 더 많은 돈과 시간을 투자할 가치가 있는 사업이 무엇일지 더 낫게 평가할 수 있다.

지금 하고 있는 일을 계속 밀고나가야 할 것인가 아니면 포기해야 할 것인가 하는 문제에 대한 진정한 해답은, 감정의 민첩성을 지탱하는 자기인식을 통해서만 나올 수 있다. 감정을 마주하고 한 걸음 비켜나고 또 전진해서 자기가 가장 소중하게 여기는 것들이 무엇인지 알아내고 또 인생의 목표들을 추구하기만 하면 된다.

만일 당신이 지금 '투지냐 중단이냐'의 기로에 서 있다면, 다음 몇 가지 질문에 대해서 곰곰이 생각해봐라.

- 나는 지금 내가 하고 있는 일에 대해서 전반적으로 기쁨이나 만족을 얻고 있는가?

- 이것은 나에게 중요한 것인가, 즉 나의 가치관을 반영하고 있는가?

- 이것의 성공 여부는 내가 가진 힘에 따라서 좌우되는가?

- 만일 내가 나 자신을 속이지 않고 대답한다면, 나는 (혹은 내가 처한 이 상황은) 과연 성공의 길을 걸어갈 수 있을까?

- 내가 이것을 계속 고집한다면 내가 포기해야 하는 기회들로는 어떤 것이 있는가?

시소의 원리를 이야기하면서 나는 균형이라는 개념, 즉 도전과 숙달이 창의적인 긴장 상태를 유지시키는 개념임을 입증하기 위해서 놀이터에 있는 시소라는 놀이기구를 동원했다. 우리 인생의 목표가 동일한 지점에서 앞뒤로 계속 왔다 갔다 해야 한다고 주장하기 위해서 시소를 비유한 게 아니므로 오해는 말기 바란다.

감정의 민첩성이라는 발상은 인생을 잘 살아가기 위한 것이다. 감정의 민첩성은 의무적으로 그래야 한다거나 혹은 그렇게 하라는 말을 다른 사람에게서 들었기 때문이 아니라 본인이 그렇게 하고 싶기 때문에 또 그렇게 하는 일이 본인에게 중요하기 때문에 추구하는, 명확하고 도전적이며 또한 달성할 수 있는 목표들을 향해서 가까이 다가가는 것을 의미한다.

새로운 지식과 보다 풍부한 경험을 지속적으로 추구할 때, 자기 가슴이 느끼는 것을 따르고 자신에게 중요한 질문들에 정직하게 대답할 때, 이제는 시소에 단단히 묶여 있지 않음을 깨달을 것이다. 그리고 자기 마음뿐만 아니라 세상까지도 활짝 열리는 경험을 할 것이다.

9장

일에서의 감정의 민첩성

일과 가정, 자기 안의 틀을 깨기

기업의 여성 임직원들을 대상으로 훈련 프로그램을 진행한 적이 있었는데, 거기에서 에린을 처음 만났다. 스웨터 차림에 진주 귀걸이를 하고 머리는 완벽하게 손질되어 있는 그녀의 모습을 보고, 나는 '완벽하게 살아온 여자구나'라고 생각했다.

프로그램이 진행되면서 참가자들은 일과 관련된 압박감을 이야기하기 시작했는데, 직장에서의 업무뿐만 아니라 가사일까지 동시에 몇 가지 일을 해야 하는 어려움이 주된 주제였다. 그런데 놀랍게도 그 이전까지 평정심을 유지하던 에린이 이 이야기를 할 때 갑자기 울음을 터트리면서 억눌려 있던 속마음을 털어놓았다.

"내가 지금 그렇게 살고 있어요. 도저히 감당할 수 없다구요!"

에린은 아직 다섯 살도 되지 않은 아이 셋을 두고 있었는데, 아이들과 보다 많은 시간을 보내려고 주4일 근무를 하고 있었다. 애초에 이런 계획을 가지고서 고용주와 협의해 주4일 근무를 했지만 매끄럽게 진행되지는 않았다. 한 주 전에도 에린의 상사는 하필이면 그녀가 쉬는 날에 전화로 중요한 업무 회의를 하겠다고 했고, 그녀는 거부할 수 없었다. 에린은 상사와 전화로 업무 회의를 하면서 아이들 목소리가 수화기 너머로 전해질까 봐 90분 동안이나 옷장 바닥에 쪼그리고 앉아 있어야 했다.

에린과 같은 조였던 다른 여자들도 고개를 끄덕이며 에린의 경험에 공감했다. 그들은 에린이 했던 행동이 무척 슬프면서도 또 다른 한편으로는 매우 우스꽝스럽다는 사실을 인정했다. 그곳의 모든 여자들은 자기만의 어두운 옷장에 갇혀 모든 사람을 만족하게 해주려고 하지만 결국 모두 다 비참하게 만드는 상황을 공감했던 것이다.

에린은 갇혀 있었다. 하지만 옷장에만 갇힌 게 아니었다. 그녀는 무슨 일이 진행되든 간에 자기는 필요할 때면 언제든 연락이 닿는 완벽한 직원이라는 생각에 빠져 있었고 그 생각에 갇혀 있었다. 가정과 관련된 이야기를 너무 많이 하면 직장에서 중요한 직원으로 평가받지 못하게 될까 봐 걱정한 나머지, 에린은 자기를 규정하는 정체성 가운데서 엄청나게 중요한 부분이자 매우 소중하게 여기는 정체성인 '깊은 모성을 가진 어머니'라는 존재를 숨겨 왔던 것이다.

그런데 우연히도 나는 에린의 상사와 잘 아는 사이였다. 매력적이긴 하지만 조금은 무계획적인 남자로, 서른 명이 넘는 팀 구성원들이 예외 없이 각자 자기 자리를 잘 지키고 있도록 하기 위해 애를 쓰는 사람이었다. 이 젊은 엄마가 비번인 날에 업무 관련 전화를 옷장 안에서 쪼그리고 앉아서 받아야만 한다는 사실과 이 일을 겪는 것이 당사자에게 어떤 기분일지 안다면 그 상사는 아마도 많이 부끄러웠을 것이다.

에린은 우리에게 속마음을 털어놓은 뒤에 자기가 소중하게 여기는 것을 지키기 위해서 불편하고 힘든 것들과 맞닥뜨리기로 결심했고, 이 문제와 관련해서 상사와 진지하게 대화해보기로 마음먹었다. 그리고 자신에게 있었던 이런저런 일들이며 그가 쉬는 날에 전화를 했을 때 받았던 압박감 등을 이야기했다.

일상생활을 영위하는 데 필요한 것들과 '완벽한 직원'이 되어야 한다는 압박감 사이에서 균형을 잡기 위해 애쓰며 절망과 분노를 느꼈던 그녀는 이 감정들을 솔직하게 드러내 보임으로써 이러한 감정의 덫으로부터 벗어날 수 있었다. 또한 이것이 피할 수 없는 운명이 아닌 감정의 문제라는 것도 이해할 수 있었다. 이렇게 함으로써 그녀는 상사가 자기에게 기대하는 것과 자기가 열망하는 것에 대해서 매우 솔직하게 바라볼 수 있었다. 이 대화에서 그녀는 업무를 통해서 지적으로 성장하는 것을 소중하게 여길 뿐만 아니라 아이들과 함께 보내는 시간 역시 소중하게 여긴다는 사실을 분명하게 밝혔다. 또 자기가 가야 한다고 생각하는 길을 흔들림 없이 걸어갈 수도 있었다. 이렇게 해서 주의 다섯 번째 날인 금요일에는, 긴급한 상황이 아니라면 주말에는 아이들의 어머니 역할에만 충실하겠다는 말을 상사에게 했다. 아주 당당하게!

이렇게 에린은 자기가 느끼던 감정의 진실함을 직장 상사에게 분명하게 전달함으로써 갈등과 불안으로 불필요하게 소모되는 자원을 아낄 수 있었다. 직장에서 상사와 새로운 관계를 형성함으로써 업무의 효율은 높아졌고, 또 집에서는 온전히 아이들에게만 집중할 수 있게 되면서 아이들과의 관계도 좋아졌다. 에린은 실로 몇 달 만에 숙면을 취할 수 있었다.

이 책을 여기까지 읽은 독자라면, 어떤 사람이 경험하는 삶의 만족과 풍요로움은 다른 사람이 그 사람에게 옳다고 말해주는 데서 비롯되는 게 아니라, 어떤 선택과 어떤 행동을 하든 간에 매 순간 이것들을 자기가 가장 소중하게 여기는 것들과 일치시키고 깨닫는 데서 비롯된다는 사실을 잘 알고 있을 것이다. 이런 사실은 업무에서도 마찬가지이다. 월급을 받는 대가로 특정한 구속을 당연한 것으로 받아들이는 것이 관습적이긴 하지만 고용-피고용의 관계는 주인-노예의 관계가 아니다. 연습만 제대로 하면 감정의 민첩성을 강화하는 여러 기법을 이용해서, 수동적으로 끌려다니지 않고 직장생활을 주체적으로 이끌어나갈 수 있다.

일에서의 감정의 덫: 일을 할 때 드는 수많은 감정들

오늘날 기업 문화는 불편한 생각이나 감정이 직장에서는 없어야 하며 임직원, 특히 간부는 금욕적이거나 무한하게 긍정적이어야 한다는 게 당연한 진리가 되었다. 즉 자신감은 활활 불태우되 내면에서 부글부글 끓는 이런저런 강력한 감정들, 특히 부정적인 감정들은 억눌러야 한다는 것이다. 그러나 우리가 앞에서 줄곧 봐왔듯이 감정을 이렇게 억제한다는 것은 인간이 기본적으로 가지고 있는 생물학적인 욕구와는 맞지 않다. 아무리 건강한 사람이라고 하더라도, 또 아무리 자기에게 주어진 일을 멋지게 잘 수행한다 하더라도, 이 사람의 내면에는 비판과 의심, 공포 등의 감정과 생각이 쉬지 않고 흐른다. 인간의 뇌는 그렇게 하도록 설정되어 있다. 그렇게 함으로써 외부 세상을 파악하려 하고 앞으로 닥칠지 모를 문제를 예측하고 또 실제로 그런 문제가 발생할 때는 해결하고, 또 함정일지도 모르는 것이 있으면 피해가려 하는 것이다.

사람들이 일을 할 때 번번이 감정의 덫에 걸리는 것도 바로 이 때문이다. 사람은 누구나 밖으로 드러나지 않은 믿음들을 가지고 있다. 또 이런저런 자기 개념들도 가지고 있으며, 경쟁심과 협동심을 가지고 있다. 그리고 어떤 일을 처음 시작하기 전에 이미 온갖 삶의 경험을 가지고 있다. 일은 우리가 가지고 있는 이런 것들에 의존하고 또 이것들을 통합한다. 예를 들어서 이런 질문을 던져보자. 당신은 어릴 때 다른 아이들과 잘 어울렸는가, 아니면 외톨이로 살았는가? 부모님이 우리에게 비현실적인 기대를 가지셨던가? 지금도 여전히 다른 사람들에게 너무 많은 것 혹은 너무 적은 것을 기대하지는 않는가? 자기 가치에 대해서 자신감을 가지고 자기 재능과 아이디어에 긍지를 가지고 있는가, 아니면 그런 것들을 애써 낮게 평가하려고 하는가?

심지어 우리가 사무실에서 일을 하면서 스프레드시트로 대표되는 냉정하고 이성적인 종류의 분석이나 결정을 할 때조차도 그렇다. 우리가 일하는 사무실은 사실 우리 내면에 있는 온갖 감정들이 활개를 치며 뛰어다니는 무대가 된다, 이런 사실을 본인이 의식하든 의식하지 못하든 간에 말이다. 일을 할 때, 특히 긴장하고 치열해야 할 때, 우리는 자기가 생각하고 믿는 자신에 대한 고정관념들에 너무도 쉽게 의존한다. 이 고정관념들, 이 케케묵은 낡은 이야기들이 결정적인 순간에 우리를 감정의 덫에 걸리게 할 수 있다. 예를 들어보면 이렇다. 남에게 부정적인 평가를 받거나 남에게 부정적인 평가를 해줄 필요가 있을 때, 보다 많은 일을 해야 하거나 보다 빠르게 일을 마쳐야 한다는 압박을 느낄 때, 보다 강력한 인상을 가지고서 감독자나 함께 일하는 사람들을 대해야만 하거나 일과 생활의 균형이 무너졌을 때… 예를 들자면 끝도 없다.

자기 직종에서 경력을 쌓고 남에게 인정을 받으려면 그동안 성장한 만큼 이력서를 업데이트해야 하듯이 그런 고정관념들도 업데이트를 해야 한다. 대학교를 졸업하고 직장에 취업을 한 뒤에는 대학생 시절 여름방학 때 했던 아르바이트 경력을 굳이 이력서에 넣지 않는 것처럼, 일을 하는 과정에서 감정의 덫에 걸리지 않으려면 자기가 가지고 있는 고정관념들 가운데 과거에는 유효했지만 지금은 유효하지 않은 어떤 것들은 털어내고 잊어버려야 한다는 말이다.

앞서 나는, 오늘날 우리의 삶이 점점 복잡해지고 또 생활의 속도가 빨라짐에 따라서 감정의 민첩성이 한층 더 중요해졌다고 설명했다. 특히 기업계는 이런 변화들이 가장 격렬하고도 처절하게 진행되는 곳이다. 세계화, 기술혁신, 지정학적 불안정성, 법률적인 여러 규제들 그리고 인구통계학적 특성의 변화 등의 요인들 때문에 한 치 앞을 내다볼 수 없을 정도이다. 예컨대 업무 분장은 몇 달에 한 번씩 바뀔 수 있으며 지난 분기의 목표가 이번 분기에는 폐기될 수 있고 정리해고나 인수합병 그리고 조직변혁은 언제든 진행될 수 있다. 이런 일들은 우리 안에서 온갖 감정들과 생각들이 날뛰지 않는다 하더라도 충분히 어렵고 힘들게 다가온다.

이런 환경에서 자기가 하는 일을 효과적으로 수행하려면 자기가 내리는 판단이나 결정이 회사 혹은 해당 사업의 다른 측면들에 어떤 영향을 미칠지 예측하는 것을 포함한 여러 계획들을 주의 깊게 살필 수 있어야 한다. 또 필요에 따라서 이 계획들을 적절하게 조정해야 하는데, 이러한 필요성은 예전보다 한층 더 강화되었다. 일상의 유일한 상수常數인 모호성과 변화를 처리할 끈기가 우리에게는 필요하다. 또한 신선한 발상과 관점을 따라잡고 일을 제대로 수행하려면 집단의 힘에 의지해야 하는데, 그렇게 하려면 우선 대인관계 기술들을 갖추어야 한다.

그런데 불행하게도 유연성을 요구하는 속도와 변화라는 두 개의 힘은 거꾸로 사람들이 융통성이 없는 상태를 유지할 수밖에 없도록 끊임없이 음모를 꾸민다. 우리에게는 엄청나게 많은 정보가 쏟아지고, 또 우리는 엄청나게 많은 의사결정을 내려야 하기 때문에 우리는 직감에 의존해서 빠르게 그런 과정을 처리한다. 그런데 이런 직감이 대개 흑백사고에 매어 있다 보니, 우리는 흔히 자기가 하는 일과 관련된 사람들이 있다고 하더라도 이 사람들과 충분히 소통을 하지 않고 그 사람들과의 관계를 단순한 거래 차원으로 축소해버린다. 예를 들어서 이메일 박스에 안 읽은 메일이 300통 있다고 치자. 이럴 때 우리는 동료들에게 너무도 쉽게 판에 박은 듯이 똑같은 '답장'을 보낸다. 하지만 큰 병을 앓고 있는 아들 때문에 걱정이 많은 동료에게는 따뜻한 위로의 한마디를 보낼 필요가 있다는 사실은 까맣게 잊어버리고 만다.

이 모든 '어리석음meshugaas'의 결과는 산만함과 숙성되지 않은 의사결정과 '단순하기 짝이 없는 해결책'(이른바 '아무것도 모르는 척하는 똑똑한 사람')으로 나타난다. 스트레스, 감정적 부담, 패닉, 죄의식 그리고 '기술과 멀티태스킹이 언젠가는 인간에게 필요한 해법을 충실하게 가져다줄 것'이라는 그릇된 희망 역시 거기에 포함된다.

개인적인 차원의 감정의 덫에 걸리는 유형

여러 해 전에 리비아라는 여자를 만났다. 나에게 컨설팅 의뢰를 한 회사의 직원이었는데, 지적이고 야심이 대단했으며 경쟁력도 탁월했고 동료들이나 상사들로부터 두루 신망을 받고 있었다. 그런데 회사 경영진을 몇 차례 만나는 과정에서 나는 리비아가 삶을 끊임없이 변화시키려는 자세를 높이 평가받아서 승진 대상자로 선정되어 있음을 알았다. 그러나 그녀의 승진과 앞으로 그녀가 맡을 직무는 현재 비밀리에 진행되고 있던 대규모 구조조정과 연결되어 있었기에 회사는 그 내용을 비밀로 했고, 그녀는 자신이 조만간에 승진할 것임을 전혀 알지 못했다. 그리고 나는 그 비밀을 지키기로 약속했기에 그 기쁜 소식을 그녀에게 귀띔해줄 수 없었다.

리비아가 알고 있던 것은 무언가가 진행되고 있다는 사실뿐이었고, 그녀는 그런 분위기가 본능적으로 불편했다. 고위 경영진이 어쩐지 자신을 예전과 다르게 대하는 것 같았다. 그 사람들이 자기들끼리 무슨 얘기를 나누다가도 그녀가 들어가면 입을 다물어버리는 경우도 한두 번 있었다. 그럴 때마다 기분이 매우 좋지 않았다. 그 뒤로 몇 달 동안 대규모 구조조정이 이루어질 것이라는 소문이 회사에 퍼졌는데, 그녀는 자기 주변에서 목격하는 몇몇 신호들, 즉 무슨 일인지 모르지만 중요한 어떤 일이 자신에게 일어날 것 같다는 미묘한 신호들을 놓고 자기가 해고 대상에 올랐다고 해석했으며, 또 이 해석을 확신했다. '무슨 일이 일어난다면 그것은 분명 나쁜 일이다'라는 오해 때문에 그녀의 감정은 급격하게 무너졌다. 그래서 그녀는 제안으로 올라오는 모든 변화에 대해서 부정적인 판단을 내리기 시작했고 자기가 가지고 있던 참신한 발상들을 더는 내어놓지 않았다. 그러다가 내가 육아휴직을 마치고 돌아와서 보니 그 사이에 그녀는 해고되었다.

리비아는 불안정성이라는 감정의 덫에 걸리고 만 것이다. 이 불안정성이 업무와 관련해서 그녀가 그토록 소중하게 여기던 가치를 지향할 수 없게 가로막았던 것이다. 설령 모호하고 의심스러운 그런 상황을 그녀가 비록 조금은 편집증적으로 오해했다고 하더라도, 만일 그녀가 감정적으로 조금만 더 민첩했더라면 이렇게 말했을 것이다.

"그래, 내가 잘릴 수도 있겠지 뭐… 하지만 자르려면 자르라지, 그래도 나는 지금까지 줄곧 그랬던 것처럼 내 방식대로, 내가 자부심과 긍지를 가지는 방식대로 일을 할 거야."

혹은 불편하게 만드는 어떤 신호를 접했을 때 상사의 사무실 문을 두드리고 들어가서 이렇게 말할 수도 있었다.

"분위기가 뭔가 이상해서 그럽니다만, 지금 저와 관련해서 무슨 일이 진행되고 있는지 말씀해주시겠습니까?"

또 다른 고객이던 앨도 여러 개의 감정의 덫에 걸려서 괴로워했다. 일류 경영대학원을 졸업한 대담하고 똑똑한 청년이던 앨은 두 아이의 훌륭한 아버지이기도 했다. 그는 승진에서 탈락한 뒤에 나를 찾아왔다. 재능으로 보나 성실성으로 보나 승진자는 당연히 자기라고 생각했는데, 그게 아니더라고 했다.

앨은 어린 시절에 아버지와 함께 보낸 시간이 매우 적었다면서 자기는 그런 아버지가 되지 않겠다고 다짐하면서 살아왔다고 했다. 그런데 둘째 아이가 특별한 보살핌을 필요로 하는 병을 가지고 태어났고, 그 뒤로 그의 다짐은 한층 더 굳어졌다. 생활이 다른 사람과 달리 복잡했기 때문에 앨은 그야말로 '솔로몬의 결단'을 내려야만 했다. 즉 가정에서는 자신의 모든 감정 에너지를 가정생활에 쏟고, 직장에서는 자기를 사랑하고 또 자기를 가장 필요로 하는 사람들이 있는 집으로 조금이라도 일찍 가기 위해서 철저하게 일에만 집중하기로 한 것이다. 그래서 직장에서는 동료들과 사소한 화젯거리로 얘기를 나눌 시간조차 아꼈다. 그러니 동료들과 개인적인 차원의 인간관계를 형성할 기회가 그만큼 줄어들 수밖에 없었다. 앨은 자기가 일을 할 때 집중력이 있고 업무를 효율적으로 처리한다고 생각했지만 동료들은 그를 로봇처럼 일은 잘하지만 인간미가 없고 공감력이 부족하다고 생각했다. 바로 이 점이 그가 승진에서 탈락한 이유였다.

역설적이게도 앨은 역사가 깊은 감정의 낚싯바늘, 즉 자기 아버지의 부재에 따른 고통이라는 감정의 덫에 걸려서 자기가 그토록 소중하게 여기던 목표, 즉 아이들 곁에 진정으로 함께 있어주겠다는 목표를 달성할 수 없었다. 가족을 제대로 잘 돌보려면 가족과 함께 있는 것도 필요하지만 가족을 보살피는 데 들어가는 돈을 넉넉하게 마련하기 위해서 직장생활의 경력을 성공적으로 잘 쌓아나가는 것도 필요했다.

리비아와 앨, 두 사람 다 성공에 필요한 것은 딱 한 가지만 빼고 모두 가지고 있었다. 그 한 가지는 바로 외부에서 가해지는 충격파를 흡수하는 데 필요한 감정의 민첩성이다. 이 민첩성은 자기에게 도움이 되지 않는 생각들과 감정들 그리고 생활 방식들에 빠져 있는 상황에서 벗어나서 일상의 모든 행동을 자기 가치관이나 열망과 일치하도록 조정하는 것에서부터 시작된다.

직장에서 감정의 덫에 걸리는 양상이나 원인은 사람마다 제각각이다. 강의나 교육을 하러 나가서 보면 '업무'에 감정적으로 낚여 있는 임원들은 널려 있을 정도로 많다. 이 임원들은 회의를 하러 갈 때 점검하고 수행해야 할 목록들을 잔뜩 챙겨가지고 들어가는데, 이 목록이라는 게 특정한 업무와 관련해서 사람들에게 일방적으로 지시하기 위한 것("라파엘, 마케팅 보고서 오늘 정오까지 제출해주게")이지 동일한 목표("이 프로젝트를 보다 효율적으로 만들 방법에 대해서 생각하고 있는 사람이 있나?")나 이유("어떻게 하면 우리가 정말 자부심을 가지는 것을 고객들에게 전달할 수 있을까?")를 가진 인간으로서 다른 사람과 소통하기 위한 것이 아니다. 그리고 어떤 직원이 자기에게 주어진 업무를 제대로 하지 않는 것처럼 보이면, 그 임원은 공격적이거나 수세적인 모습을 보인다. 혹은 그 업무의 세부적인 사항에 집착하며 해당 팀의 보다 큰 필요성이나 생각, 바람과 연결하려 들지 않아서 결국에는 해당 사업을 성공적으로 완수하지 못한다. 혹은 이 임원은 순수하게 과업에만 초점을 맞추어서 피드백을 한다. 예를 들어서 "내가 보니까 이번 분기에 실적이 내려갔는데 무슨 문제가 있죠? 어떻게 하면 우리가 같이 그 문제를 해결할 수 있을까요?"라고 말하지 않고, "이번 분기에 실적이 내려갔네요"라고만 말한다.

이와 달리 감정이 민첩한 임원들은 미시적인 관점에서는 한 걸음 물러날 수 있다. 이들은 사소한 것들이 중요함을 잘 알지만, 자신이 생각하고 계획하는 것을 '업무'에서 '목표'로 고양시키는 방법도 알고 있다. 감정이 민첩한 임원이라면 회의를 하기 전에 자기 자신에게 다음과 같은 질문들을 던진다.

"이 회의에서 팀원들이 모두 공유하는 목적은 무엇일까?"

"회의를 하다가 잠시 휴정할 때 팀원들이 어떤 기분이길 나는 바라고 있을까?"

"내가 팀원들에게 해주는 피드백이 팀원 각자가 자기 목표를 달성하는 데 어떻게 도움이 될 수 있을까?"

또 하나 놀라울 정도로 널리 퍼져 있는, 직장에서 감정의 덫에 걸리는 원인은 정말 특이하게도 직장 일에 신경을 너무 많이 쓴다는 것이다. 수십 년 전에는 사람들이 직업을 기본적으로 생계 수단으로 바라보았다. 사교 클럽, 취미 그리고 종교 등을 모두 아우르는 전체 인생 가운데 하나의 부분으로 바라보았던 것이다. 그런데 요즘에는 일하는 시간은 예전보다 훨씬 길어졌고 직장은 기본적인 사회적 배출구가 되어버렸으며 직업과 관련된 경력은 자의식과 떼려야 뗄 수 없는 것이 되어버렸다. 한편 우리는 사람은 누구나 자기가 하는 일에서 '목적'을 찾을 수 있고 또 마땅히 그래야 한다는 메시지의 융단폭격을 받으며 살아간다. 일이 개인의 심리적 윤택함을 풍성하게 만들어주는 잠재력이 있는 것은 사실이지만, 지금은 사람들이 여러 가치들의 경중을 따지기 어려워져서 균형감각을 잃어버리고 일에 지나치게 매몰되어 있다.

신경을 지나치게 많이 쓰는 양상은 자기의 '전문성'을 나타내는 데 온 힘을 기울이는 것으로 드러나는데, 언제나 해결책을 가지고 있어야 한다거나 실수를 용납할 수 없다거나 하는 태도를 말한다. 개인과 개인 사이에서는 이런 양상이 동료를 깔아뭉개거나 자기 일도 아닌 것에 지나치게 개입하거나 혹은 다른 사람이 내는 짜증과 다른 사람이 가지고 있는 평범하지 않은 습관을 자기 머릿속 혹은 대화 속에 너무 많이 담아두는 것으로 드러날 수도 있다.

감정의 덫에 걸려 있는 사람에게는 '신경을 덜 쓰는 것'은 게

으름을 부리는 것으로 인식된다. 하지만 그렇지 않다. 신경을 덜 쓴다는 것은 감정에서 한 걸음 비켜나서 인생의 다양한 측면들을 자유롭고 느긋하게 기웃거리도록 자기를 느슨하게 풀어주는 것이고, 이렇게 함으로써 자기가 진정으로 소중하게 여기는 것들을 보다 효과적으로 추구할 수 있는 공간을 만들어주는 것이다.

집단 속의 눈가림

사람들은 대부분 어떤 팀에 속해서 일을 한다. 그렇기 때문에 어떤 사람이 무엇에 감정의 덫에 걸렸다고 할 때 그 원인이 개인적인 사연이나 집착에 국한되지 않는다. 집단적인 차원에서, 즉 동료들과 관련된 어떤 것들로 인해서 감정의 덫에 걸릴 수 있다는 말이다. 사람들은 자기가 그런 생각을 한다는 사실을 인식조차 하지 못하면서도 동료들의 약점이나 강점에 대해서, 또 그들의 헌신성과 재능에 대해서 판단을 내린다.

그런데 이 판단이 완전히 잘못된 것이기 쉽다. 이것은 부인할 수 없는 진실이다. 이것은 백만 년이라는 세월 속에서 인간이 결코 인정하지 않았던 편견의 결과이다. 게다가 인간은 자신의 객관성에 대해서도 편견을 가지고 있다. 그래서 자신이 어떤 편견에 사로잡혀 있다는 사실을 전혀 알지 못하는 경우도 흔하다.[1]

어떤 심리학 실험에서 연구자들은 남자와 여자로 구성된 피실험자들에게 경찰서장 후보로 남성(마이클)과 여성(미셸) 가운데 누가 더 적합할지 생각해보라고 했다.² 그리고 피실험자들에게 이 두 사람의 경력과 배경을 일러준 뒤에, 현장에서 쌓은 경험과 공식적인 정규 교육 가운데 어느 것이 더 중요하다고 생각하는지 물었다. 그런데 이 실험을 여러 차례 했지만 그때마다 피실험자들은 번번이 남성 후보가 가지고 있는 덕목을 더 중요하다고 선택했다. 남성 후보가 교육수준이 높으면 그것이 중요하다고 했고, 반대로 현장 경험이 풍부한 경우에는 반대로 또 그것이 중요하다고 선택한 것이다. 즉 피실험자들은 성별과 관련된 편견을 지속적으로 보였을 뿐만 아니라 자기들이 그런 편견에 사로잡혀 있다는 사실을 깨닫지도 못했다.

또 다른 실험에서 연구자들은 피실험자들에게 옷을 잘 입고 자신이 넘치는 모습을 보이기도 하고 반대로 옷을 후줄근하게 입고 쭈뼛거리는 모습을 보이기도 하는, 도박 테이블에 앉은 동일인을 놓고 누구를 상대하면 이길 것인지 예측하고 그 사람에게 돈을 걸게 했다.³ (연구자들은 전자와 후자의 조건을 각각 '뺀질이'와 '찌질이'라고 장난스럽게 이름을 붙였다. 과학을 탐구하는 연구자들이 유머가 부족하다는 것은 헛소문이다.) 결과는 놀랍지 않았는데, 피실험자들은 '찌질이'에게 훨씬 더 공격적으로 돈을 걸었다. 심지어 카드 무더기에서 무작위로 카드를 한 장씩 뽑는 그야말로 순전히 운에 따라서 승패가 결정되는 게임에서조차도 그랬다. 후줄근한 옷을 입고 쭈뼛거리는 사람을 보는 순간 피실험자들의 편견이 작동해서 '뺀질이'보다 '찌질이'를 이기는 게 훨씬 쉽다고 판단하게 한 것이다.

나는 〈하버드 비즈니스 리뷰〉에 글을 한 편 쓴 적이 있는데, 이 글에서 나는 '잭'이라는 사람에 대해서 썼다.[4] 잭은 내가 의뢰를 받아서 일하던 회사의 고위 간부였다. 잭의 부하 직원들은 늘 잭을 좋은 사람으로 여겨왔다. 그런데 어느 날 그는 중요한 사업 하나를 중단할 것이라고 발표했고, 이에 실망한 부하 직원들은 갑자기 태도를 바꾸었다. 그들의 마음속에서 잭은 이제 더는 파티에서건 어디에서건 누구나 얘기를 나누고 싶어 하는 멋진 사람이 아니었다. 그는 이제 다른 고위 간부들과 마찬가지로 위선자에다 이기적이고 위험을 회피하는 소심한 사람일 뿐이었다.

어떤 사람이 했던 행동의 원인이 그 사람이 가지고 있는 고정된 특징(예를 들면 '위선'이나 '위험 회피')에 있다고 추론하는 경향, 즉 '대응 추론 편향correspondence bias'[5]이라는 감정의 덫에 걸리기는 너무도 쉽다. 반면 사람들은 자신이 하는 나쁜 행동은 특정한 '환경'에 대한 반응이라고 설명하는 경향이 있다. '난들 어떻게 할 수 있었겠어? 나는 무지막지한 압박감에 짓눌렸단 말이야!'처럼 말이다. 하버드대학교의 심리학자인 대니얼 길버트Daniel Gilbert는 이런 대응 추론 편향이 나타나는 원인을 네 가지로 꼽았다.[6]

1. 사람들은 특정 상황을 온전하게 파악하지 못한다

앞서 살펴본 사례에서 잭의 부하 직원들은 잭이 중요하게 진행되던 사업을 중단한 결정과 관련된 전체 내용을 알지 못했다. 잭이 그 사업을 계속 진행하려고 얼마나 노력을 했는지, 혹은 그 사업을 계속 진행하려다 이사진으로부터 얼마나 많은 비판을 받았는지 알지 못했던 것이다.

2. 사람들은 비현실적인 기대를 가진다

설령 부하 직원들이 잭이 진퇴양난의 상황에 놓여 있었음을 알고 있었다 하더라도, 그들은 이렇게 말했을 것이다. "바보 같으니라고! 나라면 그렇게 호락호락 물러서지 않았을 텐데."

3. 사람들은 행동을 과장되게 평가한다

잭의 부하 직원들은 잭이 미소를 짓는 것을 보고는 그것을 단순히 미소로만 받아들이지 않고 자신들의 꿈과 야망을 파괴한 것에서 쾌감을 느끼는 변태적인 웃음이라고 바라본다.

4. 사람들은 애초부터 가지고 있던 잘못된 가정을 바로잡지 못한다

설령 잭에게 실망한 부하 직원들이 나중에는 잭이 그런 결정을 내릴 수밖에 없었던 사정을 깨닫는다고 하더라도, 이들이 잭을 평가하는 자기 의견을 수정할 가능성은 희박하다.

사실 잭의 부하 직원들이 잭을 좋아할 때 가지고 있었던 잭에 대한 긍정적인 생각도 그렇고, 부하 직원들이 반기지 않는 어떤 결정을 내린 뒤에 그들이 가지게 된 잭에 대한 부정적인 생각도 그런데, 이 양극단의 생각들은 모두 완전한 게 아니었다. 설령 충분하게 많은 정보를 바탕으로 내려진 판단이라고 하더라도 마찬가지다. 부하 직원들은 잭에 대해서 아무것도 몰랐다는 사실, 이것이 진실이다. 자기가 가지고 있던 관점을 다른 것으로 바꾸고 또 자기를 둘러싸고 있는 사람들이나 환경을 지속적으로 조사하고 발견하면서 깊이 이해할 수 있으려면 감정의 민첩성을 연마하는 것 외에는 다른 방법이 없다.

감정의 덫에 걸린 집단들

집단으로 협력해서 일을 해야 하는 세계에서는 때로 개인이 감정의 덫에 걸리는 게 아니라 집단 전체가 감정의 덫에 걸리기도 한다.

2005년 3월에 일레인 브로마일리는 작은 수술을 받으러 병원으로 갔다. 그녀는 축농증으로 고생을 했는데 의사가 그녀의 부비강을 넓혀서 증상을 완화하는 게 좋겠다고 했고, 그 수술을 받기로 했던 것이다. 그녀의 남편인 마틴은 아내를 병원으로 데려다주고 늘 그랬듯이 두 아이와 함께 주말 쇼핑을 하러 갔다.

그런데 몇 시간 뒤에 마틴은 병원으로부터 전화 한 통을 받았다. 일레인이 마취에서 깨어나지 않고 있으며 마취 상태에서 그녀의 기도를 열어두기가 어려운 데다가 그녀의 혈류 산소 수치가 급격하게 떨어져서 집중치료실로 옮겼다고 했다. 마틴이 병원에 도착했을 때 일레인은 이미 의식불명 상태였다. 그리고 며칠 뒤에 마틴은 아내의 생명 유지 장치를 제거해도 좋다는 문서에 서명했다.[7]

이 사건에 대한 조사가 이루어졌고, 조사 결과, 수술이 시작되자마자 그녀의 기도가 내려앉았음이 밝혀졌다. 이 상황에서 마취과 의사는 표준 매뉴얼에 따라 산소 호흡기를 사용해서 그녀에게 산소를 공급하려고 시도하는 한편, 다른 의사들에게 도움을 청했고 다른 마취과 의사 한 명과 외과의사 한 명이 현장에 달려왔다. 이들은 일레인의 기도에 튜브를 삽입하려고 했지만 성공하지 못했다.

사람은 산소를 공급받지 못하면 10분 정도밖에 살지 못하는데, 그만큼 시간이 경과하면 뇌는 돌이킬 수 없을 정도로 손상된다. 그러므로 '산소 호흡기의 튜브를 삽입할 수 없는' 죽느냐 사느냐의 상황에서는 산소 호흡기를 사용하려는 시도를 중단하고 환자의 기도로 직접 산소를 불어넣는 방법을 찾는 것이 기본적인 규칙이다. 기관 절개라는 이 방법은 흔히 환자의 목을 기도까지 직접 절개하는 방식으로 진행된다. 수술실에 있던 의사 세 명의 경력은 도합 60년이나 되었다. 그러니 그런 기본적인 규칙과 방식을 잘 알고 있었음에도 불구하고, 산소 호흡기의 튜브를 기도에 삽입하려는 시도만 헛되이 반복했다. 마침내 산소 호흡기를 온전하게 삽입했지만 이미 25분이나 되는 시간이 지난 뒤였고, 그때는 너무 늦어버린 상태였다.

의사들이 산소 호흡기를 삽입하겠다고 소동을 벌일 때 무슨 상황이 진행되고 있는지 정확하게 파악한 간호사 한 명이 의사들에게 기관 절개 도구를 내밀었지만 의사들은 기관 절개 제안을 무시했다. 또 다른 간호사 한 명도 집중치료실의 병상을 예약했지만 의사들의 반응은 쓸데없는 짓을 한다는 식이었고, 그래서 이 간호사는 예약을 취소해버렸다.

의사들로서는 눈을 감고도 할 수 있을 정도로 쉬운 수술이었는데 어떻게 이렇게까지 잘못될 수 있었을까? 서른일곱 살의 건강한 여성이 현대식 병원에서 노련한 의사와 간호사에게 사소한 수술을 받았을 뿐인데 어떻게 목숨까지 잃는 황당한 일이 일어났을까? 그 이유가 뭘까? 이 질문에 대한 대답은 한마디로 할 수 있다. 그것은 바로 '사고의 경직성'이다. 수술실에 있던 그 의사들은 흥분한 나머지 '터널 시야'에 사로잡혀서 전체 상황과 맥락을 이해하지 못한 것이다. 한 걸음 뒤로 물러나서 무슨 일이 진행되고 있는지 냉정하게 파악하고 대안을 생각하고 실천했어야 하지만 그렇게 하지 못한 것이다.

수술실에 함께 있었던 간호사들은 의사가 세 명이나 되는데 한 사람도 기관 절개를 시도하지 않는다는 사실에 깜짝 놀랐지만 그런 사실을 강력하게 지적하고 나서야겠다고는 느끼지 않았다고 말했다. 그런 위급한 순간에 간호사가 상황을 주도하는 것에 대해 의사들이 거부감을 느낄 것이라고, 즉 간호사에 대한 부정적인 편견에 사로잡혀 있을 것이라고 생각했던 것이다. 하지만 이 경우에 간호사들은 간호사들대로 의사에 대한 부정적인 편견에 사로잡혀 있었다.

비록 모든 결과가 이처럼 다 비극적이지는 않지만 일레인 브로마일리 사건과 같은 유형의 집단적인 감정의 낚임은 모든 직장에서 언제나 일어난다. 이것은 앞서 예로 들었던 옷장 속에 쪼그리고 앉아서 상사의 전화를 받았던 에린이 가지고 있었던 것과 동일한 종류의 경직성이다. 또, 모든 시장 관련 자료가 실패할 것이 분명하다고 예측함에도 불구하고 어떤 제품을 밀어붙이는 제품 설계팀을 이끄는 경직성이기도 하다. 일레인 브로마일리 사건은 잘못 유도된 의사결정이 한 사람의 소중한 목숨을 앗아갔다는 것이 다른 사례들과는 구분되지만 내용적으로는 아무런 차이가 없다.

어떤 회의에 참석했을 때 대부분의 사람이 찬성하는 사항에 대해서 의심을 품거나 반대하는 마음을 가지고 있었지만 굳이 다른 견해를 사람들 앞에 밝히고 싶지 않다거나 혹은 실제로 그런 말을 감히 꺼낼 수 없다는 생각에 입을 다물어버린 경험은 누구나 가지고 있을 것이다. 집단에 소속되어 있으면서 유일하게 반대의 목소리를 내거나 다른 사람들이 좋아하지 않는 제안을 하는 일은 위험하고도 두려운 일이다. 그러나 자기가 소수 의견에 속한다는 불편한 감정을 기꺼이 드러내지 않는다면, 영원히 자기 목소리를 다른 사람에게 들려주지 못한다. 사람들은 건설적인 방식으로 침묵을 지킬 수 있다. 중요하지 않은 문제를 다투는 논쟁에 휘말려 들지 않을 때나 동료가 즉흥적으로 제안하는 아이디어가 형편없다는 말을 굳이 입 밖에 내지 않을 때가 그렇다. 팀 구성원 모두가 어떤 아이디어에 대해서 같은 생각을 하는 것이 편할 수도 있지만, 이런 경우에 조직의 민첩성이 아닌 집단사고의 낭패로 이어지는 일은 너무도 흔하게 일어난다.

**직장의 업무와 관련해서 당신이
무언가에 낚여 있다는 것을 나타내는 몇 가지 신호들**

- 내가 생각하는 것보다 보다 나은 행동 과정이 분명하게 있음에도 불구하고 '내가 옳다'는 생각을 떨쳐버리지 못한다.
- 무언가 잘못되어 가고 있음을 알면서도 침묵을 지킨다.
- 보다 큰 그림을 고려하지 않은 채 사소한 것들에만 바쁘게 매달린다.
- 일에 무관심하고 심드렁해진다.

- 가장 쉬운 일만 골라서 하려고 든다.
- 동료나 사업에 대해서 에둘러서 말하는 버릇이 들었다.
- 동료들의 행동이나 의견을 고정관념에만 의존해서 평가한다.
- 자기 자신의 경력을 계발하는 문제를 마치 남의 일 생각하듯이 대한다.

일과 정면으로 마주하기

직장생활을 충실하게 수행한다는 것은 자기 생각이나 감정을 충분히 표현하며 또 이런 것들을 있는 그대로, 즉 불변의 진리나 반드시 이행해야 할 명령이 아니라 그저 하나의 정보로 바라본다는 뜻이다. 이럴 때 우리는 그 문제에서 한 걸음 떨어져서 우리의 정신 과정을 전체적으로 조망할 수 있으며, 내 생각이나 감정이 나에게 행사하려는 영향력을 무력하게 만들 수 있다.

미국인 가운데서 직업상 일상적으로 공포를 경험하는 사람의 비율은 상대적으로 적다. 여기에서 내가 말하는 공포는 배가 침몰한다거나 갱도가 무너진다거나 권총으로 무장한 마약상 대여섯 명이 모퉁이 뒤에서 노리고 있다든가 하는 것과 같은 생명의 위협을 받는 공포이다. 그러나 미국인 가운데서 직장에서 일을 하는 사람이면 거의 모두가 공포와는 화학적으로 사촌 관계인 스트레스, 즉 고대 인류의 조상 때부터 인간이 가지고 있는 투쟁-도피 본능의 고통스러운 경험에 익숙하다. 비록 과거에는 포식자들 앞에서 튀어나왔던 이 투쟁-도피 본능이 오늘날에는 3분기 예산보고서, 진상 고객, 상사의 압박, 두려움에 떨어야 하는 대화, 혹은 임박한 구조조정의 위협 등에만 적용된다는 점이 다르긴 하지만 말이다.

불안을 유발하는 호르몬들('아! 뱀이다!'의 경우처럼 아드레날린이 갑작스럽게 분출되는 것과 반대편에 있는 호르몬들)을 지속적으로 분비함으로써 자기 존재를 드러내는 공포가 있다. 심리학자들은 이것을 '알로스타 스트레스allostatic stress' 혹은 '알로스타 부하allostatic load'라고 부르는데, 이것을 장기간에 걸쳐서 많이 경험하는 사람은 그만큼 더 육체적으로나 감정적으로 기력이 소진된다.

당신이 일을 할 때 당신이 속한 집단에서 모든 사람이 대부분의 시간 동안에 스트레스를 받는 환경에 놓여 있다면 이른바 '전염'이라는 과정을 통해 다른 사람들이 경험하는 알로스타 스트레스를 받게 된다. 직장 스트레스는 모든 사람의 칸막이 자리 위에 구름처럼 떠 있으면서 강력한 압박성의 위세를 떨친다. **간접 흡연과 마찬가지로 간접 스트레스는 그 부근에 있는 모든 사람에게 심각한 영향을 줄 수 있다.**

어떤 심리학 실험에서 연구자들은 한 무리의 간호사들을 한 팀으로 묶은 후 날마다 그날의 기분, 귀찮고 번거로운 일들, 자기가 속한 팀의 전반적인 감정 기상도를 기록하라고 했다. 3주 동안 이어진 이 기록은 특정한 날의 어떤 간호사 한 사람의 기분이 어떠했을지를 해당 팀의 다른 간호사들이 느꼈던 기분을 근거로 상당히 정확하게 추정할 수 있음을 보여주었다.[8] 그런데 놀라운 사실은 이 감정의 전염이 일과 전혀 상관없을 때조차도, 또 간호사들이 서로 불과 몇 시간만 함께 일을 했을 때조차도 나타났다는 점이다. 그리고 시간이 흐름에 따라서 이 전염성이 높은 기분들은 전체 조직에 확산되어서 그 직장의 전반적인 문화에까지 영향을 미쳤다.

또 다른 연구에 따르면 스트레스에 찌든 사람을 단지 한 번 보는 것만으로도 스트레스가 발생하거나 증가할 수 있다. 연구자들은 피실험자들에게 낯선 사람이 까다로운 수학 문제를 풀어야 하며 또 높은 수준의 압박감을 느낄 수밖에 없는 면접시험을 치르는 상황을 한쪽 방향에서만 보이는 유리창을 통해서 관찰하게 했다. 그리고 스트레스 상황에서 분비되는 호르몬인 코르티솔 수치를 측정했는데, 3분의 1에 육박하는 피실험자들에게서 코르티솔 수치가 상당한 수준으로 올라가는 결과를 확인했다.[9] 그리고 피실험자들에게 스트레스 상황을 동영상으로 관찰하게 했을 때도 이 관찰자들 가운데 약 4분의 1이 동일한 반응을 보였다.

또 스트레스는 사람을 죽일 수도 있는데, 스트레스에 대한 스트레스야말로 진정한 살인자임을 밝힌 연구가 있었다. 3,000명 가까운 응답자들에게서 받은 설문 내용을 분석한 어떤 연구는 많은 스트레스를 경험했지만 자기가 받는 스트레스가 자기에게 해가 될 것이라는 걱정을 하지 않은 사람들은 스트레스가 자기에게 해가 될 것이라고 믿은 사람들에 비해서 8년 뒤에 더 많이 생존해 있음을 확인했다. 한편 많은 스트레스를 경험하고 또 그 스트레스가 자기에게 해가 될 것이라고 믿은 사람들은 같은 기간 동안 40퍼센트 넘게 사망했다.[10]

<u>스트레스를 활용하라</u>

반드시 기억해야 하는 보다 근본적인 진실은 스트레스가 모두 나쁘지는 않다는 사실이다. 시한이 정해져 있거나 기대하는 것이 있을 때 사람은 압박감을 느낀다. 그런데 보다 존재론적인 차원에서 볼 때 일정 양의 압박감은 삶의 한 부분이다. 이런 관점에서 보자면, 자기가 가진 스트레스를 없애겠다는 것은 '죽은 사람의 목표'가 되고 만다.

그러므로 감정의 민첩성으로써 우리가 얻을 수 있는 메시지는, 스트레스를 부정하거나 병 속에 집어놓고 마개로 막아버리거나 혹은 가슴에 품고 곰곰이 생각하는 것은 전혀 생산적이지 않다는 것이다. 스트레스를 피할 길은 없다. 그러나 스트레스를 바라보는 우리의 관점을 조정할 수는 있다. 스트레스가 우리를 소유하게 해서는 안 되지만 우리는 스트레스를 소유할 수 있다.

첫 번째 단계는 스트레스를 우리 삶을 파괴하는 고문과 같은 것으로 바라보고 집착할 게 아니라 스트레스를 있는 그대로 받아들이는 것이다. 스트레스가 금방 사라질 것이 아님을 인정함으로써 스트레스와 맞닥뜨리는 것이다.

그다음으로 정말 중요한 단계는 '스트레스를 받는 주체'가 자기가 아니라는 사실을 이해하는 것이다. '나는 스트레스를 받고 있다'고 말할 때 당신은 그 감정을 당신의 전체 자아에다 불어넣는다. 사소하게 꼬투리를 잡는 것처럼 들릴지 몰라도 그렇게 표현하는 것은 당신의 전체 자아를 스트레스라는 감정으로 뒤집어씌우는 셈이 된다. 앞서 나는 어떤 감정이나 생각을 있는 그대로 부르는 것('나는 내가 스트레스를 받고 있다는 사실을 깨닫고 있다')이 감정에서 한 걸음 비켜나기 위한 매우 빠르고 강력한 방법이라고 주장했다. 이렇게 할 때 당신과 스트레스라는 그 감정 사이에는 곧바로 여유 공간이 형성되기 때문이다.

그러나 이것이 효과적이려면 적절한 이름 붙이기가 필요하다. 당신이 '스트레스'라고 부르는 것이 실제로는 협력의 의지나 역량이 부족한 팀 때문에 당신이 너무도 많은 좌절감을 느낀 바람에 쌓인 피곤함이라는 사실을 깨달을 수도 있다.

당신은 그 감정의 기능을 생각하면서 그것이 당신에게 무엇을 가르치려고 하는지 파악해야 한다. 팀 구성원들과 대화를 나눌 필요가 있다는 신호일 수도 있고 혹은 상사에게 일을 보다 공정하게 분배해달라고 요청할 필요가 있다는 신호일 수도 있다. 혹은 또 그 일을 통해서 당신이 한 단계 성장하기 위해서는 어쩔 수 없이 치러야 하는 대가일 수도 있다. 혹은 지금 하고 있는 일은 참을 만큼 참고 해봤으니까 이제는 오리건의 포틀랜드로 이사를 해서 장인의 품격이 묻어나는 수제 치즈를 만드는 일을 시작해야 한다는 것일 수도 있다. 하지만 그 치즈 사업을 시작하면 스트레스가 전혀 없을 것이라거나 햇살이 좋은 공간에서 멋진 친구들과만 작업을 하게 될 것이라는 어리석은 생각은 하지 않는 게 좋다. 그 스트레스 요인들은 여전히 당신을 따라붙을 것이며, 당신이 받는 월급의 가치를 생각한다면 스트레스는 당연한 것일 테기 때문이다.

일을 하는 목적과 이유

오스트리아 빈의 남쪽으로 기차를 타고 조금만 가면 마리엔탈이라는 작은 마을이 나온다.[11] 이 마을의 도로는 초록색의 멋진 구릉들로 질서정연하게 구획되어 있다. 이 마을에 1830년, 방적 공장이 들어섰는데, 그 뒤로 약 100년 동안 이 공장은 이 마을의 주민들에게 일자리를 제공했다. 그런데 1930년대의 경제대공황 시기에 심한 불황을 겪었고, 이 공장에서 일하던 사람들 가운데 4분의 3이 실업자 신세가 되었다.

그런데 이 공장이 문을 닫기 직전에 오스트리아 정부는 모든 주민이 실업보험의 혜택을 받을 수 있게 했고, 이 보험은 마리엔탈 주민이 받을 수 없게 된 임금의 상당한 부분을 대체해줄 수 있었다. 그런데 문제가 하나 있었다. 실업보험의 혜택을 받으려면 대가를 받고 하는 일은 일체 하지 말아야 했다. 비공식적인 노동도 해서는 안 되었다. 거리에서 하모니카를 불면서 행인에게 돈을 받았다고 해서 실업보험 혜택을 박탈당한 사람도 있었다.

1930년부터 1933년까지 그라츠대학교의 연구자들이 이 지역 주민들을 관찰했는데, 이들 사이에서 놀라운 변화가 일어났다. 시간이 흐르면서 마을 전체가 무기력의 늪으로 점점 깊이 빠져들었다. 산책하는 사람도, 도보 여행자도 없어졌다. 낮잠이 주민의 가장 기본적인 일과가 되었다. 남자들은 이제 손목시계를 차지 않았다. 현재 시각이 몇 시인지는 더는 중요하지 않았기 때문이다. 주부들은 남편이 달리 갈 곳이 없음에도 불구하고 늘 저녁 식사 시간에 늦는다고 불평했다.

마을 사람들은 여가 활동으로 쓸 시간이 늘어났음에도 책을 읽지 않았고 그림도 그리지 않았으며 지적이거나 예술적인 그 어떤 활동을 하지 않았다. 실제로 그 연구가 이루어진 3년 동안에 그 마을의 도서관에서 열람되거나 대출된 책의 숫자도 50퍼센트 줄어들었다. 더는 일을 할 수 없게 되었다는 조건이 모든 것에 흥미를 잃어버리게 할 정도로 마리엔탈 주민의 의욕을 꺾어버렸다.

앞에서 살펴보았듯이 일은 일용할 양식을 구할 수 있게 해주는 것 외에도 훨씬 많은 것을 제공한다. 일은 우리에게 자기정체성을 갖게 해주고 목적의식을 심어준다. 일은 그 밖의 다른 활동이나 관심사를 주변으로 배치할 수 있는 기본적인 틀이기도 하다. 또한 일은 정신 건강에도 엄청나게 기여한다. 은퇴한 노동자가 예전에 하던 노동 대신에 다른 새로운 활동을 하지 않으면 이 사람의 인지력 감퇴는 매우 빠른 속도로 진행된다.[12]

물론 월급도 사람들이 일에서 기대하는 것들 가운데 하나이지만, 내가 직접 조사한 바로는 월급이 만족과 보상을 가져다주는 유일한 원천은 결코 아니다. 최근에 나는 세계적인 컨설팅회사인 언스트앤영 Ernst&Young의 의뢰를 받아서 이 회사의 직원들을 대상으로 어떤 연구를 진행했는데, 이 연구에서 나는 이른바 '핫스팟 hot spot'들을 살펴보았다. 핫스팟은 직원들이 예외적일 정도로 헌신적이고 최선을 다해서 일에 몰두할 수 있겠다고 스스로 느끼는 사업단위를 일컬어서 내가 직접 만든 말이다. 이 핫스팟들은 또한 매출과 평판에서도 두드러진 성적을 기록하고 있었다. 그런데 이 놀라운 성과를

'예측'할 수 있게 해준 것은 이런 수치상의 기록이 아니라 직원들의 적극적인 참여의식이었다. 이 사업단위들에 속한 직원들이 이처럼 높은 참여의식을 드러내고 또 그렇게 해서 개인적으로나 회사에 커다란 성공을 가져다주는 것은 무엇 때문인지 궁금했다. 그런데 놀랍게도 응답자의 겨우 4퍼센트만이 동기부여의 원천으로 월급을 꼽았고, 대부분은 팀과 자기가 연결되어 있다는 의식, 업무에서의 도전정신, 자기가 한 사람의 독립적인 인격으로 존중받고 있다는 인식, 그리고 자기가 하는 일에서 재량권을 가지고 있다는 인식 등을 가장 중요한 동기부여의 원천이라고 대답했다.

아 지친다, 그만둘 수도 없잖아

말할 필요가 없긴 하겠지만, 직장에서 고약한 일을 당해본 사람은 누구나 잘 알듯이, 직장에서 일어난 일이 직장과 관련이 없는 개인적인 생활에까지 깊이 침투하기도 한다. 만일 당신이 맡는 게 옳다고 생각하는 어떤 프로젝트를 동료가 맡는 것을 보고 속마음은 쓰리지만 겉으로는 웃는 얼굴을 하면서 하루를 보냈다면 혹은 가치라고는 손톱만큼도 없는 회의 때문에 해야 할 일을 하지도 못하고 회의실에서 세 시간 동안이나 집중하는 것처럼 보이느라 애를 썼다면, 아마도 당신은 진절머리를 치면서 퇴근할 가능성이 높다. 설령 그 정도는 아니라 하더라도, 개인적인 생활에 쏟을 에너지가 훨씬 줄어들었을 것임은 분명하다. 이럴 때 당신은 헬스장에 가서 땀 흘리면서 운동을 하거나 느긋하고 여유롭게 저녁을 먹고 싶을 것이다. 그러나 당신은 그렇게 할 수 없다. 너무나 열심히 일을 해서 성과를 내느라 에너지가 완전히 고갈된 상태이고 또 자기의 핵심적인 자아와의 연결성이 끊어져서 자기가 무엇을 소중하게 여기는지조차 잊어버린 상태라서, 운동이든 저녁이든 즐길 힘이 전혀 남아 있지 않기 때문이다.

일반적으로 볼 때 호텔업에 종사하는 사람들은 많은 시간을 가식적인 웃음을 짓는다고("죄송합니다 고객님, 룸서비스가 3분이나 늦게 도착한 점을 사과드립니다", "그럼요, 부인, 솜털이 좀 더 살아 있는 가운으로 기꺼이 바꿔드리겠습니다") 생각할 수 있다. 그래서 어떤 연구자들은 호텔 직원들을 대상으로 해서 감정을 억누르는 행동을 반복할 때 이것이 직장에서의 업무와 결혼생활에 어떤 효과를 미치는지 측정했다.[13] 그리고 언제나 친절하고 정중하게 행동할 것을 요구받고 또 그렇게 행동하는 호텔 직원의 배우자들은 원만한 가정생활을 위해서는 자기 남편이나 아내가 다른 직종의 일자리를 찾기를 희망한다는 사실을 확인했다. 사실 이건 놀라운 일도 아니다.

그러나 실제로 호텔 직원들이 친절함과 따뜻한 관심으로 손님을 대할 때 보이는 진정성은 많은 부분 그들이 자신의 업무를 얼마나 소중하게 생각하느냐에 따라서 달라진다. 만일 어떤 호텔 직원이 어쩌다 보니 호텔업이라는 직종에서 일을 하게 되었다면 혹은 그저 마드리드나 몰디브에서 살고 싶어서 거기에 있는 호텔에 취직해서 일을 하고 있다면, 이 사람은 고객을 대할 때마다 끊임없이 미소를 지어야 한다는 사실에 스트레스를 받다가 결국에는 쓰러지고 말 것이다. 그러나 이 직원이 만일 호텔을 찾은 손님들을 기쁘게 해주고 또 손님들이 호텔에 머무는 동안 최대한 기분 좋고 즐겁게 시간을 보낼 수 있도록 하는 일을 진정으로 좋아한다면, 아마도 이 직원은 가식적인 웃음이나 행동으로 고통받지는 않을 것이다.

자기가 살고 싶은 삶의 방식과 딱 들어맞는 결정을 내리거나 자기가 추구하고 싶은 일을 직업으로 삼고자 한다면, 자기가 소중하게 여기는 가치들을 계속 환기하면서 그것들을 이정표로 삼아야 한다. 때로 우리는 너무 '바쁜' 나머지, 자기가 하는 일의 근본적인 목적과 이유에 귀를 기울여야 한다는 사실을 잊어버린다. 자기에게 진정으로 중요한 일이 무엇인지 알지 못하면 시간을 낭비하기 십상이다. 서류를 뒤적이고 인터넷 공간을 돌아다니고 의미 없는 이메일을 읽고 커피숍에서 수다를 떨면서도 끔찍할 정도로 결핍감을 느끼고, 그렇게 몇 년이 훌쩍 지나가버린다. 자기 목적에 맞는 길을 선택해서 걸어갈 때, 즉 자기에게 중요한 것과 일치하는 방향으로 행동할 때야말로 한층 더 몰입해서 일에 전념하고 또 자신의 능력을 최대한으로 발휘할 수 있다.

많은 사람들의 경우, 일의 목적 가운데서 큰 부분을 차지하는 것이 인간적인 연결성이다. 이스라엘의 어떤 연구자들이 발표한 논문에서는 방사선 사진을 판독할 때 환자의 사진을 함께 본 방사선과 의사들은 그렇지 않은 방사선과 의사들에 비해서 환자들에게 더 많은 공감을 느꼈을 뿐만 아니라, 보다 많은 시간을 들여서 충실한 보고서를 작성하며, 그 결과 46퍼센트나 더 정확한 진단을 내린다는 사실을 확인했다. 그리고 또 이 실험에 참가했던 방사선과 의사들은 환자들의 방사선 사진을 판독할 때 환자의 사진이 함께 첨부되어 있는 게 훨씬 좋다고 소감을 밝히기도 했다.[14]

잡크래프팅:
자기가 하는 일을 조금만 바꾸어라

우리가 사는 세상이 완벽한 세상이라면 아마도 우리는 모두가 다 끊임없이 몰입하는 상태 state of flow 를 경험하는 일을 하고 있을 것이다.[15] 이때 심리적인 하중은 도전하는 과제와 자기 역량 사이에서 균형을 잡고 고르게 분산될 것이며, 그러면서도 우리는 인류를 구하고 멋있는 사람들과 점심을 먹고 돈까지 많이 벌 수 있을 것이다.

그러나 실제 현실에서는 그렇지 않다. 이런 일을 직업으로 삼기란 매우 어렵다. 설령 그런 일이 기다리고 있다고 해도 사다리의 몇 단계 아래에서부터 시작해야 할 것이다. 만일 당신이 지금 무엇이 자기에게 맞는 일인지 알아내려고 바쁘게 노력하고 있다면, 당신은 아마도 자기가 어떤 사다리를 진정으로 올라가려고 하는지 결정하기 전에 여러 가지 가능성을 놓고 실험을 해야 할 것이다.

자, 그런데 만일 꿈에 그리는 일이 당신이 서 있는 사다리 지점에서 한참 위에 있다면 혹은 옆으로 멀리 떨어져 있다는 사실을 깨달을 때, 그러나 돈이든 시간이든 직장의 위치든 경제성이든 간에 쉽게 예측할 수 있는 어떤 이유를 놓고 보더라도 현재 하고 있는 일을 계속 해야만 할 필요가 있을 때, 당신은 어떻게 하겠는가?

우선 당신은 자기가 느끼는 감정('나는 따분하고 지겹다')을 마주해야 한다. 그리고 감정에서 한 걸음 비켜남으로써 여유 공간을 만들어서 감정의 덫에 걸리는 것('나는 어차피 아무리 노력해도 이보다 더 잘 할 수는 없어')을 방지하고, 자기에게 중요한 것 혹은 자기에게 동기부여를 하는 것이 무엇인지 살펴본('정말이지 내 동료들은 대단해') 다음, 현재 당신이 처해 있는 상황을 아주 조금 바꾸는 일부터 시작하면 된다. 즉, 사소한 것이라 할지라도 문제를 해결할 수 있는 행동들을 취할 때 당신은 활력이 넘치는 몰입된 생활에 조금 더 가까이 다가갈 수 있으므로 장기적으로 당신에게 도움이 된다는 말이다.

자기에게 주어진 일을 조금 바꾸어서 보다 의미 있게 만드는 것을 잡크래프팅job crafting이라고도 말하는데, 여기에는 자신의 업무 환경을 창의적으로 바라보고 자신의 업무를 보다 만족스럽게 전념할 수 있는 것으로 만들기 위해서 자기가 놓인 상황을 바꿀 여러 가지 방법을 찾는 것도 포함된다. 잡크래프팅을 시도하는 사람들은 직장생활을 더 만족스럽게 하게 되며 더 높은 업무 성과를 내며 또 업무 대처 능력과 회복력이 한층 높아진다.

잡크래프팅의 첫 번째 단계는 직장에서 하는 활동이든 직장 밖에서 하는 활동이든 간에 당신이 가장 전념할 수 있는 활동에 주목하는 것이다. 당신이 어떤 회사의 관리직 간부는 아니지만 당신은 어린이리그 야구 경기에 참가하는 아들에게 야구 지도를 하는 것을 무척 좋아한다고 치자. 이 경우에 당신은 회사에서 후배 직원들을 대상으로 하는 멘토링 프로그램을 시작하거나 자녀에게 부모가 일하는 직장을 견학시키는 프로그램을 조직할 수 있을 것이다. 혹은 비록 당신이 영업부서 소속이긴 하지만 당신은 마케팅 관련 아이디어들을 끊임없이 제안했을 수 있고, 또 실제로 당신이 제안한 몇몇 아이디어들을 다른 부서에서 채택했을 수도 있다. 그러니 한 주에 한 번씩 있는 마케팅부서의 전략회의 자리에 참석하겠다고 요청해서 영업적인 관점에서 무언가 도움이 될 사항을 제안할 수도 있을 것이다. 시민 활동 경력을 쌓는 문제에 관해서는 스스로 자원해서 나서는 것이야말로 자기가 하는 일의 범위를 바꾸는 데 가장 탁월한 방법이다.

효과적인 잡크래프팅

다른 사람들과 하는 상호작용의 성격이나 범위를 바꾸는 것으로도 잡크래프팅을 실천할 수도 있다. 예를 들어서 당신이 일을 하고 있는 작업 현장에 어떤 사람들이 새로 배치되었다고 치자. 이럴 때 그 사람들에게 다가가서 말을 걸어라. 외국인이라면 언어를 가르치는 프로그램을 마련할 수도 있다. 그 사람들의 문화적 관점을 당신 회사에서 생산하는 제품에 적용해서 회사의 제품을 다양하게 세분화할 수도 있다.

또, 자신이 하는 일을 바라보는 관점을 잡크래프팅을 통해서 바꿀 수도 있다. 당신이 최근에 높은 자리로 승진했는데, 승진한 것은 좋은 일이지만 당신이 좋아하던 일을 못하고 관리 업무에만 전념하게 되었다고 치자. 그렇다면 당신은 지금 그저 또 한 명의 관료가 되었다는 데 만족해야 할까? 그것은 당신이 중요하다고 바라보는 것이 무엇인지에 따라서 달라진다. 만일 당신이 교사나 멘토, 즉 부하 직원들이 각자 자기가 가진 잠재력을 최대한 발휘하고 자기의 삶을 개선하도록 돕는 지도자가 되는 것을 소중하게 여긴다면, 부하 직원들을 관리하는 데서도 창의적인 부분들을 많이 발견할 수 있을 것이다.

제니는 의료장비를 제작하는 공장의 조립 라인에서 일을 했는데, 그가 맡아서 하는 일은 암 전문의가 약을 환자의 종양에 직접 투여할 때 사용하는 가는 관에 구멍 뚫는 기계로 작은 구멍을 내는 일이었다. 그런데 만약 구멍을 정해진 규격대로 정확하게 뚫어놓지 않을 경우에는 약이 제대로 투여되지 않고, 심할 경우에는 환자의 신체 내부에서 작동을 멈추어서 환자에게 위험한 상황이 발생한다.

28년 동안 제니는 하루에 여덟 시간씩 가느다란 플라스틱 관에 구멍을 뚫는 일을 했다. 그리고 그 28년 동안 그녀는 자기 작업대 옆에 작은 항아리를 두고서 구멍을 뚫은 뒤에 나오는 플라스틱 조각을 모았다. 그 작은 조각은 그녀에게 단순한 플라스틱 조각이 아니었다. 그 조각 하나하나 모두, 그녀가 살리는 암 환자의 목숨이었다. 이 항아리 덕분에 그녀는 그렇지 않았더라면 세상에서 가장 단조로웠을 일에서 의미를 찾았다. 그 항아리만 바라보면 자기가 하는 일이 얼마나 중요한지 이해할 수 있었기 때문이다. 그녀에게 그 항아리는, 앞에서 설명한 방사선과 의사가 판독하던 방사선 사진에 첨부되어 있는 환자의 사진과 같은 것이었다.

물론 잡크래프팅은 한계가 있다. 고용주로부터 월급을 받고 일을 하는 처지에 이런저런 경력 실험을 한답시고 자기에게 맡겨진 직무를 중단하거나 소홀히 할 수는 없다. 그리고 또 당신이 아무리 고상한 생각을 가지고 있다고 하더라도 이런 생각을 실천하는 데 필요한 자원이 당신 회사에 마련되어 있지 않을 수도 있다. 잡크래프팅을 위한 아이디어를 찾아내기 위해서는 자기가 원하는 것을 획득하고 또 조직을 위해 가치를 창출하기 위한 여러 가지 방법에 초점을 맞추어야 한다. 아울러 다른 사람들, 특히 상사와 신뢰를 쌓아야 한다. 그런 다음에 자기에게 이런저런 편의를 제공해줄 가능성이 높은 사람들에게 노력을 기울여야 한다. 당신의 상사는 직원들이 서로 보완하는 방식으로 업무를 재분배하도록 도울 수도 있다. 어쨌거나 당신이 끔찍하게 여기는 업무도 당신 동료에게는 꿈에 그리던 기회일 수도 있다.

하지만 전혀 잘못된 지점에 서 있다면 아무리 잡크래프팅을 한다고 하더라도 현재의 일을 완벽한 일로 바꿀 수는 없다. 내가 하는 일 그리고 내가 놓인 상황을 아무리 조금 바꾸고 비튼다고 하더라도 잡크래프팅은 나를 행복하게 해주지 못할 수 있다. 바로 이것이 자기감정과 정면으로 마주해서 긍정적인 감정에서뿐만 아니라 부정적인 감정에서도 교훈을 얻는 것이 중요한 이유이다.

감정적으로 민첩함으로써 우리는 잘못된 일을 이용해서 올바른 일로 나아가는 데 필요한 전망과 기술의 연결점을 얻을 수 있다. 한편 우리는 또 감정의 민첩성을 이용해서 우리가 현재 맡아서 하고 있는 일을 날마다 최대한으로 잘 수행할 수 있는 방법을 찾을 수 있다. 그리고 이것이야말로 우리가 그냥 그저 흘러가면서 살아가는 것이 아니라 진정한 의미의 삶을 이어나갈 수 있는 확실한 방법이다.

10장

감정을 잘 다루는 아이로 키우려면

빠른 변화의 시대, 부모의 눈은 어디로

오늘날의 부모는 아마도 지구 역사상 가장 아는 것이 많고 가장 열심히 사는 부모일 것이다. 이유가 뭘까? 빠른 변화의 소용돌이 속에 놓여 있기도 하고 이전 세대들에 비해서 자녀의 수가 적은 것도 이유가 될 것이다.

이유가 무엇이든 간에 자본주의가 세계적인 규모로 확장되고 세상이 보다 더 경쟁적으로 바뀜에 따라서 사람들은 이제 자녀의 성공이 행운에 좌우될 것이라고는 믿지 않는다. 상위 1퍼센트는 나머지 사람들이 상상도 할 수 없이 호화로운 생활을 하고 있고 하위 20

퍼센트는 겨우 입에 풀칠만 하면서 연명하고 중산층은 신분 상승이 차단된 상태에서 기껏해야 옆걸음질만 할 수 있다. 이런 사회에 사는 오늘날의 부모들은 자신의 아이들을 보다 적극적으로 지도하는 접근 방식을 취했다. 이렇게 해서 부모들은 아이들이 최대한 좋은 대학교에 진학할 수 있도록, 그리하여 우아한 삶을 보장해줄 직업과 경력을 가질 수 있도록 정교하기 짝이 없는 온갖 결정을 내려왔다.

그리고 이와 동시에 자존감에 대한 우리의 관심은 꾸준하게 확장되어 왔다.[1] 이런 추세는 심리적으로 장애 요인이 되는 부작용을 상당히 많이 가지고 있는 과거의 냉정하고 권위주의적인 양육 방식에 대한 반작용이기도 하다. 그러나 문제가 있다. 우리는 지금 자녀를 보다 유능하고 자신감이 넘치는 아이로 키우려고 한다. 그래서 아이들의 영혼을 산산이 부술지도 모른다고 우리가 염려하는 부정적인 경험으로부터 아이들을 보호한다. 그런데 이것이 지나쳐 과잉보호가 되고 있다. '결과가 아니라 노력을 인정하라'는 드웩의 여러 이론을 잘못 해석해서 우리는 단지 출석했다는 이유만으로 혹은 단지 시도를 했다는 이유만으로 아이들에게 A학점을 주고 메달과 상장을 준다.

그런데 불행하게도 이런 노력은 경험을 통해 학습하고 성장하는 어린이의 능력을 과소평가하는 것이다. 그 바람에 부모가 기울이는 노력이 의도하지 않은 결과를 낳을 수도 있다. 그리고 그 결과는 부모가 기대한 것과 정반대인 경우도 드물지 않다. 우선 성적에 초점을 맞추는 접근은 예컨대 특정 직업을 가지면 특정한 수준의 소득을 보장받을 수 있다는 식의, 성공에 대한 매우 협소한 가치관에 초점을 맞춘다. 성공을 보장받기 위한 이런 접근은 정적인 세상에서는 맞을 수 있지만, 우리가 살고 있는 세상과 미래의 세상은 전혀 정적이지 않다. 현재의 추정으로는 지금 초등학생 연령대의 어린이들 가운데 65퍼센트는 아직은 있지도 않은 직업에 종사할 전망이며, 이런 추세를 입증할 수 있는 증거는 이미 널려 있다. 예컨대 2010년에 각광받은 상위 열 개의 직업은 2004년에는 존재하지도 않았는데, 혁신의 속도는 그때부터 이미 가속화되었다.[2]

게다가 오늘날의 대학교 캠퍼스에는 특이한 청년 집단이 점점 늘어나고 있다. 이 아이들은 고등학생 때 올바른 것이면 뭐든 다 했으며 SAT 성적도 최상급이고 최고의 명문대학교에 입학했기에 학과 공부쯤은 식은 죽 먹기이지만 정작 자기 인생과 생활상의 문제에 대해서는 아는 게 없어서 당혹스러워한다. 게으름뱅이인 룸메이트를 어떻게 대하고 다루어야 할지 모르고, 자기 마음을 뺏어간 사람에게 어떤 방법으로 다가가야 할지 모르고, 또 시도 때도 없이 불쑥 나타나서 자식의 모든 것을 다 챙기려 드는 '헬리콥터' 부모의 간섭에 어떻게 대응해야 할지도 모른다.

예측불가능, 길을 잃어버린 아이들

스탠퍼드대학교에서 부학장을 역임했던 줄리 리스콧-헤임스 Julie Lythcott-Haims 는 저서 『헬리콥터 부모가 자녀를 망친다 How to raise an *adult*』에서 이런 부류의 청년을 '극단적으로 무력한' 사람이라고 부르며, 이 청년들은 감금 상태의 청소년이나 가지고 있을 법한 높은 수준의 우울증과 불안 증세를 보이고 새로운 발상에 그다지 마음을 열지 않으며 이들이 생활 속에서 느끼는 만족감도 상대적으로 적다는 사실을 입증하는 여러 가지 연구 결과들을 인용한다.[3]

부모의 과잉보호에 따른 전혀 생각하지 못했던 결과가 있다. 이 아이들은 자기 부모가 자신에게 베풀어주는 사랑은 무조건적인 사랑이 아니라 자기가 어떤 특정한 방식으로 행동할 때만 성립하는 조건적인 사랑이라는 생각을 하면서 성장했을 수 있다는 것이다. 이런 인식은 자기 자신의 가치는 거저 주어지는 것이 아니라 타인의 기준에 따라 획득해야 한다는 믿음인 '조건부 자존감contingent self-esteem'으로 이어진다.[4] 조건부 자존감은 평소에 남들로부터 늘 외모 칭찬을 받았으며 식이장애 증상을 보이기 시작하는 젊은 여성에게서 나타나기도 한다. 그러나 이 조건부 자존감은 열심히 공부를 해서 최상급의 성적을 받고 학급 반장이 되어 명문대학교에 입학하는 특출한 학생에게서도 나타날 수 있다. 이 학생은 어떤 시험에서 평소와 다르게 낮은 점수를 받을 경우에 정신적으로 무너져버린다. 또 운동선수에게서도 나타날 수 있다. 열심히 연습해서 스타 쿼터백이 된 선수가 특별히 중요한 경기에서 결정적인 실수를 한 다음에 한없이 무너져버리는 경우가 그렇다.

'헬리콥터'라는 소리까지 들을 정도는 아니라고 하더라도 아이가 건강하고 성공하는 삶을 살아가길 바라는 마음은 부모라면 누구나 당연히 가지고 있다. 그러므로 특히 아이가 인생행로에서 장애물을 만날 때는 아이의 생활과 인생에 개입해서 자기가 보기에 최선의 길이라고 생각하는 쪽으로 아이를 밀어붙이고 싶은 충동을 강하게 느낄 수밖에 없다.

아이가 성공 가도를 달리고 행복하고 안전하기를 바라서 그렇게 되도록 아무리 노력한다고 하더라도, 예측 불가능한 어떤 고약한 유혹이 아이에게 접근할 수 있으며 또 어떤 변화가 아이와 아이의 주변 환경에서 얼마든지 일어날 수 있다. 가벼운 교통사고, 망쳐버린 수학 시험, 모든 참석자가 고주망태가 되는 파티, 모범생의 난데없는 좀도둑질 등과 같은 사건은 누구도 예측할 수 없이 일어나게 마련이다. 게다가 아이를 표준 중국어 수업을 듣게 하거나 고급 컴퓨터 강의를 듣게 한다고 해서 이 아이가 반드시 부모가 원하는 대학교에 입학한다거나 안정적이고 만족스러운 직업을 가질 것이라는 보장도 없다.

우리가 사는 시대는 점점 더 경쟁이 심해지고 예측이 불가능해지고 있다. 이 시대를 살아가는 부모가 자기 아이들이 잘 살 수 있도록 돕기 위해서 할 수 있는 최상의 것들 가운데 하나는 이 책에서 설명하는 여러 기술들을 가르쳐주는 것이다. 감정의 민첩성은 예방주사와 같은 것이어서, 인생을 살아가면서 틀림없이 맞닥뜨리게 될 온갖 힘들고 어려운 순간들에 아이들이 무너지지 않도록 예방해준다. 물론 그렇다고 해서 감정의 민첩성이 아이들에게 완벽한 면역을 보장하지는 않을 것이다. 그러나 지금 아무리 힘든 시기를 거치고 있다고 하더라도 끝내 극복하고서 개인적인 성공을 거두고 만족스러운 삶을 사는 데 반드시 필요한 유연성과 융통성 그리고 회복력을 키우도록 아이들에게 도움을 줄 것임은 분명하다.

다이빙! 과감한 실천

아들 노아가 다섯 살이던 해 여름에 우리 모자는 동네에 있던 수영장의 단골 고객이었다. 수영장에서 아들은 늘 친구들을 만났고, 아이들은 오후 시간을 거기에서 물장구를 치고 술래잡기를 하면서 재미있게 놀았다. 그러다 보면 시간은 쏜살같이 지나가곤 했다. 그런데 다이빙대에서 다이빙을 할 생각을 할 때면 노아는 얼어붙었다. 다른 친구들이 모두 다이빙대에서 풍덩 풍덩 신나게 뛰어내릴 때 노아도 그 대열에 끼고 싶었지만 무서워서 시도조차 하지 못했던 것이다. 그래서 그저 친구들이 뛰어내리는 것을 멍하게 바라보기만 했다. 그것도 공포에 압도된 상태로 말이다. 다이빙대에서 뛰어내리는 너무도 신나 보이는 그 행위를 친구들과 함께 하고 싶다는 열망보다는 두려움이 훨씬 더 컸다.

사람에게는 누구나 새로운 것을 시도하고 싶지만 자기 안의 공포를 극복하지 못해서 도저히 행동으로 실천하지 못하는 그런 순간들이 있다. 그런데 아이들은 온 신경이 날카롭게 곤두서는 경험과 맞닥뜨리는 일에 특히 부담을 느낀다. 그런 시도를 실제로 해본 경험이 적기 때문이다. 아이들은 "예전에 이런 유형의 시도를 한 적이 있는데, 전혀 위험하지 않고 괜찮더라"라고 말할 정도로 경험이 많지 않다. 그래서 발목을 붙들고 놓아주지 않는 자동적인 반응에 쉽게 감정의 덫에 걸려서 얼어붙고 만다.

인생에는 많은 다이빙대와 벼랑이 기다린다. 하지만 다이빙대에서 뛰어내리는 행동을 실천한다는 것은 두려움이나 그 밖의 어렵고 불편한 감정들을 무시하고 고치거나 혹은 또 그것과 싸우고 통제하는 것이 아니라, 자기 안의 모든 감정과 생각을 수용하고 인지하면서 그것들 가운데서 가장 강력한 것조차도 공감과 호기심을 가지고 바라보는 것이며, 또한 자신에게 가장 중요하다고 여기는 것을 위해 편안함이 아니라 용기를 선택하는 것이다. 용기는 두려움이 없는 상태가 아니다. 용기는 두려움 속으로 뚜벅뚜벅 걸어 들어가는 것이다. 노아의 경우에 빗대어서 말하자면, 두려움 속으로 뛰어드는 것이다.

물론 어린아이의 두려움은 흔히 부모에게 두려움에 대한 두려움을 불러일으키기도 한다. 부모는 아이가 어떤 경험을 기꺼이 포용하려고 하지 않을 때 이것이 아이의 발달 과정에서 무엇을 의미하는지 몰라서, 혹은 아이의 그런 모습이 자기의 양육 기술 가운데 어떤 것이 잘못되었기 때문이 아닐까 해서 두려워한다. 부모는 아이가 성공하여 잘 살기를 바라고 또 그렇게 되려면 아이가 어떤 길을 어떻게 걸어가면 좋을지 잘 알기 때문에 그 방향으로 아이가 걸어가도록 등 떠밀려고 노력한다. 그렇게 하기만 하면 아이도 자기가 싫어하고 기피하던 것이 사실은 그다지 나쁜 게 아님을 깨달을 것이라고 생각하면서 말이다. 그러나 감정의 민첩성이라는 것은 어떤 것을 마땅히 해야 한다고 느낀다거나 다른 누군가가 내가 그렇게 하길 바라기 때문에 하는 차원의 문제가 아니다. 어떻게 행동할 것인지를 스스로 자기 의도에 따라서 선택할 수 있느냐 없느냐 하는 차원의 문제이다. 어린아이의 경우도 마찬가지다.

노아가 다이빙대에 서서 꼼짝도 하지 못하고 얼어붙었을 때, 나는 내 생각과 의지를 아들에게 억지로 밀어넣으면서 이미 내가 알고 있는 사실, 즉 다이빙대에서 뛰어내려도 다치지 않고 기분이 정말 좋을 것이라고 말해줄 수도 있었다. 혹은 "네 친구들이 얼마나 재밌어하는지 봐라. 그 재미를 너는 놓치고 싶니?"라고 말함으로써 아이가 생각하는 두려움과 걱정을 줄여주려고 노력할 수도 있었다.

하지만 나는 그렇게 하지 않았다. 아이와 대화를 했고, 이 대화는 집에서까지도 이어졌다. 아이는 자기가 겁에 질렸다는 사실을 인정했고, 그 뒤에 우리는 이런 이야기를 나누었다. 다이빙대에서 뛰어내릴 때의 짜릿한 전율과 자부심이 어떤 느낌일지 그리고 뛰어내리지 않을 때의 느낌, 즉 한편으로는 안도하면서도 다른 한편으로는 자기 자신에게 실망하는 기분이 어떤 느낌인지, 그리고 또 결정적으로는 다이빙대에서 뛰어내리는 것이 본인에게 중요하기 때문에 아무리 겁이 난다고 해도 어쨌거나 해봐야 하는 것이므로 어떻게 하면 좋을지 등을 함께 이야기했다.

나는 우선 아이에게 자기가 가지고 있는 두려움을 마주하라고 격려했다. 인간은 오랜 세월에 걸친 진화의 영향으로 높은 곳에 올라가 있는 것을 무서워하게 되었다. 제법 높은 곳에서 깊은 물로 뛰어드는 일이 얼른 보기에는 그렇지 않지만 사실은 충분히 해볼 만한 일이라는 생각, 즉 직관적인 판단과 어긋나는 생각에 적응하는 데는 시간이 필요하다. 또한 이것은 전혀 부끄러운 일이 아니다.

자기 자신이 느끼는 것을 단순하게 인정하는 것만으로는 노아는 자기가 두려움과 맺고 있던 관계를 바꿀 수 있었다. 그렇게 인정함으로써 아이는 두려움에서 한 걸음 비켜나서, 자신이 하고 싶은 것과 자신이 느끼는 감정 사이에 감정을 초월하는 공간을 만들어냈다. 이것은 자기가 느끼는 두려움의 신체적인 효과들(예를 들면 코르티솔 분비, 빨라지는 맥박 그리고 과호흡 등)로부터, 또 어린 나이에 이미 감정적으로 낚여 있던 자기의심의 부정적인 관념들로부터 자기를 떼어 놓는다는 뜻이었다.

바로 그 지점에서 나와 아들은 아들이 다이빙을 하길 원하는 진정한 목적인 재미, 짜릿한 전율, 그리고 친구들 사이의 동료애를 놓고 자세히 살펴보았다. 이때 나는 다이빙을 할 것인지 말 것인지의 선택은 순전히 본인에게 달려 있다는 사실을 아들이 깨닫게 하려고 노력했다. 설령 친구들로부터 어떤 압박을 받았을 수도 있지만 다이빙은 분명 반드시 '해야만 하는 것'이 아니라 '하고 싶은 것'이 될 수 있어야 했다.

과정 쪼개기, 드디어 한 발 내딛기

나와 아들은 성공할 것인가, 아니면 덜덜 떨면서 사다리를 다시 내려올 것인가 하는 결과에 초점을 맞추지 않고 과정 자체에 초점을 맞추었다. 이때의 과정이란 아이가 배우고 싶어 하는 기술이자 여러 개의 세부적인 단계(첫째 날 : 사다리 끝까지 올라간다. 둘째 날 : 다이빙대 끝 부분까지 걸어간다. 셋째 날 : 뛰어내린다!)로 쪼갤 수 있는 기술이었다.

그런데 그 다음날 수영장에 도착하고 얼마 지나지 않아서 노아는 다이빙대에서 훌쩍 뛰어내렸다. 다이빙대에서 무서워하지도 않았고 떨지도 않았고 소심하게 1센티미터씩 걷지도 않았다. 그렇게 한 번 뛰어내린 뒤에는, 온갖 다양한 자세와 동작으로 뛰어내리면서 시소의 원리를 고공 다이빙의 원리로 전환하면서 계속 뛰어내렸다. 자기가 편안함을 느낄 수 있는 영역의 한계를 조금씩 넓혀가면서 오후 내내 다이빙을 즐겼다.

나와 대화를 나누는 과정에서 노아가 예측했던 것처럼 아이는 스스로를 무척 자랑스러워했다. 나를 바라보며 한껏 행복한 얼굴로 손을 흔들어줄 때가 바로 그런 순간임을 나는 잘 알았다. 두려움에 대한 얘기를 나눈다고 해서 아이가 덜 무서워하게 되지는 않았다. 자기가 가지고 있는 '이유 혹은 목적'을 자세하게 살핀다고 해서 동기부여가 바뀌는 것도 아니었다. 아이는 다이빙을 하기를 늘 원했지만, "나는 할 수 없어"라는 감정의 덫에 걸린 상태에서 벗어나기 전에는, 아무리 오랜 기간 동안 가슴에 품고 있는 강렬하고 본능적인 바람이라고 하더라도 이 바람을 실천하는 일에 온전하게 전념할 수 없었던 것이다.

물론 노아가 배운 가장 큰 교훈은 다이빙을 하거나 혹은 하지 않는 것에 대한 게 아니었다. 자기가 느끼는 감정을 인정하면서도 그 감정과 거리를 둔 채로 자기가 가지고 있는 목적과 연결함으로써 감정의 덫에 걸린 상태에서 벗어나는 방법과 두려움을 느끼면서도 계속해서 앞으로 나아가는 방법을 배웠다.

감정의 민첩성의 이 기본적인 단계들을 아이들에게 가르치는 일은 아이들이 평생 소중하게 다룰 수 있는 도구를 하나 쥐어주는 것이나 다름없다. 아이들은 한 차례씩 도약을 할 때마다 두려움을 돌파해 걸어가는 연습, 즉 인생을 살아가면서 부닥치게 될 수없이 많은 감정의 시련을 극복하는 데 도움이 될 연습을 하는 셈이다.

초보 엄마의 실수

아이들에게 기대하는 가장 큰 바람이 뭐냐고 물어보면 대부분 부모는 이렇게 말한다.

"아이가 행복하길 바랄 뿐이죠."

하지만 바쁘게 변화하는 이 세상을 살아가면서 진정으로 행복하려면 반드시 '존재하는' 방법, 즉 자아와 효과적으로 공존하는 방법을 배워야 한다. 자기 자신에게 집중하고 친절하고 호기심을 가지며 쉽게 부서지지 않는 방법을 배워야 한다는 말이다. 아이가 인간관계를 소중하게 여기며 무슨 직업을 가지든 직업인으로 성공하는 삶을 이어갈 수 있도록 준비를 하는 데는 애정과 체계가 필요하다는 것은 우리 모두가 잘 알고 있다. 그런데 감정의 민첩성은 아이가 애정과 체계를 평생 동안 이어지는 질적인 삶으로 전환하게 만드는 종합적인 기술이다. 한편 부모에게는 감정의 민첩성이 아이가 보다 넓고 깊게 성공하며 살아가는 방법을 익히도록 도와주는 종합적인 기술이다.

부모가 아이에게 감정의 민첩성을 가장 효과적으로 가르치는 방법은 본인이 직접 모범을 보이는 것이다. 물론 어린 딸이 "나는 아빠가 (혹은 엄마가) 미워요!"라고 찢어질 듯한 목소리로 외칠 때나 학교에서 돌아온 아들이 훌쩍거리며 울 때 그런 모범을 보이기란 정말 쉽지 않다. 하지만 바로 이런 순간들이야말로 당신이 감정의 민첩성에 관한 모범을 보일 수 있는 소중한 기회이다. 자기 안에 치미는 감정에서 한 걸음 비켜나서 차분하게 아이에게 공감하는 태도를 가지고서 아이를 대하며, 아이가 왜 그런 감정에 휩싸여 있는지 이해하려고 노력하는 모습으로 모범을 보일 수 있다는 말이다.

나는 이 분야를 전공했고 박사 학위를 가지고 있으며 수없이 많은 상담을 했다. 그러나 솔직히 말해서 나도 내 감정을 이기지 못한 적이 있다. 노아가 아직 젖먹이일 때였다. 나는 예방주사를 맞히려고 아이를 데리고 병원에 갔다. 그때 아이는 포근한 포대기에 싸여서 너무도 평온한 시간을 보내고 있었다. 그러나 최초로 바늘에 찔리는 경험을 한 아이는 비명을 지르며 울기 시작했다. 초보 엄마였던 나에게 아이의 적나라한 분노의 표정은 '나는 당신을 믿었는데, 당신이 어떻게 나에게 이럴 수 있어!'라고 말하는 것 같았다. 나는 어떻게든 아이를 달래고 싶었고, 그래서 이런 상황에서 대부분의 엄마들이 하는 말을 했다.

"괜찮아, 괜찮아!"

아이는 계속해서 자지러지듯이 울었고, 간호사는 그러거나 말거나 자기 할 일을 계속했다. 그리고 얼마 뒤에 마침내 모든 게 끝났다. 그런데 일을 모두 마친 간호사가 나에게 이렇게 말했다. 평생 잊지 못할 말이었다.

"괜찮은 거 아니었어요, 하지만 앞으로는 괜찮을 거예요."

백 번 맞는 말이다. 세상을 전혀 알지 못하는 아이가 낯설고 차가운 방에서 낯선 여자에게 몸이 맡겨졌을 뿐만 아니라 이 여자가 바늘로 몸을 찔러대는 고통을 가하고 있는데, 이런 아이에게 "괜찮아"라고 말하다니. 나는 아이가 느꼈던 매우 분명하고도 즉각적인 고통을 묵살했던 것이다. 그리고 아이가 느끼던 매우 고통스러운 존재의 실체를 부정했던 것이다. 나는 아이에게 "고통을 병에 집어넣고 마개를 막아버려라"고 말한 셈이었다. 마치 고통이 존재하지도 않는 것처럼 대응하라고 했던 것이다.

남편이 집에 왔을 때 노아는 여전히 예방주사에 대한 나쁜 경험을 떨쳐내지 못하고 있었고, 나는 몇 시간째 자책의 시간을 보내고 있었다. '인간의 감정을 주제로 공부한 지가 벌써 몇 년째인데, 자기 아이가 어떤 감정인지도 모르다니!' 하지만 곧 다른 생각이 들었다. '비록 내가 감정을 연구하는 학자이긴 하지만 나는 초보 엄마이고, 내 아이가 그렇게 격렬한 고통에 몸부림치는 모습을 처음으로 보았고, 결과적으로는 서툴렀지만 내 나름대로는 아이를 위로해주고 싶어서 그랬던 게 아닌가?'

나는 남편에게 그 이야기를 모두 해주었다.

"진짜 내가 어떻게 그럴 수가 있었는지 당신도 믿지 못하겠지만 노아가 울고 있었는데, 내가 '괜찮아, 괜찮아!'라고 말했단 말이야."

매우 현실적이고 실용주의적인 외과의사이지만 재미있는 사람이기도 한 남편은 그렇게 말하는 나를 가만히 바라보았다. 한동안 그는 아무 말도 하지 않았다. 그러더니 얼굴에 조금씩 재미있다는 미소를 띠더니, 이렇게 말했다.

"괜찮아, 괜찮아."

나는 너를 바라보고,
너는 나를 바라보고

부모가 직접 감정의 민첩성을 활용하면 아이가 이 기술을 보고 따라서 배운다. 하지만 그 전에 취해야 할 몇 가지의 사전 단계가 있다.

'표현 규칙'을 떠올려보자. 어떤 상황이 주어졌을 때 어떤 것이 적절한지 혹은 적절하지 않은 감정적 대응인지 우리가 아이들에게 가르치는 내용이다. 극단적인 경우들에서는 표현 규칙이 "힘내! 남자아이는 울지 않아!"와 같은 말처럼 직접적인 표현으로 드러날 수도 있는데, 이 말은 불편한 감정은 자기가 허약하다는 표시이므로 그런 감정은 회피해야 한다는 메시지를 아이에게 전달한다.

다소 모호한 경우들에서는 아이가 느끼는 좌절이나 슬픔을 "흠, 아이가 좀 피곤한가 보군", "배가 고픈가 보지", "그럴 때지 뭐" 등과 같은 말로 묵살할 수도 있다. 혹은 또 "아니야, 우리 왕자님, 지금 네가 느끼는 그 감정은 진짜 네 감정이 아닌 거, 너도 알지?"라거나 "괜찮아, 괜찮아"와 같은 말로 아이들이 느끼는 고통에 달콤한 설탕을 발라버린다. 이런 말들이 아무리 애정에서 비롯되었다고 하더라도 아이들에게는 결코 긍정적으로 작용하지 않는다.

우리는 또한 잘못된 것은 무엇이든 바로잡으려고 하는 함정에 빠질 수도 있다. 아이들이 학교에서 돌아와서 "아무도 나와 놀아주려고 하지 않아"라고 하면 우리는 곧바로 "걱정하지 마, 내가 놀아주면 되지 뭐"라고 말하거나, 아이가 학교에서 친구들과 어울려서 잘 놀 수 있도록 '나쁜 여자아이들'의 부모를 만나서 어떻게든 필요한 조치를 취한다. 사랑하는 아이가 불행한 처지에 놓여 있을 때 이 상황을 바로잡으려고 애를 쓰는 자연스러운 행동이며 또 충분히 이해할 수 있는 행동이다. 그러나 이런 식의 대응이 지금 당장은 문제를 해결할 수 있을지 몰라도, 결과적으로 보자면 아이가 느끼는 어렵고 힘든 감정들을 스스로 이겨낼 중요한 기회(실제 현실 상황에서 고통스러운 상황과 정면으로 마주하고 거기에서 한 걸음 비켜나서 교훈을 얻는 기회)를 박탈하는 것이 되고 만다. 이렇게 행동하는 부모는 사실상 자기 아이에게 '나는 네가 스스로 문제를 해결할 능력을 가지고 있지 않다고 생각한다'는 메시지를 주는 셈이다. 그러나 아이가 자기감정을 있는 그대로 인정하도록 시간을 주고 또 그런 감정들은 일상적이며 건강한 것임을 인식하도록 해야 한다. 이럴 때 비로소 당신은 그 아이가 장차 생산적이고 감정이 민첩한 성인으로 성장하는 데 필요한 도구를 개발하도록 돕는 길을 선택한 것이 된다. 비록 그 길이 시간이 걸리고 돌아가는 길이긴 하지만 말이다.

남아프리카공화국의 최대 인종 집단인 줄루Zulu 족은 인사를 나눌 때 "사우보나!"라고 말한다. '나는 너를 본다'라는 뜻이다. 내가 너를 바라봄으로써 나는 당신이라는 존재를 인정한다는 뜻이다. 나는 이 말에 담긴 정서가 정말 좋다. 감정의 민첩성의 첫 번째 단계이자 가장 중요한 단계를 완벽하게 압축하고 있기 때문이다. 우리가 자신을 아무런 편견도 없이 온전하게 있는 그대로 바라보고 있음을 아이들이 알게 할 때, 우리는 아이들에게 그들의 감정 경험을 받아들인다는 내용의 신호를 보낸다. 게다가 또 이렇게 하면 아이들의 마음이 차분하게 가라앉는 데 도움이 된다. 부모가 감정적으로 현재에 집중하면 아이들이 품고 있던 격렬한 감정은 대개 잦아들기 때문이다. 부모는 기본적으로 어떤 문제가 있을 때 이 문제를 바로잡고 싶은 충동, 그리고 모든 것을 될 수 있으면 신속하게 개선하고 싶은 충동에 사로잡히지만, 잠시 시간을 두고 아이들이 하는 말에 귀를 기울이면서 자극과 이 자극에 대한 반응 사이에서 완충 역할을 해줄 여유 공간을 만들어내는 방법을 모범으로 보여주는 것이 필요하다.

어린아이가 자기 주변에 있는 사람들이 자기를 있는 그대로 바라보며 인정해준다고 느낄 때 이 아이는 자기가 사랑을 받고 있으며 또한 안전하게 보호를 받고 있다고 느낄 것이다. 이제 막 아장아장 걷기 시작한 아이가 운동장 같은 데서 놀고 있는 모습을 본 적이 있을 것이다. 이 아이는 새로운 것을 탐구하려고 저 혼자 앞으로 막 나가다가도 어느 순간에 뒤를 돌아보면서 자기를 보살피는 사람이 여전히 자기를 지켜보고 있는지 확인한다. 그러면서 혼자 노는 동안 내내 그 사람이 그 자리에 있을 것임을 믿는다. 아이가 드넓은 세상으로 용감하게 걸어갈 수 있는 역량의 핵심에 자리 잡고 있는 것이 바로 이 안정감이고, 심리학자들은 이것을 '안정 애착secure attachment'이라고 부른다. 안정 애착은 아이가 중학교에 진학하면서 청소년기에 접어들고 또 성인기에 접어들어 다른 사람들과 폭넓은 인간관계를 형성할 때 정서적인 삶의 안정 장치로 기능한다.[5]

어린아이는 '내가 지독하게 서툴고 불완전할 때뿐만 아니라 완전히 발가벗고 있을 때라고 하더라도 나를 보살피는 사람은 여전히 나를 사랑하고 나를 있는 그대로 받아준다'고 생각하는 안정 애착을 가지고 있기 때문에 세상 속에서 기꺼이 위험을 무릅쓰며, 또 자기 자신의 감정을 가지고서 그 위험을 헤쳐나간다. 자기가 어떤 감정을 느끼든지 간에 배척되거나 벌을 받거나 혹은 수치심을 느끼지 않을 것임을 알기 때문에 슬픔이나 행복 혹은 분노와 같은 감정을 시험할 수 있으며 이런 감정들을 어떻게 관리할지 혹은 이런 감정들에 어떻게 대응해야 할지를 알아차린다.

처벌받을 것이라는 공포나 자기 검열의 필요성을 느끼지 않은 채로 모든 다양한 감정들을 자유롭게 경험할 수 있다고 느끼는 아이는 몇 가지 핵심적인 교훈을 배운다. 예를 들면 이런 것들이다.

- 감정은 자꾸만 흘러서 시시때때로 바뀐다. 감정은 일시적인 것이다. 정신적인 경험 속에서는 어떤 특정한 행동을 요구하는 것이 아니다.

- 감정은 무섭지 않다. 어떤 감정이 설령 지금은 아무리 크고 고약해 보인다고 하더라도, 나는 그 감정보다 더 큰 존재다.

- 감정은 교사이다. 나에게 (또 다른 사람들에게) 중요한 것이 무엇인지 알아차리는 데 도움이 될 정보를 담고 있다.

그런데 분명하게 알아두어야 할 점이 있다. 어린아이를 감정적으로 민첩하게 키우려면 부모가 아이가 느끼는 감정을 있는 그대로 인정하고 수용해야 하지만, 그렇다고 해서 아이가 떼를 쓰거나 상황에 맞지 않는 행동을 할 때 이런 것들까지 모두 포용할 필요가 있다는 말은 아니다. 당신은 아이가 자기가 느끼는 감정이 가상이 아니라 실제임을 알게 해주고 다른 사람들의 감정만큼이나 중요하다는 것을 알게 해줄 수 있지만(예컨대 "나는 네가 갓난쟁이 동생 때문에 정말 짜증이 난다는 걸 잘 안다. 그래, 아기를 버려버리고 싶은 네 마음을 알고 있어"), 굳이 모든 감정이 반드시 행동으로 실천되어야 한다고 주장할 필요도 없다. 바로 이 지점이 한 걸음 비켜나기가 개입할 지점이다. 아이가 자기가 느끼는 감정들 각각에 이름표를 붙이는 법을 익히고 어떤 관점을 획득하며, 또 충동과 행동 사이의 거리를 유지할 수 있도록 가르치고 도울 때 당신은 아이에게 자기 행동을 제어할 필요가 있다는 발상을 키워주는 셈이 된다.

공감은 하지만 약간은 거리를 두는 이런 종류의 반응은, 이제 막 걸음마를 시작한 아이가 슈퍼마켓 통로에서 얼굴을 찧으며 넘어지거나 비명을 지를 때 혹은 십대 청소년 딸이 한밤중에 자기 방 창문을 통해서 밖으로 빠져나가서 남자친구의 오토바이 뒷좌석에 타서 사라질 때, 어쩐지 냉담하게 비칠 수 있다. 그러나 엄마와 아빠 그리고 아이에게 모두 감정 비켜나기의 토대를 제공하는 감정 마주하기의 과정인 셈이다. 즉 우리가 느끼는 가장 거친 감정들이 우리를 이기지 못하도록 막는 것, 그것이 감정의 덫에 걸리지 않는 길이다.

<u>아이가 생각하는 법,</u>
<u>생각하지 않는 법</u>

내가 아주 어릴 때 가출한 얘기를 기억하는가. 최근에 나는 나의 어머니에게, 내가 가출을 한답시고 짐을 챙겨 집을 나갔지만 결국은 멀리 가지도 못하고 우리 집 근처만 몇 시간째 뱅뱅 돌다가 집으로 돌아왔던 일이 기억나는지 물었다. 어머니는 깔깔 웃으시면서 당연히 기억한다고 하셨다. 그러면서 어머니는 내가 지금까지 알지 못했던 사실을 얘기하셨다. 내가 가출을 결심하고 집을 나와서 걸어갈 때 어머니는 멀찌감치 거리를 둔 채로 나를 줄곧 따라오셨던 것이다. 나는 그때 겨우 다섯 살이었으니, 나 혼자 위험한 거리를 헤매고 다니도록 내버려둘 수는 없었다고 하셨다.

어머니는 내가 느끼던 분노를 최소화하려고 애를 쓰지 않으셨다.(만일 어머니가 그렇게 하셨더라면, 그것은 분노를 병 속에 집어넣으라고 말하는 것이었을 것이다.) 게다가 어머니는 나를 살살 달래서 모든 것이 정상으로 돌아가도록 하려고 하지도 않으셨다. 그렇게 하는 대신 어머니는 내가 내 감정에 나를 맡기도록 허용하셨으며, 심지어 내 자신의 자유의지가 지향하는 방향이 아무리 잘못된 것이긴 해도 이 자유의지를 마음껏 발휘하도록 내버려두셨다. 그러나 어머니는 내가 안전할 수 있도록 필요한 조치를 취함으로써 보호와 애착의 보이지 않는 끈으로 나를 묶어두고 있었고, 위험한 경우에는 언제든지 개입할 준비를 하고 계셨다. 어머니는 나를 신체적으로 안전하도록 지켜주셨지만 나에게 감정의 자율성이라는 선물도 주셨던 것이다.

자율성은 평생에 걸친 성공의 기반 요소이며 어린아이가 도덕적으로 발달하는 데 결정적으로 중요한 요소이기도 하다. 자율성은 자치, 즉 자기를 스스로 다스린다는 뜻이다.[6] 심리학적인 용어로 일컫는 자율적인 개인은 자신의 주체적인 선택에 따라서 살아간다. 그러나 자율성은 단순한 독립과는 다르다. 십대 청소년이 "당신은 나에게 이래라 저래라 지시할 권한이 없어! 오늘 만일 내가 밖에서 자고 싶은 마음이 들면 그렇게 할 거야!"라고 고함을 지른다고 치자. 이 말은 독립성이 매우 강한 것처럼 들리지만, 어떤 행동이 주변 친구들의 압력이나 나쁜 습관, 또는 주변의 강요나 혼돈 상태의 자기감정에서 비롯되었다면 자율적이라고 할 수 없다. 진정으로 자율적인 행동이란 외부로부터의 강압이나 내부로부터의 제어되지 않은 충동에 영향을 받지 않은 상태에서 자신의 가장 깊은 곳에 있는 자아의 지시에 따르는 것이다. 귀가가 늦을 때 받을 처벌이 두렵거나 부모의 지시를 따르지 않을 때 드는 죄의식이 싫어서 일찍 귀가하는 십대 청소년은, 부모가 정해놓은 통행금지 시각을 반항의 뜻으로 일부러 지키지 않는 것에 비교해서 전혀 자율적으로 행동하는 것이 아니다. 자율성을 가지고 행동하는 십대 청소년은 정시 귀가는 규칙이고 본인이 생각하기에 그 규칙은 타당하고 합리적이므로 오히려 정시에 귀가할 가능성이 높다.

어린 자녀들에게 자율성을 불어넣는 몇 가지 방법을 소개하면 다음과 같다.

- 부모가 바라는 모습대로가 아니라 있는 그대로의 모습대로 아이를 칭찬하고 존중해라.

- 무엇이든 간에 자기가 원하는 것을 진정으로 선택할 수 있도록 해라. 이것은 선택 범위에 한계를 설정하지 않는다든가 혹은 기대치

를 설정하지 않는다든가 혹은 또 자녀가 부리는 변덕을 무엇이든 다 받아준다든가 라는 것은 아니다.

- 어떤 선택도 가능하지 않을 때는 당신이 내리는 결정을 충분하게 설명해라. 예를 들어서, 미취학 아동인 당신의 아들이 당신과 함께 횡단보도를 건널 때 이 아이가 당신의 손을 잡아야 하는 이유를 말할 때, "내가 그렇게 하라고 말했으니까 그냥 그렇게 해!"라는 말은 자율성을 지지하는 말이나 태도가 아니다. 이럴 때는 "네가 혼자 건널 때는 너는 키가 작아서 운전사가 너를 미처 보지 못할 수도 있지만, 내 손을 잡고 함께 건너면 운전사가 너를 잘 볼 수 있을 거야"라고 말해줘야 한다.

위에서 마지막 항목은 '하고 싶다'는 동기를 아이가 스스로 찾는데 특히 중요하다. 또한 외면적인 보상만을 기대하면서 행동하도록 배운 사람은 내면적으로 동기가 부여된 사람에 비해서 덜 행복하며 덜 성공을 거두고 또 덜 만족스러운 인간관계를 형성한다.[7]

자율성을 장려하면 아이가 자기만의 가치를 찾고 무언가를 추구하는 '목적이나 이유'를 개발하며 보상과 필요한 것들에서 분리되는 것을 도울 수 있다. 이것은 특히 아이가 특정한 대가가 전혀 주어지지 않았음에도 불구하고(예컨대 창의적인 어떤 위험을 무릅쓸 것인가 말 것인가 하는) 상대적으로 모호한 선택들에 맞닥뜨릴 때 (이런 일은 아이들에게 반드시 일어난다) 특히 중요하다. 명확하게 정의된 규칙이 없는 상황에서도 마찬가지이다. 아이가 자기만의 가치관을 학습하고 신뢰하는 방향으로 적절하게 이끌어질 때만이 비로소 아이는 '하고 싶다'는 동기부여, 그렇게 해야 하는 이유와 목적을 발견할 수 있다.

그런데 이렇게 할 때 아이가 갑작스럽게 위험한 상황에 놓일 수 있다. 이런 상황에서는 아이의 자율성을 장려하겠다는 부모의 마음이 한 걸음 뒤로 물러나고 부모는 상식적인 간섭을 하게 된다. 내가 다섯 살에 '가출'을 했을 때 나의 어머니는 내가 대로를 건너가지 않을 것이고 내가 그다지 멀리까지 가지 않을 것임을 알았기에 나에게 기꺼이 일정 정도의 재량권을 부여하셨다. 만일 내가 열세 살 때 집을 영원히 떠나겠다고 마음을 먹었다면, 아마도 어머니는 훨씬 더 강력하게 나를 가로막고 나섰을 것임이 분명하다.

배려하는 아이로 키우기

감정의 민첩성을 가지고서 아이를 양육한다는 것은 단지 아이에게 공감을 표현하는 것만이 아니라 공감하는 행동의 모범을 지속적으로 보임으로써 아이가 보고 배울 수 있도록 하는 것을 뜻한다. 초등학교에 등교하는 첫날이 아이에게 왜 무서울 수밖에 없는지 부모가 모를 수도 있다. 그러나 그렇다고 하더라도 아이가 충분히 그럴 수 있음을 인정하기만 하면 된다. 이렇게 함으로써 부모는 아이에게 안정감을 제공하고 또 아이가 다른 사람의 감정을 배려하는 자연스러운 본능을 장려하게 된다. 예컨대 '거친 아이들'은 왜 그렇게 행동하려고 할까, 혹은 자기 말고 또 어떤 아이들이 외로움을 느끼며 어색해할까 등의 문제를 아이는 생각하게 될 것이다.

이것은 아이들이 점점 성숙해짐에 따라서 결석한 급우가 누구인지, 언어 장벽 때문에 고생하는 부끄럼 많은 학생이 누구인지, 고약한 하루를 보낸 직원이 어떤 사람인지, 물건을 사서 담은 장바구니를 들 때 도움을 필요로 하는 나이든 식료품 구매객은 또 어떤 사람인지 등을 알아보도록 아이들을 교육하는 과정이다. 그리고 나중에 이 아이들은 정의 혹은 지역 사회와 사회 전체로의 편입 등과 같은 한층 더 큰 쟁점들에도 초점을 맞추어서 잘 처리하게 될 것이다. 그러나 공감의 마음이나 가치관의 관점은 결코 명령에 의해서 길러질 수 없다.

코넬대학교의 연구자들이 한 가지 심리학 실험을 했는데, 이 실험에서 연구자들은 세 살짜리와 네 살짜리 아동들에게 닷지라는 이름의 '슬픈' 인형을 소개했다. 연구자들이 이 어린이 피실험자들을 세 집단으로 나눈 다음에, 아이에게 '멋진' 스티커를 한 장씩 줬다. 첫 번째 집단에 속한 아이들에게는 그 스티커를 닷지에게 줄 것인지 아니면 자기가 가질 것인지 선택하게 했다. 아이들로서는 다소 힘든 선택이었다. 그리고 두 번째 집단에 속한 아이들에게는 그 스티커를 닷지에게 줄 것인지 아니면 실험 진행자에게 되돌려줄 것인지 선택하게 했다. 그리고 세 번째 집단에게는 그 스티커를 닷지와 함께 공유해야 한다고만 말했다. 그리고 나중에 이 아이들에게 또 다른 '슬픈' 인형인 엘리를 소개한 다음, 이번에는 스티커를 세 장씩 나누어준 뒤에 스티커를 엘리에게 나누어주든지 자기가 가지든지 마음대로 하라고 했다. 그러자 첫 번째 집단에 속했던 아이들이 두 번째와 세 번째 집단에 속했던 아이들보다 더 많은 스티커를 엘리에게 주었다. 자유로운 선택을 부여받았던 아이들이 그렇지 않은 아이들, 즉 강압적인 지시를 받은 아이들에 비해서 더 관대해진다는 말이었다.[8]

학급에서 외톨이로 빙빙 도는 급우를 생일파티에 초대하라고 아이에게 억지로 강요하거나 운동장에서 친구들과 놀면서 남을 속상하게 만드는 발언을 한 딸에게 피해자에게 가서 사과를 하지 않으면 혼을 내겠다고 으름장을 놓으면 긍정적인 결과를 빠르게 볼 수 있고, 또 일시적으로 만족하고 안도의 숨을 쉴 수 있긴 하다. 그러나 **아이가 자율적으로 행동하고 자기 안에 있는 '하고 싶다'는 진정한 동기부여를 발견할 수 있을 때에만, 비로소 아이들의 내면에 공감의 잠재력을 채울 수 있음을 기억하자.**

이것은 또한 진실 말하기와 같은 윤리적인 기본적인 사항에도 적용된다. 열세 살 아이와 이 아이의 부모 한 명씩 두 사람을 한 조로 한 심리학 실험이 있었는데, 이 실험에서 실험 진행자는 십대들에게 지난 몇 달 동안 부모가 자기를 어떻게 대했는지 물었다.[9] 부모가 십대 자녀의 생각과 행동을 통제하려고 노력한 정도와 이 십대 아이가 진실을 말할 때의 효능을 이해하는 정도 사이에는 직접적인 연관성이 있었다. 다음과 같은 진술에 동의하는 아이들은 진실을 말할 때 누리는 편익이 거짓말을 할 때 치르는 비용(대가)보다 더 높다고 이해하는 경향을 보였다.

"나의 부모는 나에게 무언가를 하라고 시킬 때 내가 그렇게 하길 바라는 이유를 설명했다."

"나의 부모는 내가 해야 할 일에 대해서 나 스스로 어떤 결정을 내릴 수 있도록 많은 기회를 주었다."

"나의 부모는 내 생각이나 감정이 자신의 생각이나 감정과 다를 때에도 나의 생각과 감정에 마음을 열어놓았다."

이에 비해서 진실을 말할 때는 많은 비용(대가)을 치러야 한다는 믿음을 가지고 있다고 응답했던 십대들은 다음과 같은 진술에 동의했다.

"나의 부모는 내가 하는 모든 것에 대해서 내가 죄의식을 느끼도록 만들었다."

"나의 부모는 내가 최고가 되기 위해서 노력하기보다는 그저 즐기고 싶은 마음을 가질 수 있다는 사실을 인정하려 들지 않았다."

"내가 어떤 것을 하지 않겠다고 했을 때 나의 부모는 내가 그 일을 하지 않으면 내가 누리고 있던 특별한 혜택을 박탈하겠다고 말했다."

자율성을 촉진하는 게 바람직하다는 사실은 현실적인 관점에서도 확인할 수 있다. 부모라고 하더라도 언제까지고 자녀 곁을 지키고 있을 수는 없다. 자녀가 성인이 되었을 때는 더 말할 것도 없다. 다 큰 아이의 손을 잡고 인생의 온갖 어려운 결정들을 헤쳐가도록 그 아이를 이끌 수는 없는 노릇이다. 또한 아이가 어떤 강력한 감정이나 충동적인 생각에 사로잡힐 때마다 거기에서 한 걸음 비켜남으로써 감정의 덫에서 해방되도록 도울 수는 없을 것이다. 어린아이이거나 혹은 심지어 십대 청소년이라면 어리석고 분별없는 행동을 해도 보통은 용서를 받는다. 열여섯 살 청소년이 교장선생님 자동차의 타이어 공기를 빼놓는 장난을 치더라도 대개는 용서를 받는다는 말이다. 그러나 스물여섯 살 청년이 자기 상사의 자동차 타이어 공기를 빼놓았을 때는 어떨까? 십대 청소년처럼 똑같이 너그럽게 용서받을 가능성은 거의 없을 것이다.

스스로 돌아보게 하기

여덟 살 때 나는 부모의 지갑에서 돈을 훔쳤다. 물론 큰 돈은 아니었다. 나는 지금도 그때 훔친 돈의 액수를 기억하는데, 2란드였다. 그때의 남아프리카공화국 화폐가치로 2란드는 지금 미국 화폐가치로 약 3달러쯤 된다. 내가 바깥에 나갔다가 사탕을 들고 왔을 때 부모님 모두 내가 무슨 짓을 했는지 알아차리셨다. 마음씨 고운 친구가 사줬다고 거짓말을 했지만 그런 뻔한 거짓말이 통할 리가 없었다.

두 분은 나를 차에 태우고 나가셨는데, 두 분은 앞자리에 앉으셨고 나는 뒷자리에 혼자 앉았다. 그리고 두 분은 매우 진지하게 이야기를 하셨다. 내가 한 행동에 얼마나 크게 실망했는지 모른다고 하셨고, 또 도둑질과 거짓말은 우리 집에서는 그 누구도 해서는 안 되는 일이라고 하셨다. 그리고 그때 두 분은 내가 한 잘못을 어떻게 바로잡을 수 있을지 나 스스로 생각해낼 수 있도록 도와주셨다. 그래서 나는 훔친 돈을 고스란히 갚기로 했고, 내 거짓말에 끌어들였던 '마음씨 고운 친구'에게도 사과를 했다.

두 분이 그 문제를 심각하게 여겼음은 분명했다. 하지만 또 두 분은 내가 누나나 오빠 앞에서 망신을 당하지 않게 하려고 세심하게 신경을 쓰셨다. 또 고함을 지르지도 않으셨고 공포를 조장하는 흔한 방법도 동원하지 않으셨다. 두 분은 평정심을 유지했으며 당신들이 얻고자 하는 것이 무엇인지 정확하게 알고 계셨던 것 같다. 당신들에게 또 내 친구에게 가했던 감정의 충격을 나 스스로 이해하도록 이끄셨고, 내가 한 짓이 얼마나 잘못된 것인지 일장연설을 하지도 않으셨다. 대신 내가 방어적인 태도를 취하지 않고(사실 방어적인 태도를 취하면 점점 더 많은 거짓말을 꾸며대게 된다) 내 행동을 찬찬히 되돌아보게 하셨다. 처벌을 하기보다는 기대를 표명하셨다. 그 결과 나는 수치심이 아니라 죄의식을 느꼈고 그 문제를 해결해야겠다는 동기부여가 되었다. 만일 두 분이 "잘못했어, 잘못하지 않았어?"라고 다그치셨더라면 분명 두 분이 듣고 싶었던 말을 들을 수 있었을 테지만, 내 도둑질을 자극했던 맨 처음의 그 감정들을 내가 자세하게 들여다볼 수 있는 기회가 나에게 주어지지는 않았을 것이다.

문제의 배경이 되었던 감정을 따져보면 이랬다. 당시에 나는 학교에서 친구들과 고립되어 있었고, 내가 좋아하던 여자아이들이 쉬는 시간에 함께 사탕을 사러 우르르 몰려갈 때면 내가 느끼던 외로움은 한층 더 커졌다. 그런데 부모님의 도움 덕분에 나는 이 불편한 감정과 마주할 수 있었고, 결국 내 행동을 내가 주체적으로 해야 한다는 문제뿐만 아니라 급우들을 보다 더 잘 알기 위해서, 또 도둑질을 하지 않고서도 더 많은 즐거움을 누리기 위해서 내가 할 수 있는 전략들을 놓고 두 분과 함께 얘기를 할 수 있었다. 나는 또한 생산적인 결과를 가져올 수 있는 어려운 토론을 하는 방법도(이것만 하더라도 결코 작은 게 아니었다) 덤으로 배웠다.

만일 부모님이 내가 도둑질을 한 사실을 알고 그냥 처벌만 했더라면 나는 한 단계 높은 성숙을 이뤄내지 못했을 것이다. 성숙은커녕 어쩌면 그때부터 나는 나 자신을 '도둑'이라고 생각했을지도 모른다. 어쩌면 부모님도 그렇게 생각했을지도 모른다. 하지만 부모님은 이런 가능성을 차단함으로써 문제의 그 사건을 올바르게 처리하셨다. 이왕 저질러진 잘못이니 그것을 온전히 인정하되 미래를 위한 교훈으로 삼으셨던 것이다. 두 분은 내가 서 있는 자리로 다가오셨지, 내가 있었으면 좋겠다고 생각하는 자리로 나를 억지로 잡아끌지 않으셨다. 그건 엄청나게 큰 차이를 가져왔다.

감정을 어떻게 이끌어야 할까?

아이를 감정이 민첩한 아이로 키우려면 우선 아이가 어렵고 힘든 감정까지 포함해서 자기가 느끼는 모든 감정을 있는 그대로 바라볼 수 있도록 돕는 일부터 시작해야 한다. 감정 마주하기의 너무도 많은 부분은 해당 감정에 다가가는 것("지금 기분이 어때?")이긴 하지만, 계속 나아가는(즉 전진하는) 것, 즉 탐색을 하는 것("이 문제를 처리하는 데 주어진 선택권들로는 어떤 것이 있나?")을 다루는 감정의 민첩성이라는 중요한 요소 또한 있다. 무슨 상황이든 간에 주어진 상황을 처리하기 위해서 감정의 민첩성이 몇 가지 실천적인 단계들을 탐색하는 과정을 거쳐야 한다.

'계속 나아가기(전진)'는 아이로 하여금 브레인스토밍을 권장할 때 가장 잘 성취된다. 아이가 스스로 (자기에게 의미가 있는) 해결책을 찾도록 도울 때 이 아이는 세상을 헤쳐나가는 데 도움이 될 자율성 및 자율성에 동반되는 책임감을 가질 수 있다.

그리고 여기에서 우리는 '작은 변화'라는 발상으로 돌아가는데, **아이에게 도움이 될 작은 변화들은 아이가 시련에 기꺼이 맞서서 중요한 것을 향해서 전진하도록 해준다.** 여기에서는 이상적인 합격-불합격의 결과가 아니라, 실험이나 새로운 시도 그리고 자기가 배울 수 있는 것에 대한 깨달음 등에 마음을 열어놓는 여러 과정에 핵심적으로 초점을 맞춘다. 만일 아이가 새로 전학 간 학교에서 친구 사귀는 것을 걱정한다고 치자. 이럴 때 이 아이는 모든 친구와 금방 사이가 좋아져서 친하게 지낼 가능성은 별로 없다. 그래서 부모라면 보통 아이에게 이렇게 말한다.

"친구들과 처음 만나서 관계를 이어나가기에 좋은 공간들로는 어떤 데가 있을까?"

그리고 청소년 자녀가 격한 논쟁과 욕설이 난무하는, 거칠기 짝이 없는 십대의 소셜미디어에서 자기 자리를 잘 잡을 수 있도록 당신은 이렇게 말할 수 있다.

"너와 의견이 다른 사람들을 관리할 때 사용할 수 있는 전략으로는 어떤 것들이 있을까?"

나의 동료가(편의상 이 사람 이름을 존이라고 하자) 여섯 살짜리 아들과 함께 부자父子 토너먼트 골프대회에 참가했다. 이 대회의 경기 규칙은 어른은 어른들끼리 자녀는 자녀들끼리 경기를 하는 것이었다. 존이 먼저 경기를 시작했고 절반쯤 경기가 진행되었을 때 존은 아들이 있는 곳으로 달려가 보았다. 그런데 아들은 훌쩍거리며 울고 있었다. 존은 아들을 안아주고는 왜 우는지 물었다. 그러나 골프장의 그린 위에서 아무리 달래고 대화를 한다고 해서 문제의 핵심까지 다가갈 수 없을 것임은 분명했다. 게다가 경기가 진행되고 있는 와중이었다.

그래서 존은 울고 싶으면 얼마든지 울어도 된다고 아들에게 말했다. 그리고 존은 아들에게 울면서도 끝까지 경기를 치를 수 있을지 물었다. 그리고 아들에게 만일 9홀을 모두 끝내기만 하면, 대회가 끝나는 대로 무엇 때문에 그렇게 화가 났는지 제대로 알아보자고 약속했다. 아들은 동의했고 아버지와 아들은 다시 각자 자기 경기를 치렀다. 그런데 아들은 그 경기를 무사히 마쳤을 뿐만 아니라 심지어 우승 트로피까지 받았다.

깊게 생각해보지 않으면 이것이야말로 힘든 감정을 병에 집어놓고 틀어막는 병입의 사례, 즉 어렵고 힘든 감정을 묻어버린 채 경기가 끝날 때까지 꾹 참는 얘기의 사례라고 쉽게 오해할 수도 있다. 흔히 우리는 금방이라고 울음을 터뜨릴 것 같거나 화가 난 아이들에게 점

잖게 행동해야 한다고 요구하는데, 이때 우리는 아이들에게 그들이 지금 느끼고 있는 감정은 우리에게 중요하지 않다는 메시지를 자기도 알지 못하는 사이에 전한다.

그러나 존은 잠깐 동안이지만 공감하는 마음으로 아무 말도 하지 않은 채 자기 아들이 받고 있던 괴로움을 있는 그대로 받아들였다. 이 작은 행동만으로도 그의 아들은 자기가 느끼던 괴로움에서 한 걸음 비켜나서 그 감정을 침착하고도 공감하는 마음으로 바라보았고, 그러면서 그 순간에 자기가 해야 할 일인 경기를 계속했다.

나중에 존은 아들을 다시 만나서 대화를 나눈 뒤에 아들이 골프공을 잃어버린 바람에 무척 화가 났다는 사실을 알았다. 여섯 살짜리 아들의 마음으로는 공이 비쌌던 것이었고, 비싼 공을 잃어버렸다는 어떻게 보면 아주 사소한 일이 어린아이로서는 주체할 수 없을 정도의 공황으로 발전했던 것이다.

그로부터 오랜 세월이 지났지만 존은 지금도 아들에게 울면서도 경기를 할 수 있음을 가끔씩 상기시킨다고 말한다. 어쩌면 이런 유형의 자기연민적인 '완주完走'가 바로 감정의 민첩성의 본질일지도 모른다.

아이의 날개를 묶지 않은 것, 그게 전부입니다

말랄라. 2009년까지는 이 이름을 아는 사람이 별로 없었다. 그러나 2014년에 노벨상 수상자로 선정된 파키스탄의 십대 소녀인 말랄라 유사프자이 Malala Yousafzai는 2009년 이후로 용감함과 강인함의 세계적인 상징이 되었다. 그녀는 열한 살에 BBC 방송국 블로그에 파키스탄 북서부 지역에서 살아가는 자신의 처지를 쓴 글을 익명으로 올리기 시작했다. 그녀가 살던 지역은 이슬람 근본주의자 집단인 탈레반이 장악하고 있던 곳인데, 탈레반은 여성이 교육을 받는 것을 금지했다. 탈레반의 이런 정책에 반대해서 그녀는 블로그에 여성 교육이 중요하다고 썼던 것이다.

〈뉴욕타임스〉 기자가 2010년에 말랄라의 일상을 담은 다큐멘터리를 제작했고, 그 뒤에 말랄라는 세계적으로 인정을 받았다. 그녀가 받은 건 인정뿐만이 아니라 협박도 있었다. 심지어 그녀는 자기 나라 안에서조차도 죽음의 위협을 받았다. 2012년에 탈레반은 암살자를 보냈고, 이 암살자는 스쿨버스를 타고 집으로 돌아가던 그녀를 살해하려고 버스를 세우고 올라탔다. 암살자는 버스에 타고 있던 여학생을 모두 죽이겠다고 했는데, 열다섯 살이던 그녀는 조금도 망설이지 않고 자기가 바로 암살자가 찾는 사람이라고 말했다. 암살자는 세 발을 쏘았고, 그 가운데 한 발이 말랄라의 머리를 맞혔다.

말랄라의 아버지인 지아우딘은 교육자이자 인권 활동가였다. 그녀의 부모는 딸이 믿는, 신념을 위해서 굽히지 않는 삶을 살라는 교훈을 몸소 실천하며 살던 사람들이었다. 딸이 의식불명 상태에서 사경을 헤매자 아버지는 과연 딸에게 그런 가치를 심어준 게 잘한 일인지 회의감이 들었다. 그녀의 부모가 가지고 있던 유일한 위안은, 딸이 간직하고 있던 '이유와 목적'이 딸에게는 너무도 중요한 나머지 죽음까지도 기꺼이 품을 정도라는 사실이었다.

말랄라가 극적으로 회복해서 건강을 찾자 그녀의 부모는 딸을 그렇게 키우면서 가졌던 용기가 자기들에게도 도움이 되었다는 사실을 깨달았다.

"딸이 오히려 우리에게 위안을 주었습니다."

2014년에 말랄라가 열일곱 살이라는 나이로 역대 최연소로 노벨 평화상을 받은 직후에 그녀의 아버지가 한 말이다.

"가장 어려운 시대에 어떻게 끈질기게 저항할 것인지 우리는 딸에게서 배웠습니다."

그러면서 아버지는 자신들의 사연이 특별한 사람들의 사연으로 여겨지지 않기를 바라는 마음에 이렇게 덧붙였다.

"그 아이도 여느 여자아이와 같습니다. 오빠들과 싸우고, 숙제를 제대로 다 못 하면 속이 상해서 웁니다."

그러나 지아우딘이 세상 사람들에게 알리고자 했던 진짜 메시지는 부모라면 당연히 가슴에 담아두어야 할 내용이다.

"무엇이 말랄라를 그토록 특별하고 대담하며 침착한 아이로 만들었을까요? 내가 딸에게 무엇을 했는지 묻지 마십시오. 내가 딸에게 무엇을 하지 않았는지 물어야 합니다. 나는 딸이 가진 날개를 묶지 않았습니다. 그게 전부입니다."

11장

결론 :
감정을 진짜 내 삶으로 끌어안기

진짜는 무엇인가

　어린이들의 고전 동화 『벨벳 토끼 인형The Velveteen Rabbit』은 헝겊으로 만든 토끼 인형이 '진짜'의 의미를 찾으려고 감행하는 여행 이야기이다.[1] 토끼는 자기 주인이 가지고 있던 다른 장난감들과 잘 어울리지 못해서 힘든 시간을 보낸다. 토끼의 주인인 어린 소년은 토끼를 선물로 받은 뒤 곧바로 이 토끼에 대해서는 흥미를 잃어버린다. 소년이 가지고 있던 다른 장난감들은 현대적이고 기계적인 부품들로 구성되어 있어서 어쩐지 진짜처럼 보였지만, 주인공 토끼는 헝겊과 톱밥으로 만들어져 있어서 누가 보더라도 진짜가 아니라 가짜임을 금방 알아볼 수 있었기 때문이다.

그러다가 토끼는 늙은 말인 '스킨 호스'와 친구가 되는데 그는 다른 장난감들보다 오랜 세월을 소년의 방에서 살아왔던 장난감이었다. 어느 날 토끼는 스킨 호스에게 물었다.

"'진짜'라는 게 뭐예요? 소리가 나는 것을 안에 감추고 있고 눈에 잘 띄는 핸들이 있다는 뜻이에요?"

그러자 스킨 호스는 이렇게 말한다.

"'진짜'는 어떻게 만들어졌는지를 놓고 따지는 게 아니란다. 그냥 우연히 그렇게 되는 거지. 소년이 너를 오래 오래 오래 사랑한다면, 그냥 데리고 장난을 치는 게 아니라, 정-말-로- 너를 사랑한다면, 그러면 너는 '진짜'가 되는 거야."

"그러면 아파요?"

"그럼, 아프지. 그렇지만 네가 진짜가 되면 아파도 신경 안 쓰게 된단다. 쉽게 깨지는 장난감이나 모서리가 날카로운 장난감이나 혹은 조심스럽게 다루어져야 하는 장난감에게는 진짜가 되는 일이 쉽게 일어나지 않는단다. 진짜가 되려면 조금 닳아야 하거든. 어쩌면 낡아서 남루해질 수도 있어."

어느 날 밤에 소년은 잘 때 늘 함께 자던 강아지 인형을 찾을 수 없었다. 그래서 보모는 장난감 선반에 놓여 있던 벨벳 토끼를 소년에게 안겨주었다. 그 일이 있은 뒤로 소년은 한시도 이 토끼를 손에서 떼놓지 않았다. 토끼의 분홍색 코에 입을 맞추었으며 잠을 잘 때면 늘 이 토끼를 가슴에 꼭 껴안았고 어디를 가든 함께 데리고 갔다. 심지어 소년은 놀이터에 갈 때도 토끼를 데리고 갔는데, 어느 날엔가는 무슨 일이 생겨서 토끼를 밤새 밖에다 두기도 했다. 이렇게 소년이 토끼를 좋아하게 되자 토끼는 점점 더 더러워지고 또 낡아서 너덜너덜해졌다. 코의 분홍빛도 바래버렸다.

 그러던 어느 날에 보모는 더러워진 이 장난감을 버리려고 했는데, 그러자 소년은 토끼를 버리지 말라고 강력하게 저항했다. 토끼가 '진짜'라면서…. 물론 이 말은 헝겊으로 만들어진 토끼의 낡은 귀에는 음악이나 마찬가지였다.

 그리고 마침내, 보모 요정의 마술로 벨벳 토끼는 진짜 살아 있는 토끼가 되어서 숲으로 깡충깡충 뛰어갔다. 전에는 토끼가 소년에게만 진짜였지만 이제는 모든 사람에게 진짜가 될 것이라고 요정은 말한다.

* * *

 '진짜' 세상에 살고 있는 우리는 동화에서처럼 요술 지팡이의 도움을 받아서 자기가 그토록 되고자 했던 사람으로 금방 바뀔 수는 없다. 그러나 감정의 민첩성을 꾸준히 연습하면 굳이 요술 지팡이의 힘을 빌릴 필요가 없다. 감정의 민첩성만 있으면 우리는 누구나, 또 언제든 진정한 자아가 될 수 있기 때문이다.

 감정의 민첩성은 가식과 성가신 일이 없는 상태이다. 이런 상태에 있는 사람이 어떤 행동을 할 때는 그 행동에 훨씬 큰 힘이 동반된다. 왜냐하면 그 행동은 자기가 가지고 있는 핵심적인 가치관과 핵심적인 힘, 즉 굳건하고 실제로 존재하는 '진짜'에서 비롯되기 때문이다.

 이렇게 해서 우리는 '진짜'의 수준, 감정의 민첩성 수준에 도달한다. 그러나 평생에 걸쳐서 날마다 작은 단계들을 통과해야 한다. 이 여행을 지금 당장 시작할 수 있는 방법을 소개하면 다음과 같다.

- 자기 자신을 자기 삶의 주체적인 행위자로 임명하고 자기 자신의 발달, 경력, 창의적인 정신, 일 그리고 사람들과의 관계 등을 모두 자기의 것으로 소유해라.

- 자기의 모든 것을 (즉, 닳고 낡은 코, 너덜너덜한 귀, 좋은 감정과 나쁜 감정, 그리고 그 모든 것을) 공감과 용기와 호기심으로 포용해라.

- 내면의 경험을 환영하고 거기에 생기를 불어넣은 뒤에 그 안으로 들어간 다음, 서둘러서 나올 생각을 하지 말고 구석구석 샅샅이 돌아다니면서 몰랐던 것을 배워라.

- 조금씩 바뀌어가는 자기의 모습을 있는 그대로 받아들이고, 이제 더는 자기에게 도움이 되지 않는 이야기나 믿음은 버려라.

- 살아 있다는 것은 때로 상처를 받고 실패를 하고 스트레스를 받으며 실수를 하는 것임을 인정함으로써, 비현실적인 죽은 사람의 목표는 떨쳐버려라.

- 완벽함을 추구하는 굴레에서 스스로를 해방시켜라. 그래야 사랑과 살아 있음의 과정을 즐길 수 있다.

- 상처를 동반하는 사랑과 사랑을 동반하는 상처에 자기 자신을 활짝 열어라. 마찬가지로 실패를 동반하는 성공과 성공을 동반한 실패에 자기 자신을 활짝 열어라.

- 두려움이 없는 발상이라는 생각은 아예 지워버리고 당신이 가진 가치관을 나침반 삼아서 당신에게 가장 중요한 것들을 향해서 두려움 속으로 뚜벅뚜벅 걸어 들어가라. 용기는 두려움이 없는 상태가 아니라 두려움 속으로 걸어 들어가는 것이다.

- 자기 자신에게 주어진 환경에 수동적으로 안주하기보다는 배우고 성장할 수 있는 기회가 생길 때마다 열심히 붙잡고 집중함으로써 안락함보다는 용기를 선택해라.

- 언제든 부서질 수 있다는 바로 그 이유 때문에 비로소 인생이 아름답다는 사실을 깨달아라. 우리는 젊지 않을 때까지는 계속 젊다. 우리는 건강하지 않을 때까지는 계속 건강하다. 우리는 우리가 사랑하는 사람과 함께 하지 않을 때까지는 계속 함께 한다.

- 자기가 살아가는 이유와 목적이 고동치는 소리를 듣는 방법을 배워라.

- 그리고 마지막으로 '춤을 출 수 있을 때 춤을 춰라'는 말을 기억해라.

주석

1장

1. *"Between stimulus and response"* . . . Frankl, V. E. (1984). *Man's search for meaning: An introduction to logotherapy.* New York: Simon & Schuster.

2. 감정의 민첩성이라는 개념은 사회심리학과 조직심리학 그리고 임상심리학 전반에 걸친 연구의 영향을 받고 있다. 이 개념은 네바다대학교의 심리학과 학장인 스티븐 헤이즈(Steven Hayes) 교수 및 그의 동료들이 개발한 수용-전념 치료(acceptance and commitment therapy, ACT) 분야에 특히 큰 빚을 지고 있으며, 맥락적 행동과학협회(Association for Contextual Behavioral Science, ACBS)의 연구자들 및 임상 전문가들로 구성된 커뮤니티로부터도 지지를 받고 있다. 유연성은 건강과 복지를 나타내는 하나의 특성이다. 점점 늘어나고 쌓이는 연구저작물들은, 어떤 사람이 가지고 있는 감정의 민첩성을 뒷받침하는 여러 기술들의 수준이 낮으면 낮을수록 그 사람이 누리는 성공과 복지의 수준은 그만큼 낮다는 사실과 어떤 사람이 가지고 있는 감정의 민첩성 수준이 높으면 높을수록 심리적인 건강과 성공이 그만큼 많이 보장된다는 사실, 그리고 감정의 민첩성은 학습될 수 있다는 사실을 입증하고 있다. 이 주제를 탁월하게 개관하는 저작들로는 다음과 같은 것들이 있으니 참조해라. Kashdan, T., & Rottenberg, J. (2010). Psychological flexibility as a fundamental aspect of health. *Clinical Psychology Review*, 30(7), 865–878; Biglan, A., Flay, B., Embry, D., & Sandler, I. (2012). The critical role of nurturing environments for promoting human well-being. *American Psychologist*, 67(4), 257–271; Bond, F. W., Hayes, S. C., & Barnes-Holmes, D. (2006). Psychological flexibility, ACT, and organizational behavior. *Journal of Organizational Behavior Management*, 26(1–2), 25–54; Lloyd, J., Bond, F. W., & Flaxman, P. E. (2013).

The value of psychological flexibility: Examining psychological mechanisms underpinning a cognitive behavioral therapy intervention for burnout. *Work and Stress*, 27(2), 181–199; A-Tjak, J., Davis, M., Morina, N., Powers, M., Smits, J., & Emmelkamp, P. (2015). A meta-analysis of the efficacy of acceptance and commitment therapy for clinically relevant mental and physical health problems. *Psychotherapy and Psychosomatics*, 84(1), 30–36; Aldao, A., Sheppes, G., & Gross, J. (2015). Emotion regulation flexibility. *Cognitive Therapy and Research*, 39(3), 263–278.

3. *One recent study found* . . . Strayer, D., Crouch, D., & Drews, F. (2006). A comparison of the cell phone driver and the drunk driver. *Human Factors*, 48(2), 381–391.

4. *Other studies show that low-grade daily stress* . . . Epel, E., Blackburn, E., Lin, J., Dhabhar, F., Adler, N., Morrow, J., & Cawthon, R. (2004). Accelerated telomere shortening in response to life stress. *Proceedings of the National Academy of Sciences*, 101(49), 17312–17315.

5. David, S., & Congleton, C. (2013, November). Emotional agility. How effective leaders manage their negative thoughts and feelings. *Harvard Business Review*, 125–128.

6. 이 비유는 다음에서 빌려왔다. S. C., Strosahl, K. D., & Wilson, K. G. (1999). *Acceptance and commitment therapy: An experiential approach to behavior change.* New York: Guilford Press.

7. 이 개념은 다음에서 사용된다. David, S. (2009, September). *Strengthening the inner dialogue* workshop facilitated for Ernst & Young.

2장

1. *most of us speak around sixteen thousand words* . . . Mehl, M., Vazire, S., Ramirez-Esparza, N., Slatcher, R., & Pennebaker, J. (2007). Are women really more talkative than men? *Science*, 317(5834), 82. This sweet study recorded participants' natural language use over a number of days to assess gender differences in talkativeness. Their conclusion: "The widespread and highly publicized stereotype about female talkativeness is unfounded."

2. 이 사례는 심리학자 스티븐 헤이즈(Steven Hayes)에게서 빌려온 것이다.

3. 독일 심리학자 볼프강 쾰러(Wolfgang Köhler)가 맨 처음 형태-소리의 상관성을 입증했다. 그는 '말루마(maluma)'라는 아무런 의미가 없는 단어는 둥글둥글한 형태와 연결되고 역시 아무런 의미가 없는 '타케테(takete)'라는 단어는 뾰족뾰족한 형태와 연결된다는 사실을 발견했다. Ramachandran, V. S.,& Hubbard, E. M. (2001). Synaesthesia—a window into perception, thought and language. *Journal of Consciousness Studies*, 8(12), 3–34.

4. *Even two-year-olds*... Maurer, D., Pathman, T., & Mondloch, C. J. (2006). The shape of boubas: Sound-shape correspondence in toddlers and adults. *Developmental Science*, 9(3), 316–322.

5. 내과의사이던 어떤 환자는 각회가 손상된 뒤에도 영어를 전과 다름없이 유창하게 말했으며 심지어 자기가 돌보던 환자의 여러 증상을 토대로 진단도 정확하게 내렸다. 그러나 라마찬드란의 팀이 그를 대상으로 해서 스무 개의 속담을 놓고 테스트를 했을 때, 단 하나의 속담도 그게 무슨 뜻인지 정확하게 알아듣지 못했다. 문자 그대로의 세상에 갇혀 있어서 보다 깊은 의미의 비유적인 연관성을 파악하지 못한 것이다. 예를 들어서 '반짝인다고 해서 모두 다 금은 아니다'라는 속담을 그는 '보석을 살 때 속지 않으려면 조심해야 한다'는 식으로 해석했다. 하나의 감각 자극을 받고서 여러 인식이 무의식적으로 일어나는 지각 현상인 공감각(synesthesia)은 전체 인구의 1~2퍼센트에서만 나타나는데, 이 공감각을 과잉연결의 한 가지 예라고 말할 수 있으며, '보바'-'키키'의 극단적인 현상이라고 할 수 있다. 공감각을 가진 사람은 특정한 자극을 통상적인 방식과 특이한 방식 두 가지로 모두 인지한다는 점만 빼고는 보통 사람과 똑같다. 예를 들어서 이 사람들은 어떤 숫자를 숫자와 색깔로 (예를 들면, '5'를 붉은색, '6'을 자주색으로) 동시에 인식한다. 또 소리를 색깔로 (예를 들면 '도' 음을 파란색으로) 인식하기도 하고, 문자를 맛으로 (예를 들면 문자 'A'를 덜 익은 바나나 맛으로) 인식하기도 한다. 프랜시스 갈튼(Francis Galton)은 1880년에 이런 사실을 최초로 기록했다. 이런 현상은

유전되는 경향이 있으며, 창의적인 사람들에게서 보다 많이 나타난다. 다음을 참조하라. Ramachandran, V. S., (~) 288(5), 52-59. 각회가 비유를 이해하는 기능을 한다는 사실은 크리스 사티안(Krish Sathian)과 에머리대학교의 그의 팀이 줄곧 주장했으며, 관련 연구는 지금도 진행되고 있다. Simon, K., Stilla, R., & Sathian, K. (2011). Metaphorically feeling: Comprehending textural metaphors activates somatosensory cortex. *Brain and Language*, 120(3), 416–421.

6. 존 밀턴은 17세기를 대표하는 시인이다. Milton, J. (2009). *Paradise lost*. New York: Penguin Classics (original work published in 1667).

7. Korzybski, A. (1933). A non-Aristotelian system and its necessity for rigor in mathematics and physics. *Science and Sanity*, 747–761. 이 논문은 1931년 12월 28일에 있었던 미국과학진흥회(American Association for the Advancement of Science) 총회에서 처음 발표되었다.

8. 유연성과 관련된 휴리스틱의 장단점은 다음에서 멋지게 설명하고 있다. Kashdan, T., & Rottenberg, J. (2010). Psychological flexibility as a fundamental aspect of health. *Clinical Psychology Review*, 30, 865–878. 아울러서 다음을 참조, Ambady N., & Rosenthal, R. (1992). Thin slices of expressive behavior as predictors of interpersonal consequences: A meta-analysis. *Psychological Bulletin*, 111(2), 256–274.

9. In Thinking Fast and Slow, *the psychologist Daniel Kahneman* . . . Kahneman, D. (2003). A perspective on judgment and choice: Mapping bounded rationality. *American Psychologist*, 58(9), 697–720.

10. Gigerenzer, G. (2011). Heuristic decision making. *Annual Review of Psychology*, 62, 107–139.

11. Kashdan, T., & Rottenberg, J. (2010). Psychological flexibility as a fundamental aspect of health. *Clinical Psychology Review*, 30(7), 865–878.

12. 이 연구는 연속해서 제시되는 장면에서 어느 한 부분의 변화가 있음에도 이 변화를 쉽게 지각하지 못하는 이른바 '변화 맹시(change blindness)'와 눈이 특정 위치를 향하고 있지만 주의가 다른 곳에 있어서 눈이 향하는 위치의 대상을 지각하지 못하는 이른바 '무주의 맹시(inattentional blindness)를 설명한다. 이 두 가

지 효과는 우리가 바라본다고 생각하는 것과 실제로 우리 앞에 있는 것 사이에 빚어지는 심각한 불일치를 포착한다. 이런 발견들은 인간의 시각적인 측면에만 한정되지 않는다. 이와 비슷한 불일치는 예를 들어서 우리가 듣는 것(정확하게 말하면, 듣지 못하는 것)에도 존재한다는 사실은 이미 밝혀졌다. Simons, D. J. (1997). Failure to detect changes to attended objects in motion pictures. *Psychonomic Bulletin and Review*, 4, 501–506.

13. Chabris, C.,Weinberger, A., Fontaine, M., & Simons, D. (2011). You do not talk about Fight Club if you do not notice Fight Club: Inattentional blindness for a simulated real-world assault. *i-Perception*, 2(2), 150–153.

14. *psychology professionals were asked to watch an interview* . . . Langer, E., & Abelson, R. (1974). A patient by any other name . . . : Clinician group difference in labeling bias. *Journal of Consulting and Clinical Psychology*, 42(1), 4–9.

15. *People frequently die in fires* . . . Grice, A. (2009). *Fire risk: Fire safety law and its practical application*. London: Thorogood Publishing.

3장

1. 감정을 연구하는 연구자들은 인간이 가지고 있는 핵심적인 감정의 수를 놓고 활발하게 논의를 하고 있다. 흔히 많은 연구자들이 제시하는 감정의 수는 여섯 개에서 열다섯 개다. 하지만 어떤 연구자의 주장에서든 간에 이른바 '부정적인' 감정의 수가 '긍정적인' 감정의 수보다 많다. 이 '기본적인 감정들'이라는 관점은, 더는 줄일 수 없는 핵심적인 몇몇 감정들을 문화나 인종과 상관없이 보편적으로 모든 사람이 가지고 있으며 또 그 감정을 촉발하는 것도 보편적으로 일치한다는 이론에 근거를 두고 있다(Ekman, 1999). 이런 관점은 '구성주의적 관점'(Barrett, 2015)과 대비되는데, 이 관점은 어떤 감정을 다른 감정과 구분할 수 있는 분명한 경계선이 서로와의 사이에 존재하지 않으며, 사람은 특정한 맥락 아래에서 감정적인 경험을 활발하게 구성한다고 주장한다. Ekman, P. (1999). Basic emotions. In T. Dalgleish & T. Power (Eds.), *The handbook of cognition and emotion* (pp. 45–60). New York:

John Wiley & Sons; Clark-Polner, E., Wager, T. D., Satpute, A. B., & Barrett, L. F. (2016). Neural fingerprinting: Meta-analysis, variation, and the search for brainbased essences in the science of emotion. In L. F. Barrett, M. Lewis, & J. M. Haviland-Jones (Eds.). *The handbook of emotion* (4th ed.). New York: Guilford Press; Barrett, L. F. (2014). Ten common misconceptions about the psychological construction of emotion. In L. F. Barrett & J. A. Russell (Eds.), *The psychological construction of emotion* (pp. 45–79). New York: Guilford Press.

2. Wegner, D. M., Schneider, D. J., Carter, S., & White, T. (1987). Paradoxical effects of thought suppression. *Journal of Personality and Social Psychology*, 53(1), 5–13. Also see Wegner, D. M. (2011). Setting free the bears: Escape from thought suppression. *American Psychologist*, 66(8), 671-680.

3. Litvin, E. B., Kovacs, M. A.,et al. (2012). Responding to tobacco craving: Experimental test of acceptance versus suppression. *Psychology of Addictive Behaviors*, 26(4), 830–837.

4. Butler, E. A., Egloff, B., Wilhelm, F. W., Smith, N. C., Erickson, E. A., & Gross, J. J. (2003). The social consequences of expressive suppression. *Emotion*, 3(1), 48–67.

5. Bushman, B. (2002). Does venting anger feed or extinguish the flame? Catharsis, rumination, distraction, anger, and aggressive responding. *Personality and Social Psychology Bulletin*, 28(6), 724-731. 이 논문에서 사색자 집단은 병입자 집단이나 통제집단에 비해서 더 큰 분노를 드러냈다. 사색자들은 가장 많이 화가 나 있었으며 또 가장 공격적이었다. 그다음이 병입자들이었는데, 이들은 여전히 화가 많이 나 있었지만 공격적이지는 않았다. 그러나 감정을 애써 지우려 하지도 않았고 그 감정을 끌어안고 품지도 않았던 통제집단의 피실험자들은 가장 멀쩡했다.

6. Rose, A., Schwartz-Mette, R., Glick, G. C., Smith, R. L., & Luebbe, A. M. (2014). An observational study of corumination in adolescent friendships. *Developmental Psychology*, 50(9), 2199–2209.

7. Nolen-Hoeksema, S.,& Davis, C. G. (1999). "Thanks for sharing that": Ruminators and their social support networks. *Journal of Personality and Social Psychology*, 77(4), 801–814.

8. Type 1 and Type 2 thoughts . . . Wells, A. (2009). *Metacognitive therapy for anxiety and depression*. New York: Guilford Press.

9. 이 비유는 스티븐 헤이즈(Steven Hayes)에게서 가지고 왔다. Hayes, S., & Smith, S. (2005). *Get out of your mind and into your life: The new acceptance and commitment therapy*. Oakland, CA: New Harbinger Publications.

10. Aldao, A.,& Nolen-Hoeksema, S. (2012). When are adaptive strategies most predictive of psychopathology? *Journal of Abnormal Psychology*, 121(1), 276–281. Also see Mauss, I., Evers, C., Wilhelm, F., & Gross, J. (2006). How to bite your tongue without blowing your top: Implicit evaluation of emotion regulation predicts affective responding to anger provocation. *Personality and Social Psychology Bulletin*, 32(5), 589–602.

11. 이 비유는 다음을 약간 변용한 것이다. Zettle, R. (2007). *ACT for depression: A clinician's guide to using acceptance and commitment therapy in treating depression*. Oakland, CA: New Harbinger Publications.

12. Nolen-Hoeksema, S., Wisco, B.,& Lyubomirsky, S. (2008). Rethinking rumination. *Perspectives on Psychological Science*, 3(5), 400–424.

13. 감정 표현과 관련된 규칙의 발전에 대해서 보다 자세한 사항은 다음을 참조하라. Zeman, J.,& Garber, J. (1996). Display rules for anger, sadness, and pain: It depends on who is watching. *Child Development*, 67(3),957-973. 표현 규칙에 대한 보다 일반적인 논의는 폴 에크만(Paul Ekman)의 저작을 참조하라.

14. Reese, E., Haden, C., & Fivush, R. (1996). Mothers, fathers, daughters, sons: Gender differences in reminiscing. *Research on Language and Social Interaction*, 29(1), 27–56; Root, A., & Rubin, K. (2010). Gender and parents' reactions to children's emotion during the preschool years. *New Directions for Child and Adolescent Development*, 128, 51–64.

15. *two researchers at the University of California, Berkeley* . . . Harker, L., & Keltner, D. (2001). Expressions of positive emotion in women's college yearbook pictures and their relationship to personality and life outcomes across adulthood. *Journal of Personality and Social Psychology*, 80(1), 112–124; Ekman, P., Davidson,

R., & Friesen, W. (1990). The Duchenne smile: Emotional expression and brain physiology, II. *Journal of Personality and Social Psychology*, 58(2), 342–353.

16. Lyubomirsky, S., Sheldon, K. M., & Schkade, D. (2005). Pursuing happiness: The architecture of sustainable change. *Review of General Psychology*, 9, 111–131; Seligman, M.E.P., & Csikszentmihalyi, M. (Eds.) (2000). Positive psychology (special issue). American Psychologist, 55(1), 5–14; Fredrickson, B. L. (1998). What good are positive emotions? *Review of General Psychology*, 2(3), 300–319; Tugade, M., Fredrickson, B. L., & Barrett, L. F. (2004). Psychological resilience and positive emotional granularity: Examining the benefits of positive emotions on coping and health. *Journal of Personality*, 72(6), 1161–1190.

17. Gruber, J., Mauss, I., & Tamir, M. (2011). A dark side of happiness? How, when, and why happiness is not always good. *Perspectives on Psychological Science*, 6(3), 222–233.

18. Gruber, J., Mauss, I., & Tamir, M. (2011). A dark side of happiness? How, when, and why happiness is not always good. *Perspectives on Psychological Science*, 6(3), 222–233.

19. highly positive people can be less creative . . . Davis, M. A. (2008). Understanding the relationship between mood and creativity: A meta-analysis. Organizational Behavior and Human Decision Processes, 108(1), 25–38.

20. The happy more often place disproportionate emphasis . . . Gruber, J., Mauss, I., & Tamir, M. (2011). A dark side of happiness? How, when, and why happiness is not always good. Perspectives on Psychological Science, 6(3), 222-233. 긍정적인 감정의 어두운 측면에 대한 탁월한 논의에 대해서는 다음을 참조하라. J., & Moskowitz, J. (2014). Positive emotion: Integrating the light sides and dark sides. New York: Oxford University Press.

21. Forgas, J. (2013). Don't worry, be sad! On the cognitive, motivational, and interpersonal benefits of negative mood. *Current Directions in Psychological Science*, 22(3), 225–232; Young, M., Tiedens, L., Jung, H., & Tsai, M. (2011). Mad enough to see the other side: Anger and the search for disconfirming information. *Cognition* *and Emotion*, 25(1), 10–21.

22. Mauss, I. B., Tamir, M., Anderson, C. L., & Savino, N. S. (2011). Can seeking happiness make people unhappy? Paradoxical effects of valuing happiness. *Emotion*, 11(4), 807-815.

23. participants were asked to listen to Stravinsky's Rite of Spring . . . Schooler, J. W., Ariely, D., & Loewenstein, G. (2003). The pursuit and assessment of happiness may be self-defeating. In I. Brocas & J. D. Carrillo (Eds.), *The psychology of economic decisions, 1: Rationality and well-being* (pp. 41–70). New York: Oxford University Press.

24. *The aggressive pursuit of happiness is also isolating* . . .Mauss, I., Savino, N., Anderson, C., Weisbuch, M., Tamir, M., & Laudenslager, M. (2012). The pursuit of happiness can be lonely. *Emotion*, 12(5), 908–912.

25. *To be happy within a given culture depends* . . . Gruber, J., Mauss, I., & Tamir, M. (2011). A dark side of happiness? How, when, and why happiness is not always good. *Perspectives on Psychological Science*, 6(3), 222–233.

26. 기분은 일반적으로 상당한 시간 동안 지속되는 감정을 말한다. 기분은 금방 금방 바뀌는 것을 말하지 않는다.

27. Forgas, J. (2007). When sad is better than happy: Negative affect can improve the quality and effectiveness of persuasive messages and social influence strategies. *Journal of Experimental Social Psychology*, 43(4), 513–528.

28. Forgas, J. P., Goldenberg, L., & Unkelbach, C. (2009). Can bad weather improve your memory? A field study of mood effects on memory in a real-life setting. *Journal of Experimental Social Psychology*, 45(1), 254–257.

29. Forgas, J. (2013). Don't worry, be sad! On the cognitive, motivational, and interpersonal benefits of negative mood. *Current Directions in Psychological Science*, 22(3), 225–232.

30. Forgas, J. (2013). Don't worry, be sad! On thecognitive, motivational, and interpersonal benefits of negative mood. *Current Directions in Psychological Scienc*e, 22(3), 225–232.

31. Forgas, J. (2013). Don't worry, be sad! On the cognitive, motivational, and interpersonal benefits of negative mood. *Current Directions in Psychological Science*, 22(3), 225–232.

32. Young, M., Tiedens, L., Jung, H., & Tsai, M. (2011). Mad enough to see the other side: Anger and the search for disconfirming information. *Cognition and Emotion*, 25(1), 10–21.

33. Ven, N., Zeelenberg, M., & Pieters, R. (2011). Why envy outperforms admiration. *Personality and Social Psychology Bulletin*, 37(6), 784–795.

34. Stearns, D., & Parrott, W. (2012). When feeling bad makes you look good: Guilt, shame, and person perception. *Cognition and Emotion*, 26, 407–430.

4장

1. Campbell, J. (2008). The hero with a thousand faces (3rd ed.). Novato, CA: New World Library, 2008.

2. 레비는 『이것이 인간인가 *If This Is a Man*』와 『휴전 *The Truce*』에 자기 경험을 생생하게 묘사했다. 레비는 67세에 3층 아파트에서 추락해서 사망했는데, 당국에서는 곧바로 자살이라고 발표했다. 그러나 레비가 죽기 전의 몇 주를 치밀하게 추적하고 분석한 글은 자살이 아니라 사고로 추락했을 가능성이 높다고 분석했다. Gambetta, G. (1999, June 1). Primo Levi''s last moments, *Boston Review*.

3. 자아수용은 보다 행복한 삶의 열쇠일 수 있다. 그러나 이것은 행복한 사람들이 가장 적게 실천하는 모습이기도 하다. Research by K. Pine, University of Hertfordshire, March 7, 2014.

4. 이 이야기는 출처가 불분명하다. 미국의 저술가가 쓴 앨리스 워커(Alice Walker)의 에세이집에도 나온다. Walker, A. (2006). *We are the ones we have been waiting for: Inner light in a time of darkness* (pp. 202–204). New York: New Press.

5. Sbarra, D. A., Smith, H. L., & Mehl, M. R. (2012). When leaving your ex, love yourself: Observational ratings of selfcompassion predict the course of emotional recovery following marital separation. *Psychological Science*, 23(3), 261–269.

6. Tangney, J., Stuewig, J., & Martinez, A. (2014). Two faces of shame: The roles of shame and guilt in predicting recidivism. *Psychological Science*, 25(3), 799–805.

7. 앞에서 나는 모든 감정은 나름대로의 목적을 가지고 있다고 썼다. 그렇다면 수치심의 목적은 무엇일까? 수치심은 죄의식과 마찬가지로 어떤 '도덕적' 감정으로 여겨진다. 즉 사회 구성원의 행동이 어떤 올바른 형태를 갖추도록 돕는 감정이라는 말이다. 그러나 진화론적인 관점에서 보자면 수치심은 진화의 초기 단계에서 지위와 지배 혹은 복종과 관련된 내용의 의사소통 매개물로서 가장 적응성이 높은 덕목이었다고 볼 수 있다. 수치심은 지금도 여전히 행동을 규정하긴 하지만, 인류가 인지적으로, 감정적으로 그리고 상호적으로 보다 더 복잡하게 살아가는 오늘날을 기준으로 할 때는 죄의식보다는 진화적인 차원에서 적응성이 낮다고 볼 수 있다. Tangney, J. P., & Tracy, J. (2012). Self-conscious emotions. In M. Leary & J. P. Tangney (Eds.), *Handbook of self and identity* (2nd ed.), (pp. 446–478). New York: Guilford Press.

8. Neff, K. D., Kirkpatrick, K., & Rude, S. S. (2007). Self-compassion and its link to adaptive psychological functioning. *Journal of Research in Personality*, 41, 139–154.

9. Breines, J., & Chen, S. (2012). Self-compassion increases self-improvement motivation. *Personality and Social Psychology Bulletin*, 38(9), 1133–1143.

10. Pace, T., Negi, L., Adame, D., Cole, S., Sivilli, T., Brown, T., Issa, M., Raison, C. (2009). Effect of compassion meditation on neuroendocrine, innate immune and behavioral responses to psychosocial stress. *Psychoneuroendocrinology*, 34(1), 87–98.

11. 이 장에서 다루는 사회적 비교와 자아수용에 대한 논의는 다음 저작에서 많은 걸 빌려왔음을 밝힌다. Carson, S., & Langer, E.(2006). Mindfulness and self-acceptance. *Journal of Rational-Emotive and Cognitive-Behavior Therapy*, 24(1), 29–43; White, J., Langer, E., Yariv, L., & Welch, J. (2006). Frequent social comparisons and destructive emotions and behaviors: The dark side of social comparisons. *Journal of Adult Development*, 13(1), 36–44.

12. Carson, S., & Langer, E. (2006). Mindfulness and self-acceptance. *Journal of

Rational-Emotive and Cognitive-Behavior Therapy, 24(1), 29–43.

13. Bricker, J., Wyszynski, C., Comstock, B., & Heffner, J. (2013). Pilot randomized controlled trial of web-based acceptance and commitment therapy for smoking cessation. *Nicotine and Tobacco Research*, 15(10), 1756–1764.

14. Lesser, I. M. (1985). Current concepts in psychiatry: Alexithymia. *New England Journal of Medicine*, 312(11), 690–692.

15. Hesse, C., & Floyd, K. (2008). Affectionate experience mediates the affects of alexithymia on mental health and interpersonal relationships. *Journal of Social and Personal Relationships*, 25(5), 793–810.

16. Barrett, L. F., Gross, J., Christensen, T., & Benvenuto, M. (2001). Knowing what you're feeling and knowing what to do about it: Mapping the relation between emotion differentiation and emotion regulation. *Cognition and Emotion*, 15(6), 713–724; Erbas, Y., Ceulemans, E., Pe, M., Koval, P., & Kuppens, P. (2014). Negative emotion differentiation: Its personality and well-being correlates and a comparison of different assessment methods. *Cognition and Emotion*, 28(7), 1196–1213.

17. Ford, B., & Tamir, M. (2012). When getting angry is smart: Emotional preferences and emotional intelligence. *Emotion*, 12(4), 685–689.

18. Ford, B., & Tamir, M. When getting angry is smart: Emotional preferences and emotional intelligence. *Emotion*, 12(4), 685–689.

5장

1. 여러 연구 결과를 보면, 사람들이 자기가 최근에 경험한 배우자와의 불화를 진지하게 글로 쓸 경우에 그렇지 않은 사람들에 비해서 재결합의 가능성이 한층 높아진다. 페니베이커도 손상되지 않은 온전한 낭만적인 관계라는 렌즈를 통한 글쓰기를 연구해서 자기에게 소중한 의미가 있는 사람에 대해서 글을 쓴 사람들은 그로부터 석 달 뒤에도 여전히 그 사람과 데이트를 즐기고 있을 가능성이 높다

는 사실을 확인했다. Slatcher, R. B., & Pennebaker, J. W. (2006). How do I love thee? Let me count the words: The social effects of expressive writing. Psychological Science, 17(8), 660–664. 혹시 페니베이커 부부에 대해서 궁금해할 사람들을 위해서 한마디 덧붙이자면, 두 사람은 지금도 결혼생활을 유지하고 있으며, 페니베이커는 여전히 글쓰기를 연구하고 있고, 그의 아내는 소설가로서 창작 활동을 하고 있다.

2. Pennebaker, J. (1997). Becoming healthier through writing. In Opening up: *The healing power of expressive emotions* (pp. 26–42). New York: Guilford Press.

3. *people who wrote about emotionally charged* . . . Burton, C. M., & King, L. A. (2008). Effects of (very) brief writing on health: The two-minute miracle. *British Journal of Health Psychology*, 13, 9–14.

4. 페니베이커의 가장 인상적인 저작물은 1997년에 출간한 『털어놓기와 건강 *Opening up : the healing power of expressing emotions*』이며, 내가 그를 만난 것은 워싱턴디시에서 열린 긍정심리학 총회 자리에서였다.

5. intervention Pennebaker had conducted at a Dallas computer company . . . Pennebaker, J. (1997). Becoming healthier through writing. In Opening up: *The healing power of expressive emotions* (pp. 26–42). New York: Guilford Press. Also see Spera, S. P., Buhrfiend, E. D., & Pennebaker, J. (1994). Expressive writing and coping with job loss. *Academy of Management Journal*, 37(3), 722–733.

6. *After many more studies* . . . Pennebaker, J. W., & Evans, J. F. (2014). *Expressive writing: Words that heal*. Enumclaw, WA: Idyll Arbor.

7. *writers in these experiments who thrived* . . . Pennebaker, J. W., & Evans, J. F. (2014). Expressive writing: Words that heal. Enumclaw, WA: Idyll Arbor; Pennebaker, J. W., & Chung, C. K. (2011). Expressive writing: Connections to physical and mental health. In H. S. Friedman (Ed.), *Oxford handbook of health psychology* (pp. 417–437). New York: Oxford University Press.

8. 다음 여러 학자들의 허락을 받았다. Included with permission by Daniel Kahneman, Eugene Higgins Professor of Psychology Emeritus at Princeton University, and originally adapted from Bruner, J. S., & Minturn, A. L. (1955).

Perceptual identification and perceptual organization. *Journal of General Psychology*, 53(2), 21–28; Kahneman, D. (2003). A perspective on judgment and choice: Mapping bounded rationality. *American Psychologist*, 58(9), 697–720.

9. 마음챙김과 관련된 현대적인 사상 및 마음챙김의 여러 실천 행동에 대해서는 존 카밧진(Jon Kabat-Zinn), 엘렌 랭어(Ellen Langer), 그리고 리처드 데이비슨(Richard Davidson) 등의 저작에서 많은 영향을 받았음을 밝힌다.

10. *Harvard researchers recently performed brain scans* . . . Hölzel, B., Carmody, J., Vangel, M., Congleton, C., Yerramsetti, S., Gard, T., & Lazar, S. (2011). Mindfulness practice leads to increases in regional brain gray matter density. *Psychiatry Research: Neuroimaging*, 191(1), 36–43.

11. *One of the leaders in mindfulness research* . . . Beard, A. (2014, March). Mindfulness in the age of complexity. *Harvard Business Review*.

12. 이 매혹적인 기사는 학습과 성장에서 마음챙김이 수행하는 역할의 진수를 포착한다. Salzberg, S. (2015, April 5). What does mindfulness really mean anyway? *On Being*.

13. *A series of studies at Harvard* . . . Wilson, T., Reinhard, D., Westgate, E., Gilbert, D., Ellerbeck, N., Hahn, C., et al. (2014). Just think: The challenges of the disengaged mind. Science, 345(6192), 75–77.

14. "*green thought in a green shad*e" . . . Marvell, A. (2005). The garden. In Andrew Marvell, The complete poems, Elizabeth Story Donno (Ed.). New York: Penguin Classics.

15. 딸, 소피가 잠들 때 읽어주는 책이다. . . . Johnson, C. (1955, 2015). *Harold and the purple crayon*. New York: HarperCollins.

16. 심리학자 에드워드 티치너(Edward B. Titchener)가 1916년에 처음 사용했던 이 '우유' 훈련법은 감정이 낚여 있는 상태에서 생각과 감정에서 벗어나는 데 도움을 주는 주된 기법으로 지금도 사용되고 있다. Titchener, E. B. (1916). *A textbook of psychology*. New York: Macmillan.

17. "*One thing I didn't want to do*" . . . Greenberg, J. (2010). Exiting via the low road. ESPNChicago.com. http://espn.go.com/espn/print?id=5365985.

18. *Research shows that using the third person* . . . Kross, E., Bruehlman-Senecal, E., Park, J., Burson, A., Dougherty, A., Shablack, H., et al. (2014). Self-talk as a regulatory mechanism: How you do it matters. *Journal of Personality and Social Psychology*, 106(2), 304–324.

19. 이 목록에 있는 내용은 다음을 변용한 것이다. Carson, S., & Langer, E. (2006). Mindfulness and self-acceptance. *Journal of Rational-Emotive and Cognitive-Behavior Therapy*, 24(1), 29–43.

20. 이 감정은 다음 글이 아름답게 전해준다. Joen Snyder O'Neal, Reflecting on Letting Go, Spring 2001. http://www.oceandharma.org/teachers/Letting_Go.pdf.

6장

1. Oprah.com. (2011, April 4). From multimillionaire to mobile home. http://www.oprah.com/oprahshow/Tom-Shadyac-From-Millionaire-to-Mobile-Home.

2. *"The lifestyle was fine"* . . . https://www.reddit.com/r/IAmA/comments/1dxuqd/im_tom_shadyac_director_of_ace_ventura_nutty.

3. Oprah.com (2011, April 4). From multimillionaire to mobile home. http://www.oprah.com/oprahshow/Tom-Shadyac-From-Millionaire-to-Mobile-Home.

4. Hassett, S. (2011, January 28). Tom Shadyac wants you to wake up. Esquire. http://www.esquire.com/entertainment/interviews/a9309/tom-shadyac-i-am-012811.

5. Oprah.com (2011, April 4). From multimillionaire to mobile home. http://www.oprah.com/oprahsho/Tom-Shadyac-From-Millionaire-to-Mobile-Home.

6. *certain behaviors really are like colds and flus* . . . Hill, A. L., Rand, D. G., Nowak, M. A., & Christakis, N. A. (2010). Infectious disease modeling of social contagion in networks. *PLOS Computational Biology* 6(11).

7. *One study found that couples are more likely to divorce* . . . Hill, A. L., Rand, D. G., Nowak, M. A., & Christakis, N. A. (2010). Infectious disease modeling of social contagion in networks. *PLOS Computational Biology* 6(11); McDermott, R.,

Fowler, J. H., & Christakis, A. (2013, December). Breaking up is hard to do, unless everyone else is doing it too: Social network effects on divorce in a longitudinal sample. *Social Forces*, 92(2), 491–519.

8. *A Stanford University marketing professor tracked more than a quarter of a million . . .* Gardete, P. (2015). Social effects in the in-flight marketplace: Characterization and managerial implications. *Journal of Marketing Research*, 52(3), 360–374.

9. Gelder, J., Hershfield, H., & Nordgren, L. (2013). Vividness of the future self predicts delinquency. *Psychological Science*, 24(6), 974–980.

10. Hershfield, H., Goldstein, D., Sharpe, W., Fox, J., Yeykelis, L., Carstensen, L., & Bailenson, J. (2011). Increasing saving behavior through age-progressed renderings of the future self. *Journal of Marketing Research*, 48, S23–37.

11. Jeff Kinney is the author of the bestselling kids' series Diary of a Wimpy Kid . . . Alter, A. (2015, May 22). The bookstore built by Jeff Kinney, the "Wimpy Kid." *New York Times*.

12. 가치관을 범주나 규칙이 아니라 행동의 어떤 특성으로 규정하는 이런 발상은 특히 수용-전념 치료(acceptance and commitment therapy, ACT)의 특징이다. 예를 들어서 다음을 참조하라. Harris, R. (2008). *The happiness trap: How to stop struggling and start living*. Boston: Trumpeter; Luoma, J. B., Hayes, S. C., & Walser, R. D. (2007). *Learning ACT: An acceptance and commitment therapy skills-training manual for therapists*. Oakland, CA, and Reno, NV: New Harbinger and Context Press; Wilson, K. G., & Murrell, A. R. (2004). Values work in acceptance and commitment therapy: Setting a course for behavioral treatment. In S. C. Hayes, V. M. Follette, & M. Linehan (Eds.), *Mindfulness and acceptance: Expanding the cognitive-behavioral tradition* (pp. 120–151). New York: Guilford Press.

13. 팀 보든은 이 직유를 2012년 9월 12에 있었던 '특히 수용-전념 치료(ACT) professional Listserv'에서의 가치관 논의에서 사용했다.

14. 엘리자베스 길버트의 자서전에서 인용했다. http://www.elizabethgilbert.com/thoughts-on-writing.

15. Cohen, G. L., & Sherman, D. K. (2014). The psychology of change: Self-affirmation and social psychological intervention. *Annual Review of Psychology*, 65, 333–371.

16. Cohen, G. L., & Sherman, D. K. (2014). The psychology of change: Self-affirmation and social psychological intervention. *Annual Review of Psychology*, 65, 333–371.

17. 이레나 센들러(Irena Sendler)에 대해서 더 많은 것을 알고 싶으면 다음을 참조하라. http://lowellmilkencenter.org/irena-sendler-overview.

18. 이 개념은 다음에서 사용되었다. David, S. (2009, September). *Strengthening the inner dialogue*, workshop facilitated for Ernst & Young. '선택지점'이라는 발상에 대한 탁월한 개요를 보고 싶으면 러스 해리스(Russ Harris) 다음 동영상 설명을 참조하라. https://www.youtube.com/watch?v=tW6vWKVrmLc.

19. '지향한다(toward move)' 혹은 '외면한다(away move)'는 표현은 인간이 자기의 경험을 이해하고 또 여기에 반응하는 방식을 정교하게 입증하는 보다 폭넓은 틀의 한 부분으로서 케빈 포크(Kevin Polk)와 제럴드 햄브라이트(Jerold Hambright) 그리고 마크 웹스터(Mark Webster)가 개발한 것이다. Polk, K., & Schoendorff, B. (Eds.). (2014). *The ACT matrix: A new approach to building psychological flexibility across settings and populations*. Oakland, CA: New Harbinger Publications.

20. "Choices," the philosopher Ruth Chang said . . . http://www.ted.com/talks/ruth_chang_how_to_make_hard_choices?language=en.

21. 내가 제인 구달을 만나서 이런 이야기를 들은 것은 2007년 9월이었다.

22. 이것은 워싱턴대학교의 'Center for the Science of Social Connection' 소속이던 조너선 캔터(Jonathan Kanter)가 2013년 10월 11일에 있었던 '특히 수용-전념 치료(ACT) professional Listserv'에서 사용했던 것을 이해하기 쉽게 바꾼 것이다.

7장

1. '신시아와 데이비드 이야기' 그리고 뒤에 나오는 '배를 타고 바다로 나가는 이야기'는 다음 두 기사에서 각각 인용하고 각색했다. Driver, J., & Gottman, J.

(2004). Daily marital interactions and positive affect during marital conflict among newlywed couples. Family Process, 43(3) 301–314; Gottman, J., & Driver, J. (2005). Dysfunctional marital conflict and everyday marital interaction. *Journal of Divorce and Remarriage*, 22(3–4), 63–77.

2. *In one follow-up six years later* . . . Smith, E. E. (2014, June 12). Masters of love. *Atlantic.*

3. 사회심리학자인 칼 와익(Karl Weick)은 '작은 것이 이긴다'는 주제를 다룬 고전적인 논문에서 작은 것을 노릴 때 엄청난 힘이 발휘되는 과정을 묘사했다. Weick, K. (1984). Small wins. *Redefining Social Problems*, 39(1), 29–48.

4. tiny tweak to the mindsets of eighty-four female hotel cleaners . . . Crum, A. J. (2006, April). Think and grow fit: Unleash the power of the mind body connection. Paper presented at Dr. Tal Ben-Shahar's class Positive Psychology, Harvard University, Cambridge, MA; Crum, A. J., & Langer, E. J. (2007). Mindset matters: Exercise and the placebo effect. *Psychological Science*, 18(2), 165–171.

5. Burnette, J., O'Boyle, E., Vanepps, E., Pollack, J., & Finkel, E. (2013). Mindsets matter: A meta-analytic review of implicit theories and self-regulation. *Psychological Bulletin*, 139(3), 655–701.

6. *these beliefs can have a profound effect on behavior* . . . Dweck, C. (2008). Can personality be changed? The role of beliefs in personality and change. *Current Directions in Psychological Science*, 17(6), 391–394; Yeager, D., Johnson, R., Spitzer, B., Trzesniewski, K., Powers, J., & Dweck, C. (2014). The far-reaching effects of believing people can change: Implicit theories of personality shape stress, health, and achievement during adolescence. *Journal of Personality and Social Psychology*, 106(6), 867–884.

7. Paunesku, D., Walton, G., Romero, C., Smith, E., Yeager, D., & Dweck, C. (2015). Mind-set interventions are a scalable treatment for academic underachievement. *Psychological Science*, 26(6), 784–793; Gunderson, E., Gripshover, S., Romero, C., Dweck, C., Goldin-Meadow, S., & Levine, S. (2013). Parent praise to 1- to 3-year-olds predicts children's motivational frameworks 5

years later. *Child Development*, 84(5), 1526–1541.

8. http://www.edweek.org/ew/articles/2015/09/23/carol-dweck-revisits-the-growth-mindset.html.

9. Yeager, D., & Dweck, C. (2012). Mindsets that promote resilience: When students believe that personal characteristics can be developed. *Educational Psychologist*, 47(4), 302–314.

10. 이것은 나이에 대한 고정관념이 노년의 삶에 미치는 영향을 탐구하는 연구에서 매력적인 질문항이다. 여기에 대한 전반적인 개요를 알고 싶으면 다음을 참조하라. Levy, B. (2009). Stereotype embodiment: A psychosocial approach to aging. *Psychological Science*, 18(6), 332–336. 아울러 다음을 참조하라. Levy, B., Slade M. D., & Kasl, S. V. (2002). Longevity increased by positive self-perceptions of aging. *Journal of Personality and Social Psychology*, 83(2), 261–270.

11. Levy, B. R., Zonderman, A. B., Slade, M. D., & Ferrucci, L. (2009). Age stereotypes held earlier in life predict cardiovascular events in later life. *Psychological Science*, 20(3), 296–298.

12. Levy, B., Slade, M., Kunkel, S., & Kasl, S. (2002). Longevity increased by positive self-perceptions of aging. *Journal of Personality and Social Psychology*, 83(2), 261–270.

13. 예를 들어 다음과 같은 것들이 있다. Verhaeghen P. (2003, June). Aging and vocabulary scores: A meta-analysis. *Psychology and Aging*, 18(2), 332–339; Fleischman, D. A., Wilson, R. S., Gabrieli, J. D., Bienias, J. L., & Bennett, D. A. (2004, December). A longitudinal study of implicit and explicit memory in old persons. *Psychology & Aging*, 19(4), 617–625; Singer, J., Rexhaj, B., & Baddeley, J. (2007). Older, wiser, and happier? Comparing older adults' and college students' self-defining memories. Memory, 15(8), 886–898. Tergesen, A. (2015, October 19). To age well, change how you feel about aging. *Wall Street Journal*.

14. Rigoni, D., Kuhn, S., Sartori, G., & Brass, M. (2011). Inducing disbelief in free will alters brain correlates of preconscious motor preparation: The brain minds whether we believe in free will or not. *Psychological Science*, 22(5), 613–618.

15. Dweck, C. S. (2012). *Mindset: How you can fulfill your potential*. London: Constable and Robinson Limited.

16. Alquist, J., Ainsworth, S., & Baumeister, R. (2013). Determined to conform: Disbelief in free will increases conformity. *Journal of Experimental Social Psychology*, 49(1), 80–86.

17. Bryan, C. J., Walton, G. M., Rogers, T., & Dweck, C. S. (2011). Motivating voter turnout by invoking the self. *Proceedings of the National Academy of Sciences*, 108(31), 12653–12656.

18. Milyavskaya, M., Inzlicht, M., Hope, N., & Koestner, R. (2015). Saying "no" to temptation: Want-to motivation improves self-regulation by reducing temptation rather than by increasing self-control. *Journal of Personality and Social Psychology*, 109(4), 677–693.

19. Sullivan, N., Hutcherson, C., Harris, A., & Rangel, A. (2015, February). Dietary self-control is related to the speed with which attributes of healthfulness and tastiness are processed. *Psychological Science*, 26(2), 122–134.

20. Read, D., & Van Leeuwen, B. (1998). Predicting hunger: The effects of appetite and delay on choice. *Organizational Behavior and Human Decision Processes*, 76(2), 189–205.

21. Ryan, R., & Deci, E. (2006). Selfregulation and the problem of human autonomy: Does psychology need choice, self-determination, and will? *Journal of Personality*, 74(6), 1557–1586.

22. Milyavskaya, M., Inzlicht, M., Hope, N., & Koestner, R. (2015). Saying "no" to temptation: Want-to motivation improves self-regulation by reducing temptation rather than by increasing selfcontrol. *Journal of Personality and Social Psychology*, 109(4), 677–693.

23. Thaler, R. H., & Sunstein, C. R. (2009). *Nudge: Improving decisions about health, wealth, and happiness. New York*: Penguin Books.

24. Gardner, B., Lally, P., & Wardle, J. (2012). Making health habitual: The psychology of "habitformation" and general practice. British Journal of General

Practice, 62(605), 664–666.

25. Suri, G., Sheppes, G., Leslie, S., & Gross, J. (2014). Stairs or escalator? Using theories of persuasion and motivation to facilitate healthy decision making. *Journal of Experimental Psychology*: Applied, 20(4), 295–302.

26. Gardner, B., & Lally, P. (2012). Does intrinsic motivation strengthen physical activity habit? Modeling relationships between self-determination, past behaviour, and habit strength *journal of Behavioral Medicine*, 36(5), 488–497.

27. Suri, G., Sheppes, G., Leslie, S., & Gross, J. (2014). Stairs or escalator? Using theories of persuasion and motivation to facilitate healthy decision making. *Journal of Experimental Psychology*: Applied, 20(4), 295–302.

28. *plate that's 10 percent smaller . . .* Van Ittersum, K., & Wansink, B. (2012). Plate size and color suggestibility: The Delboeuf illusion's bias on serving and eating behavior. *Journal of Consumer Research*, 39(2), 215–222.

29. Gollwitzer, P. M. (1999). Implementation intentions: Strong effects of simple plans. *American Psychologist*, 54, 493–503.

30. 가브리엘 외팅겐은 '정신적 대비(mental contrasting, 간절한 목표에 대한 소망을 간직하면서도 장애물에 도전하는 수고로움을 감수하는 태도)'가 발휘하는 힘을 주제로 한 이 매력적인 연구를 이끌었다. Oettingen, G. (2014, October 24). The problem with positive thinking. *New York Times*; Sevincer, A. T., & Oettingen, G. (2015). Future thought and the self-regulation of energization. In G.H.E. Gendolla, M. Tops, & S. Koole (Eds.), *Handbook of biobehavioral approaches to self-regulation* (pp. 315–329). New York: Springer; Oettingen, G., & Wadden, T. (1991). Expectation, fantasy, and weight loss: Is the impact of positive thinking always positive? *Cognitive Therapy and Research*, 15(2), 167–175.

8장

1. 과도하게 능숙하지도 않으며 과도하게 도전해야 하지도 않을 뿐만 아니라

능력의 최대치에 있는 이 '최적 지대(zone of optimization)'와 '삶을 살아간다는 것' 사이의 관계는 시카고대학교의 심리학자 미하이 칙센트미하이(Mihaly Csikszentmihalyi)의 '몰입(flow)'과 '주어진 과제를 수행하는 것' 사이의 관계와도 같다. 몰입 상태에 있는 어떤 사람은 특정 활동에 너무도 깊이 몰두한 바람에 정신이 산만할 여지가 없으며 어떤 불안도 느끼지 않고 오로지 순수한 즐거움만 느낀다. '몰입'이라는 개념에 관한 논의를 구체적으로 알고 싶은 사람에게는 칙센트미하이의 다음 책을 추천한다. *Flow: The psychology of optimal experience* (1990). New York: Harper Perennial Modern Classics.

2. Elliot, A. J. (Ed.). (2008). *Handbook of approach and avoidance motivation*. New York: Taylor and Francis Group.

3. Litt, A., Reich, T., Maymin, S., & Shiv, B. (2011). Pressure and perverse flights to familiarity. *Psychological Science*, 22(4), 523–531.

4. Song, H., & Schwarz, N. (2008). If it's hard to read, it's hard to do: Processing fluency affects effort prediction and motivation. *Psychological Science*, 19(10), 986–988.

5. Moons, W., Mackie, D., & Garcia-Marques, T. (2009). The impact of repetition-induced familiarity on agreement with weak and strong arguments. *Journal of Personality and Social Psychology*, 96(1), 32–44.

6. Imagine you're running late . . . Litt, A., Reich, T., Maymin, S., & Shiv, B. (2011). Pressure and perverse flights to familiarity. *Psychological Science*, 22(4), 523–531.

7. Hsu, M. (2005). Neural systems responding to degrees of uncertainty in human decision-making. Science, 310(5754), 1680–1683.

8. Gneezy, U., List, J., & Wu, G. (2006). The uncertainty effect: When a risky prospect is valued less than its worst possible outcome. *Quarterly Journal of Economics*, 121(4), 1283–1309.

9. Cacioppo, J., & Patrick, W. (2008). *Loneliness: Human nature and the need for social connection*. New York: W. W. Norton and Company.

10. Dunbar, R. (2009). The social brain hypothesis and its implications for social

evolution. *Annals of Human Biology*, 36(5), 562–572.

11. Wise, R. A. (2002). Brain reward circuitry: Insights from unsensed incentives. *Behavioral Neuroscience*, 36(2), 229–240.

12. 이 발상을 나는 행동 치료(behavior therapy)라는 용어를 최초로 공식적으로 사용했던 오덴 린슬리(Ogden Lindsley)가 죽은 사람의 행동 시험을 했던 것에서 차용했다. 린슬리는 1965년에 공립학교에서 사용되고 있던 작시법(作詩法)에 문제를 제기하면서 이에 대한 도전으로 이 발상을 내놓았는데, 그는 만일 죽은 사람이 (예컨대 조용히 앉아 있다든가 하는) 어떤 행동을 할 수 있다고 하더라도 이것을 행동이라고 볼 수 없으며, 따라서 소중한 학교 기금을 아이들에게 '죽은 듯이 노는 법'을 가르치는 데 사용해서는 안 된다고 주장했다. 이런 발상은 나중에 어떤 사람은 유연성이 없는 회피 행동을 하고 있는지 여부를 판정하는 검사방법으로, 특히 수용–전념 치료(ACT) 분야에서 발전했다. Lindsley, O. (1991). From technical jargon to plain English for application. *Journal of Applied Behavior Analysis*, 24(3), 449–458.

13. 이 말을 한 사람들로는 소설가 마크 트웨인, 기업가 헨리 포드, 리더십 심리학 전문가인 토니 로빈스, 그리고 래퍼인 켄드릭 라마 등이 있다.

14. Singh, S. (1997). *Fermat's last theorem*. London: Fourth Estate.

15. Nova (2000, November 1). Andrew Wiles on solving Fermat. http://www.pbs.org/wgbh/nova/physics/andrew-wiles-fermat.html.

16. Bryan, W., & Harter, N. (1897). Studies in the physiology and psychology of the telegraphic language. *Psychological Review*, 4(1), 27–53.

17. *Malcolm Gladwell popularized the idea* . . . Gladwell, M. (2008). *Outliers: Why some people succeed and some don't*. New York: Little Brown and Company.

18. 1만 시간만 투자하면 누구나 어떤 분야에서 전문가가 된다는 발상은 폭넓은 분야의 많은 사람들로부터 비판을 받았다. 이와 관련된 논의를 보고 싶다면 다음을 참조하라. Goleman, D. (2015). *Focus: The hidden driver of excellence*. New York: HarperCollins. Also see Macnamara, B., Hambrick, D., & Oswald, F. (2014). Deliberate practice and performance in music, games, sports, education, and professions: A meta-analysis. *Psychological Science*, 25(8), 1608–1618.

19. Shors, T. (2014). The adult brain makes new neurons, and effortful learning keeps them alive. *Current Directions in Psychological Science*, 23(5), 311–318.

20. *chronic stress can wreak havoc* . . . Cohen, S., Janicki-Deverts, D., Doyle, W. J., Miller, G. E., Frank, E., Rabin, B. S., & Turner, R. B. (2012, April 2). Chronic stress, glucocorticoid receptor resistance, inflammation, and disease risk. *Proceedings of the National Academy of Sciences*, 109(16), 5995–5999.

21. 문제해결능력(workability)은 수용-전념 치료(ACT)에서 핵심 개념이다. 문제해결능력이 있는 행동은 당신이 원하는 삶으로 조금 더 가까이 당신을 이끌어준다. Hayes, S. C., Luoma, J. B., Bond, F. W., Masuda, A., & Lillis, J. (2006). Acceptance and commitment therapy: Model, processes, and outcomes. *Behaviour Research and Therapy*, 44(1), 1–25.

22. Duckworth, A., Peterson, C., Matthews, M., & Kelly, D. (2007). Grit: Perseverance and passion for long-term goals. *Journal of Personality and Social Psychology*, 92(6), 1087–1101; Duckworth, A., & Gross, J. (2014). Self-control and grit: Related but separable determinants of success. *Current Directions in Psychological Science*, 23(5), 319–325.

23. Vallerand, R. (2012). The role of passion in sustainable psychological well-being. *Psychology of Well-Being: Theory, Research and Practice*, 2, 1.

24. "*to go through with his mission*" . . . Arkin, D., & Ortiz, E. (2015, June 19). Dylann Roof "almost didn't go through" with Charleston church shooting. NBC News. http://www.nbcnews.com/storyline/charleston-church-shooting/dylann-roof-almost-didnt-go-through-charleston-church-shooting-n378341.

25. Dubner, S. J. (2011, September 30). The upside of quitting. http://freakonomics.com/2011/09/30/new-freakonomics-radio-podcast-the-upside-of-quitting.

9장

1. Pronin, E. (2009). The introspection illusion. In Mark P. Zanna (Ed.), *Advances in experimental social psychology*, 41 (pp. 1–67). Burlington, VT: Academic Press.

2. *participants . . . were asked to consider a male candidate . . . and a female candidate . . .* Uhlmann, E. L., & Cohen, G. L. (2005). Constructed criteria: Redefining merit to justify discrimination. *Psychological Science*, 16(6), 474–480.

3. Langer, E. (1982). The illusion of control. In D. Kahneman, P. Slovic, and A. Tversky (Eds.), *Judgment under uncertainty: Heuristics and biases*. Cambridge, UK: Cambridge University Press.

4. David, S. (2012, June 25). The biases you don't know you have. Harvard Business Review.

5. 기본적 귀인 오류(fundamental attribution error)라고도 불리는 이 현상을 사회심리학자들이던 에드워드 존스(Edward Jones)와 빅터 해리스(Victor Harris)가 1967년에 처음 묘사했다. Jones, E., & Harris, V. (1967). The attribution of attitudes. *Journal of Experimental Social Psychology*, 3(1), 1–24.

6. Gilbert, D. T., & Malone, P. S. (1995). The correspondence bias. Psychological Bulletin, 117(1), 21–38.

7. 다음을 참조하시오. http://www.chfg.org/wp-content /uploads/2010/11/ElaineBromileyAnonymousReport.pdf

8. Totterdell, P., Kellett, S., Teuchmann, K., & Briner, R. B. (1998). Evidence of mood linkage in work group. *Journal of Personality and Social Psychology*, 74(6), 1504–1515.

9. Engert, V., Plessow, F., Miller, R., Kirschbaum, C., & Singer, T. (2014, July). Cortisol increase in empathic stress is modulated by social closeness and observation modality. Psychoneuroendocrinology, 45, 192–201.

10. Keller, A., Litzelman, K., Wisk, L., Maddox, T., Cheng, E., Creswell, P., & Witt, W. (2011). Does the perception that stress affects health matter? The association with health and mortality. *Health Psychology*, 31(5), 677–684.

11. Jahoda, M., Lazarsfeld, P. F., & Zeisel, H. (1974). *Marienthal: The sociography of an unemployed community*. Piscataway, NJ: Transaction Publishers.

12. Rohwedder, S., & Willis, R. J. (2010). Mental retirement. *Journal of Economic Perspectives*, 24(1), 119–38.

13. Krannitz, M. A., Grandey, A. A., Liu, S., & Almeida, D. A. (2015). Surface acting at work and marital discontent: Anxiety and exhaustion spillover mechanisms. *Journal of Occupational Health Psychology*, 20(3), 314–325.

14. Turner, Y. N., & Hadas-Halpern, I. The effects of including a patient's photograph to the radiographic examination. Presented December 3, 2008, as part of the Radiological Society of North America SSM12—ISP: Health Services, Policy, and Research

15. Wrzesniewski, A., Boluglio, N., Dutton, J., & Berg, J. (2012). Job crafting and cultivating positive meaning and identity in work. In A. Bakker (Ed.), *Advances in positive organizational psychology*. London: Emerald.

10장

1. Bronson, P. (2007, August 3). How not to talk to your kids. *New York Magazine*.
2. Davidson, C. N. (2012). *Now you see it: How technology and brain science will transform schools and business for the 21st century*. New York: Penguin.
3. In her book How to Raise an Adult . . . Lythcott-Haims, J. (2015). *How to raise an adult*. New York: Henry Holt.
4. leads to contingent self-esteem . . . Deci, E. L., & Ryan, R. M. (1995). Human autonomy: The basis for true self-esteem. In M. H. Kernis (Ed.), *Efficacy, agency, and self-esteem* (pp. 31–49). New York: Plenum Press.
5. 존 볼비(John Bowlby)는 어린이가 자기를 돌봐주는 사람들을 신뢰하고, 누군가 자기를 바라보고 또 받아들이고 그리고 자기에게 반응을 해준다고 느끼고자 하는 본질적인 필요성을 가지고 있다면서 이 필요성에 대해서 묘사했다. 이런 상호

작용을 통해서 어린이는 인간관계와 세상에 대한 작동 모델들과 그 어린이를 평생 동안 따라다닐 작동 모델인 정신적인 형판(形板)들을 형성한다고 볼비는 주장했다. 볼비의 동료이자 발달 심리학자인 메리 에인스워스(Mary Ainsworth)는 어린이가 자기를 돌보는 사람과의 사이에 형성한 인간관계의 특성을 묘사하기 위해서 분류 체계를 고안했는데, 안정적인 애착 관계가 형성되어 있는 어린이는 자기는 얼마든지 자유롭게 탐구 활동을 할 수 있으며 또 자기가 필요할 때는 자기를 돌보는 사람이 언제든 반응해주고 정서적으로도 가까운 곳에 늘 함께 있을 것이라는 기대를 가지고 있다고 설명했다. Bowlby, J. (1999).

6. Ryan, R., & Deci, E. (2006). Self-regulation and the problem of human autonomy: Does psychology need choice, selfdetermination, and will? *Journal of Personality*, 74(6), 1557–1586; Petegem, S., Beyers, W., Vansteenkiste, M., & Soenens, B. (2012). On the association between adolescent autonomy and psychosocial functioning: Examining decisional independence from a self-determination theory perspective. *Developmental Psychology*, 48(1), 76–88.

7. Kasser, T. (2002). *The high price of materialism*. Cambridge, MA: MIT Press.

8. Chernyak, N., & Kushnir, T. (2013). Giving preschoolers choice increases sharing behavior. *Psychological Science*, 24(10), 1971–1979.

9. Bureau, J., & Mageau, G. (2014). Parental autonomy support and honesty: The mediating role of identification with the honesty value and perceived costs and benefits of honesty. *Journal of Adolescence*, 37(3), 225–236.

11장

1. *The children's classic* . . . Williams, M. (1991). *The velveteen rabbit* (1st ed. 1922). Garden City, NY: Doubleday.

옮긴이 이경식

서울대 경영학과를 졸업하고 경희대 대학원에서 국문학 석사학위를 받았다. 전문 번역가로 활동하면서 『스노볼』 『내 아버지로부터의 꿈』 『구글의 아침은 자유가 시작된다』 『신호와 소음』 『부모로 산다는 것』 『프레즌스』 『에고라는 적』 등 80여 권의 책을 한국어로 옮겼다. 경제학 에세이 『대한민국 깡통 경제학』, 사회 에세이 『청춘아 세상을 욕해라』, 평전 『이건희 스토리』 등을 집필했으며, 연극 〈동팔이의 꿈〉 〈춤추는 시간 여행〉과 영화 〈개 같은 날의 오후〉 〈나에게 오라〉 등의 각본을 썼다.

감정이라는 무기 Emotional Agility

1판 1쇄 2017년 9월 2일
1판 2쇄 2017년 10월 30일

지은이 수전 데이비드
옮긴이 이경식
펴낸이 김정순
책임편집 배경란
디자인 김진영 모희정
마케팅 김보미 임정진 전선경

펴낸곳 (주)북하우스 퍼블리셔스
출판등록 1997년 9월 23일 제406-2003-055호
주소 04043 서울시 마포구 양화로 12길 16-9 (서교동 북앤빌딩)
전자우편 editor@bookhouse.co.kr
홈페이지 www.bookhouse.co.kr
전화번호 02-3144-3123
팩스 02-3144-3121

ISBN 978-89-5605-734-7 13190

이 도서의 국립중앙도서관 출판시도서목록(CIP)은 서지정보유통지원시스템 홈페이지(http://seoji.nl.go.kr)와 국가자료공동목록시스템(http://www.nl.go.kr/kolisnet)에서 이용하실 수 있습니다.
(CIP제어번호: CIP2017019479)